BESTSELLER

AMD

Cómo dejar de Comer

(MAL)

RIUS

DEBOLS!LLO

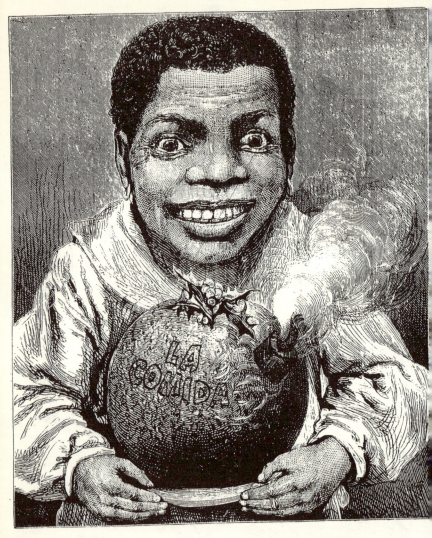

Cómo dejar de comer mal

D. R. © 1989 Eduardo del Río (Rius)

D. R. © 2008, derechos de edición mundiales en lengua castellana:
Random House Mondadori, S. A. de C. V.
Av. Homero núm. 544, col. Chapultepec Morales,
Delegación Miguel Hidalgo, 11570, México, D. F.

www.rhmx.com.mx

Comentarios sobre la edición y el contenido de este libro a:
literaria@randomhousemondadori.com.mx

Queda rigurosamente prohibida, sin autorización escrit
de los titulares del *copyright*, bajo las sancione
establecidas por las leyes, la reproducción total o parcia
de esta obra por cualquier medio o procedimiento
comprendidos la reprografía, el tratamiento informático
así como la distribución de ejemplares de la misma
mediante alquiler o préstamo públicos.

ISBN 978-607-429-252-7

Impreso en México / *Printed in Mexico*

- **7** Entrada
- **17** El ser humano No está hecho para comer carne
- **25** Peligros de la dieta carnívora
- **35** Los embutidos
- **53** Otras razones para NO comer carne
- **81** La ciencia del bien comer
- **84** El colesterol
- **89** Los carbohidratos
- **96** Alimentos chatarra
- **102** Las proteínas
- **113** Los aditivos
- **117** Tablas de proteínas
- **135** Vitaminas & minerales
- **142** Complementos alimenticios
- **153** La dieta balanceada
- **164** Café o Té

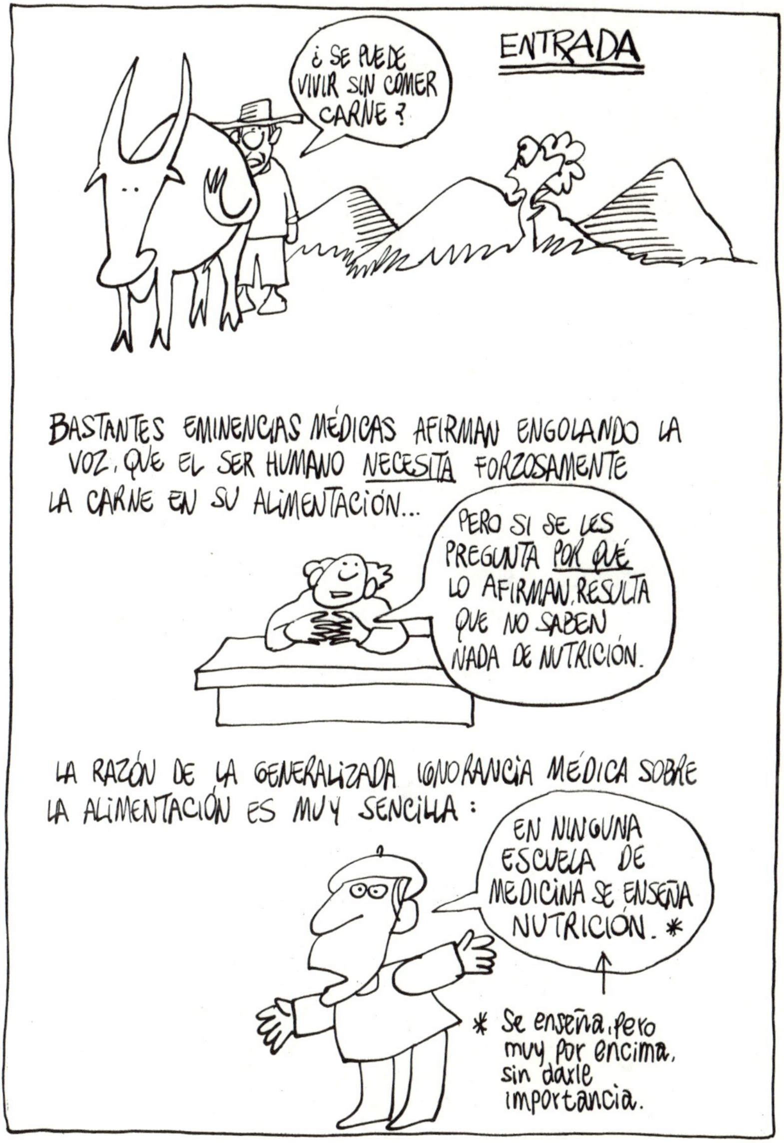
ENTRADA
¿SE PUEDE VIVIR SIN COMER CARNE?
BASTANTES EMINENCIAS MÉDICAS AFIRMAN ENGOLANDO LA VOZ, QUE EL SER HUMANO NECESITA FORZOSAMENTE LA CARNE EN SU ALIMENTACIÓN...
PERO SI SE LES PREGUNTA POR QUÉ LO AFIRMAN, RESULTA QUE NO SABEN NADA DE NUTRICIÓN.
LA RAZÓN DE LA GENERALIZADA IGNORANCIA MÉDICA SOBRE LA ALIMENTACIÓN ES MUY SENCILLA:
EN NINGUNA ESCUELA DE MEDICINA SE ENSEÑA NUTRICIÓN. *
* Se enseña, pero muy por encima, sin darle importancia.

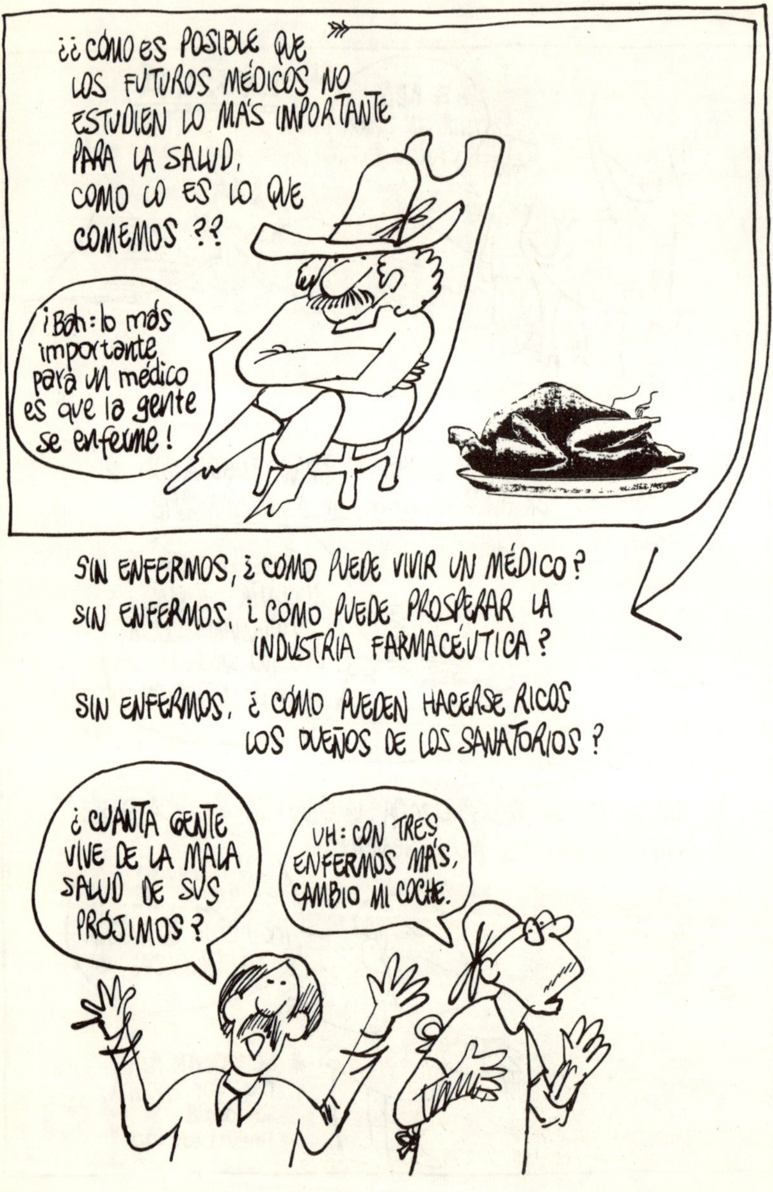
¿¿CÓMO ES POSIBLE QUE LOS FUTUROS MÉDICOS NO ESTUDIEN LO MÁS IMPORTANTE PARA LA SALUD, COMO LO ES LO QUE COMEMOS??
¡Bah: lo más importante para un médico es que la gente se enferme!
SIN ENFERMOS, ¿CÓMO PUEDE VIVIR UN MÉDICO?
SIN ENFERMOS, ¿CÓMO PUEDE PROSPERAR LA INDUSTRIA FARMACÉUTICA?
SIN ENFERMOS, ¿CÓMO PUEDEN HACERSE RICOS LOS DUEÑOS DE LOS SANATORIOS?
¿CUÁNTA GENTE VIVE DE LA MALA SALUD DE SUS PRÓJIMOS?
UH: CON TRES ENFERMOS MÁS, CAMBIO MI COCHE.

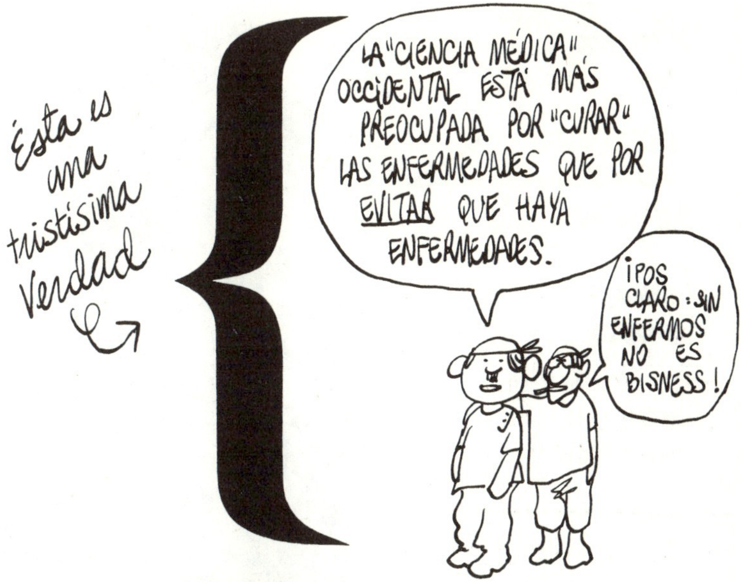
Ésta es una tristísima verdad
LA "CIENCIA MÉDICA", OCCIDENTAL ESTÁ MÁS PREOCUPADA POR "CURAR" LAS ENFERMEDADES QUE POR EVITAR QUE HAYA ENFERMEDADES.
¡POS CLARO: SIN ENFERMOS NO ES BISNESS!

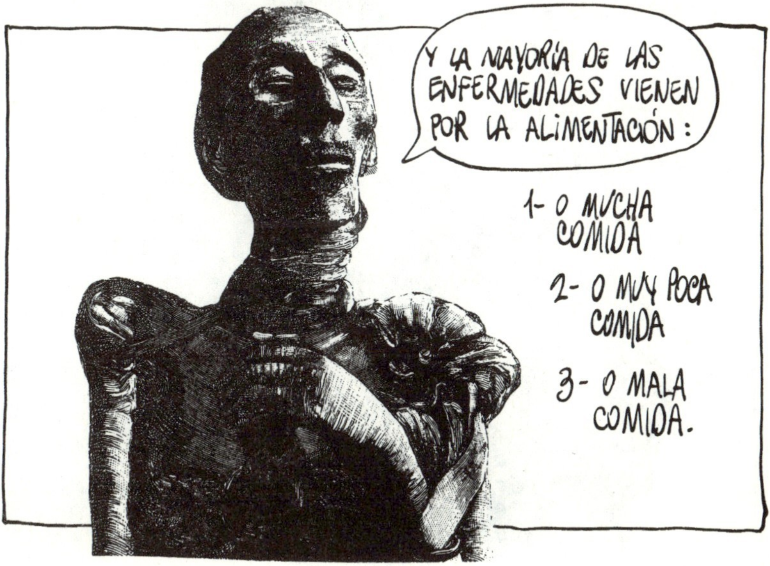
Y LA MAYORÍA DE LAS ENFERMEDADES VIENEN POR LA ALIMENTACIÓN:
1- O MUCHA COMIDA
2- O MUY POCA COMIDA
3- O MALA COMIDA.

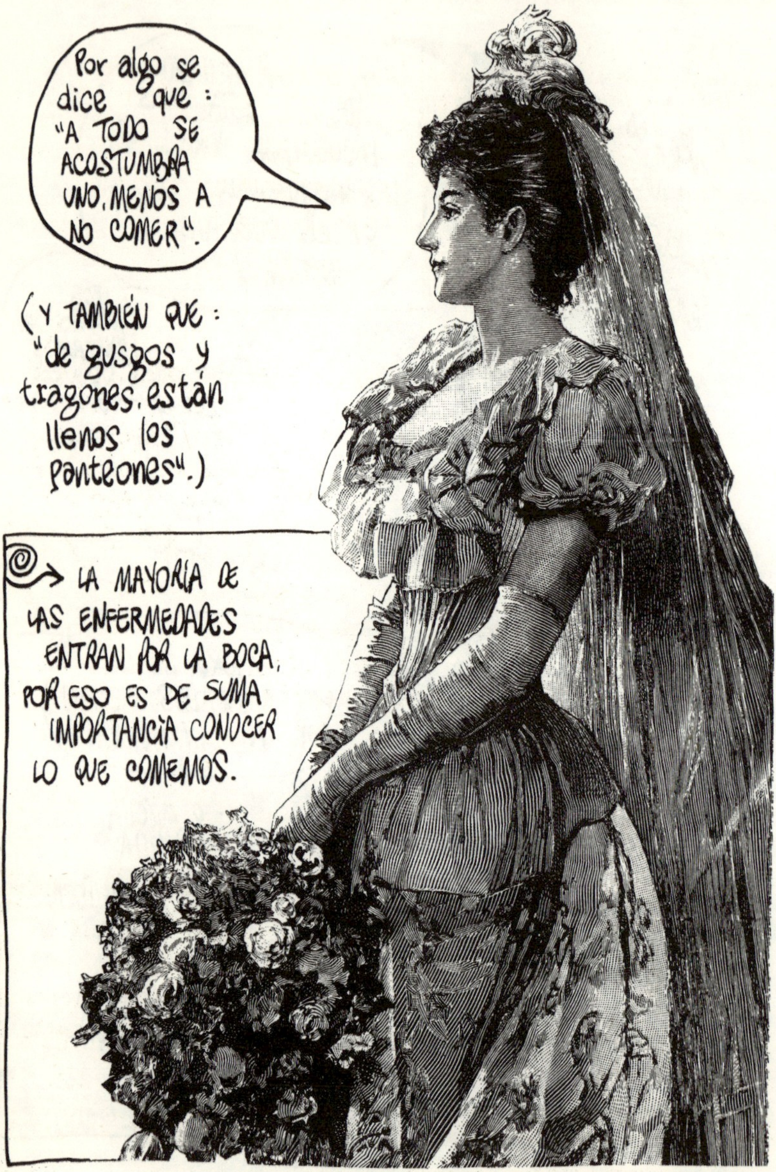
Por algo se dice que: "A TODO SE ACOSTUMBRA UNO, MENOS A NO COMER".
(Y TAMBIÉN QUE: "de gusgos y tragones, están llenos los panteones".)
LA MAYORÍA DE LAS ENFERMEDADES ENTRAN POR LA BOCA, POR ESO ES DE SUMA IMPORTANCIA CONOCER LO QUE COMEMOS.

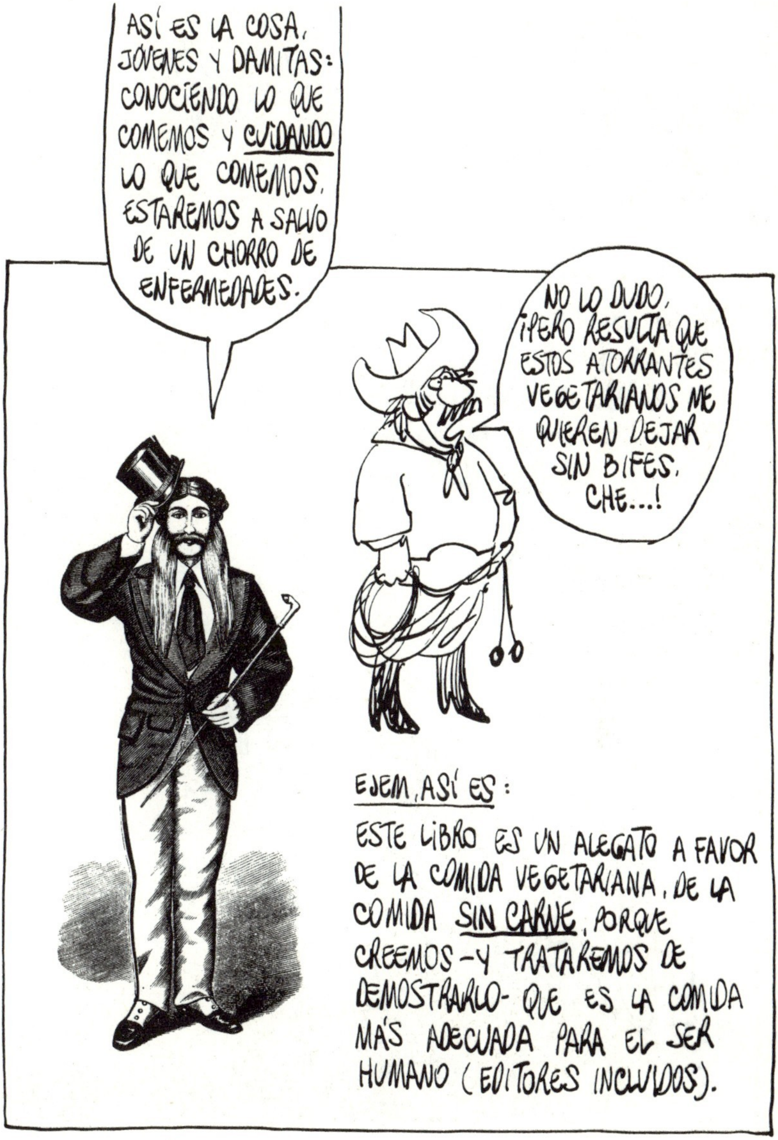
ASÍ ES LA COSA, JÓVENES Y DAMITAS: CONOCIENDO LO QUE COMEMOS Y CUIDANDO LO QUE COMEMOS, ESTAREMOS A SALVO DE UN CHORRO DE ENFERMEDADES.
NO LO DUDO, ¡PERO RESULTA QUE ESTOS ATORRANTES VEGETARIANOS ME QUIEREN DEJAR SIN BIFES, CHE...!
EJEM, ASÍ ES:
ESTE LIBRO ES UN ALEGATO A FAVOR DE LA COMIDA VEGETARIANA, DE LA COMIDA SIN CARNE, PORQUE CREEMOS -Y TRATAREMOS DE DEMOSTRARLO- QUE ES LA COMIDA MÁS ADECUADA PARA EL SER HUMANO (EDITORES INCLUIDOS).

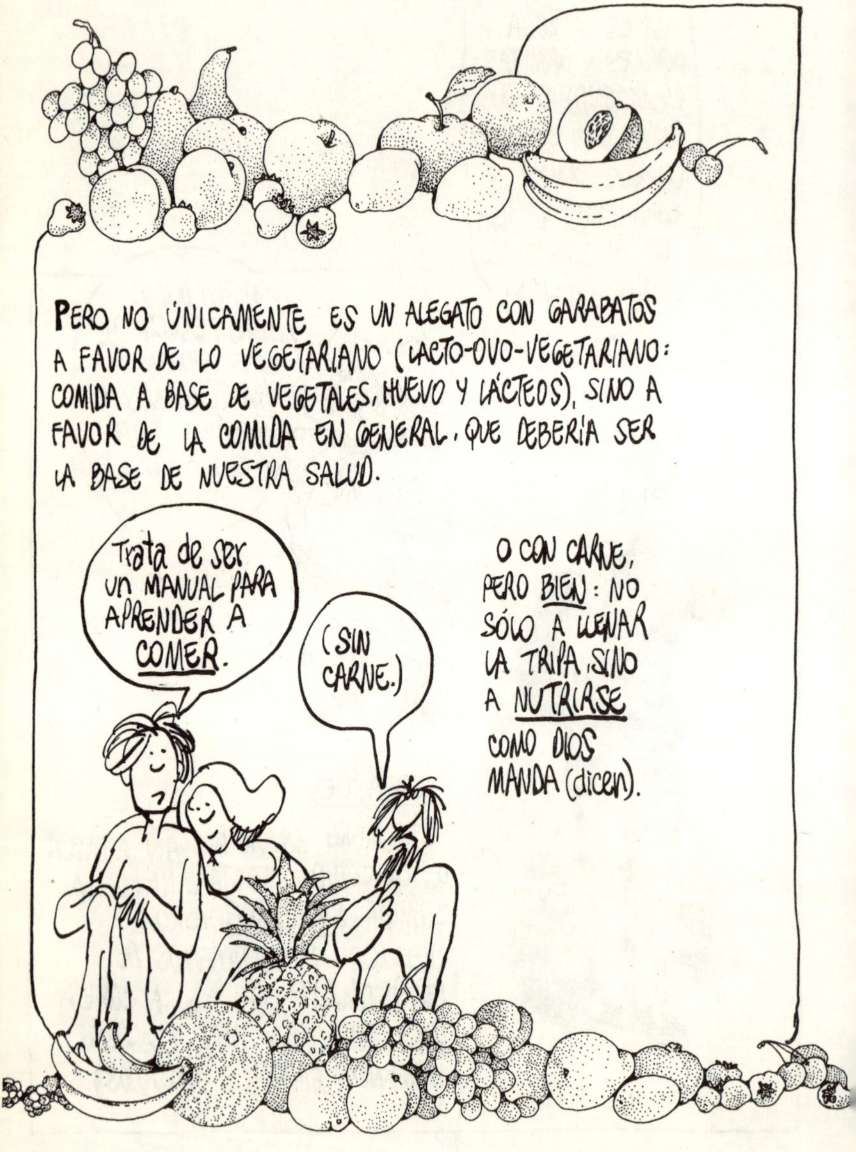
PERO NO ÚNICAMENTE ES UN ALEGATO CON GARABATOS A FAVOR DE LO VEGETARIANO (LACTO-OVO-VEGETARIANO: COMIDA A BASE DE VEGETALES, HUEVO Y LÁCTEOS), SINO A FAVOR DE LA COMIDA EN GENERAL, QUE DEBERÍA SER LA BASE DE NUESTRA SALUD.
Trata de ser un MANUAL PARA APRENDER A COMER.
(SIN CARNE.)
O CON CARNE, PERO BIEN: NO SÓLO A LLENAR LA TRIPA, SINO A NUTRIRSE COMO DIOS MANDA (dicen).

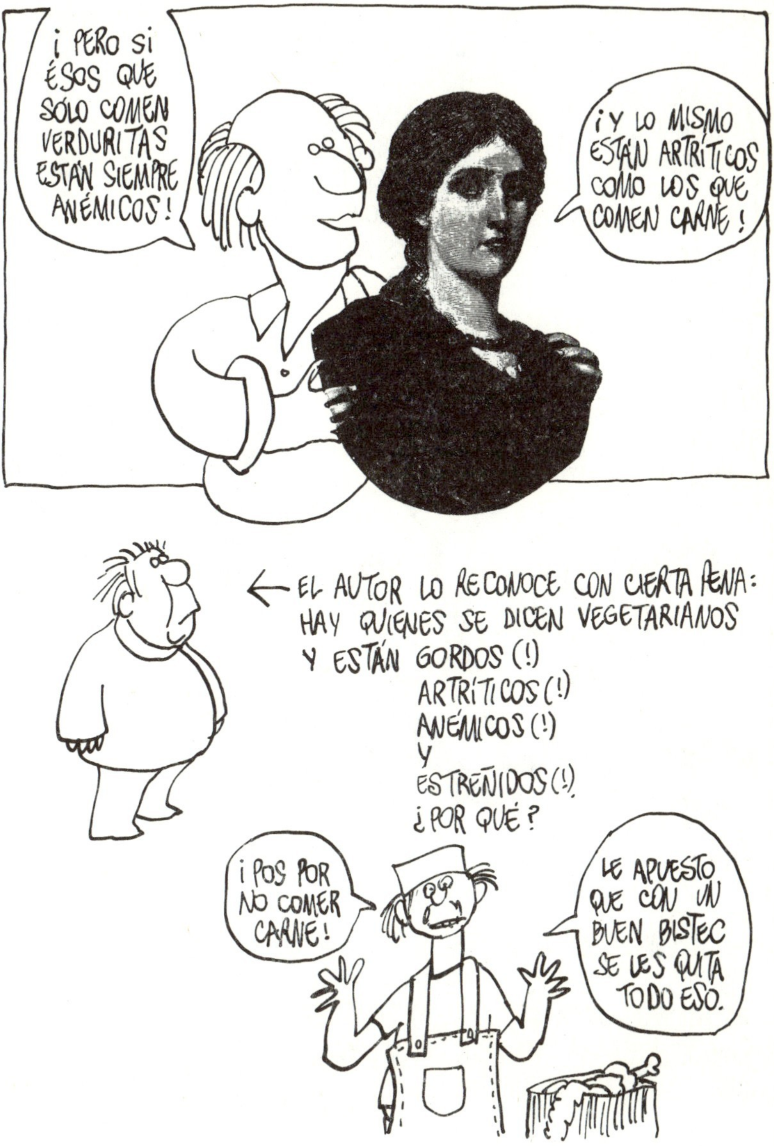
¡PERO SI ÉSOS QUE SÓLO COMEN VERDURITAS ESTÁN SIEMPRE ANÉMICOS!
¡Y LO MISMO ESTÁN ARTRÍTICOS COMO LOS QUE COMEN CARNE!
EL AUTOR LO RECONOCE CON CIERTA PENA: HAY QUIENES SE DICEN VEGETARIANOS Y ESTÁN GORDOS (!)
ARTRÍTICOS (!)
ANÉMICOS (!)
Y
ESTREÑIDOS (!)
¿POR QUÉ?
¡POS POR NO COMER CARNE!
LE APUESTO QUE CON UN BUEN BISTEC SE LES QUITA TODO ESO.

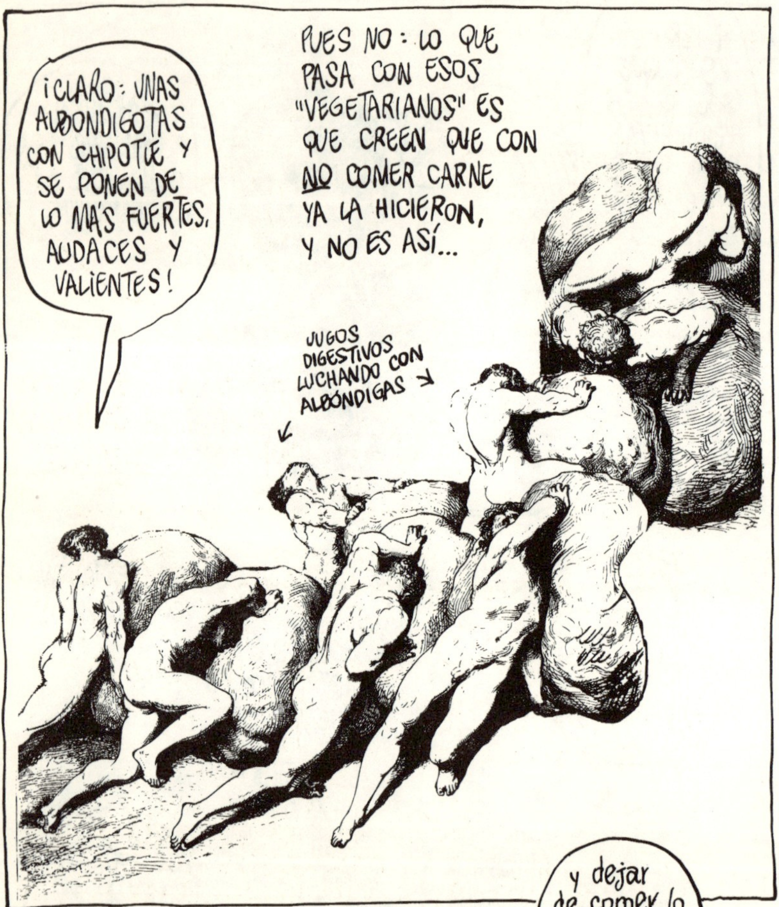
¡CLARO: UNAS ALBONDIGOTAS CON CHIPOTLE Y SE PONEN DE LO MÁS FUERTES, AUDACES Y VALIENTES!
PUES NO: LO QUE PASA CON ESOS "VEGETARIANOS" ES QUE CREEN QUE CON NO COMER CARNE YA LA HICIERON, Y NO ES ASÍ...
JUGOS DIGESTIVOS LUCHANDO CON ALBÓNDIGAS

→ ADEMÁS DE DEJAR DE COMER CARNE, SE NECESITA LLEVAR UNA DIETA BIEN BALANCEADA, PARA SUPLIR CON PROTEINAS VEGETALES LAS PROTEINAS ANIMALES QUE CONTIENE LA CARNE...

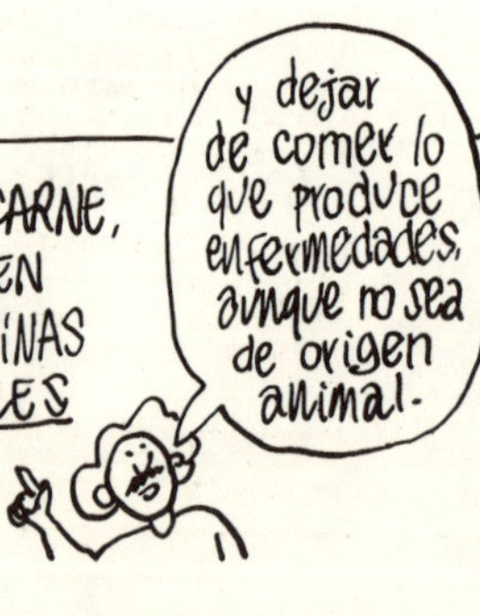
y dejar de comer lo que produce enfermedades, aunque no sea de origen animal.

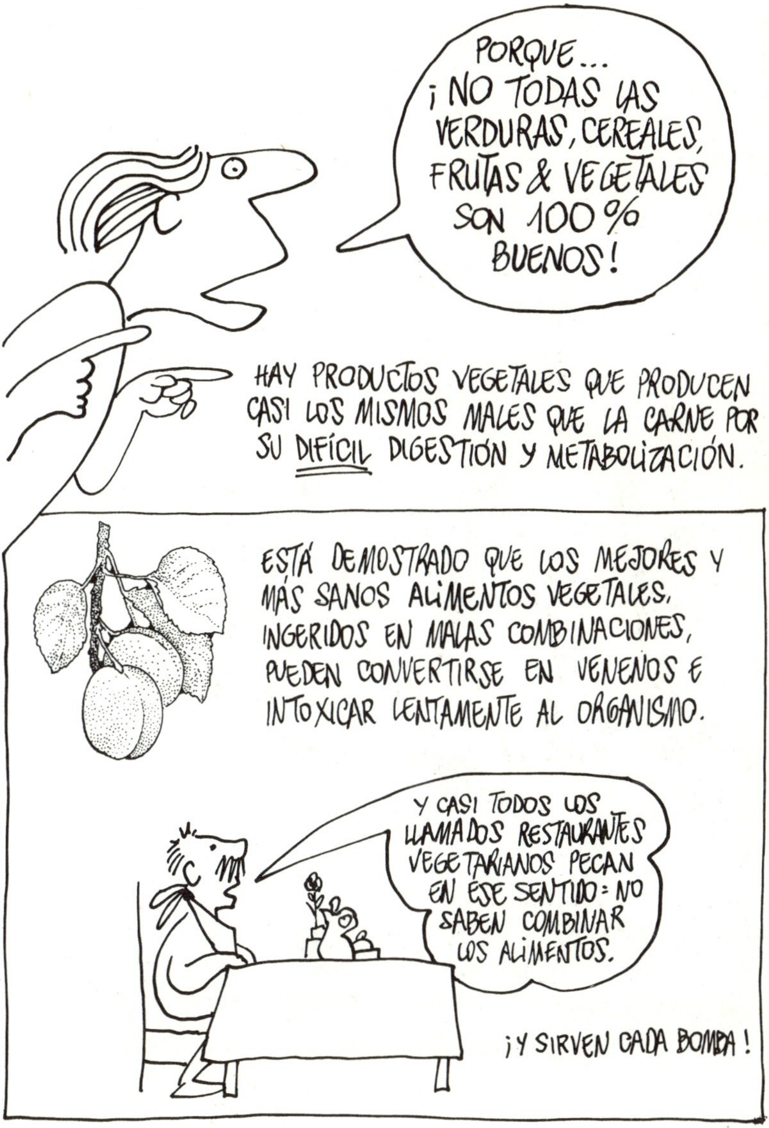
PORQUE... ¡NO TODAS LAS VERDURAS, CEREALES, FRUTAS & VEGETALES SON 100 % BUENOS!
HAY PRODUCTOS VEGETALES QUE PRODUCEN CASI LOS MISMOS MALES QUE LA CARNE POR SU DIFÍCIL DIGESTIÓN Y METABOLIZACIÓN.
ESTÁ DEMOSTRADO QUE LOS MEJORES Y MÁS SANOS ALIMENTOS VEGETALES, INGERIDOS EN MALAS COMBINACIONES, PUEDEN CONVERTIRSE EN VENENOS E INTOXICAR LENTAMENTE AL ORGANISMO.
Y CASI TODOS LOS LLAMADOS RESTAURANTES VEGETARIANOS PECAN EN ESE SENTIDO: NO SABEN COMBINAR LOS ALIMENTOS.
¡Y SIRVEN CADA BOMBA!

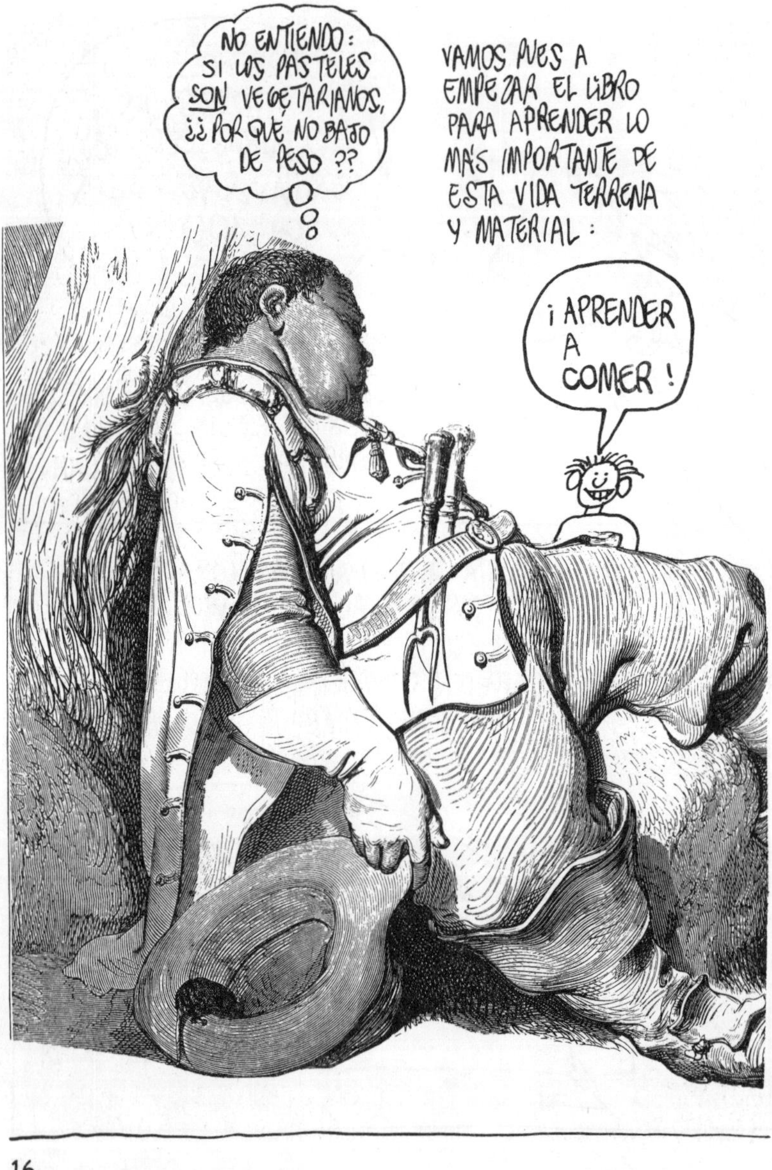
NO ENTIENDO: SI LOS PASTELES SON VEGETARIANOS, ¿¿POR QUÉ NO BAJO DE PESO??
VAMOS PUES A EMPEZAR EL LIBRO PARA APRENDER LO MÁS IMPORTANTE DE ESTA VIDA TERRENA Y MATERIAL:
¡APRENDER A COMER!

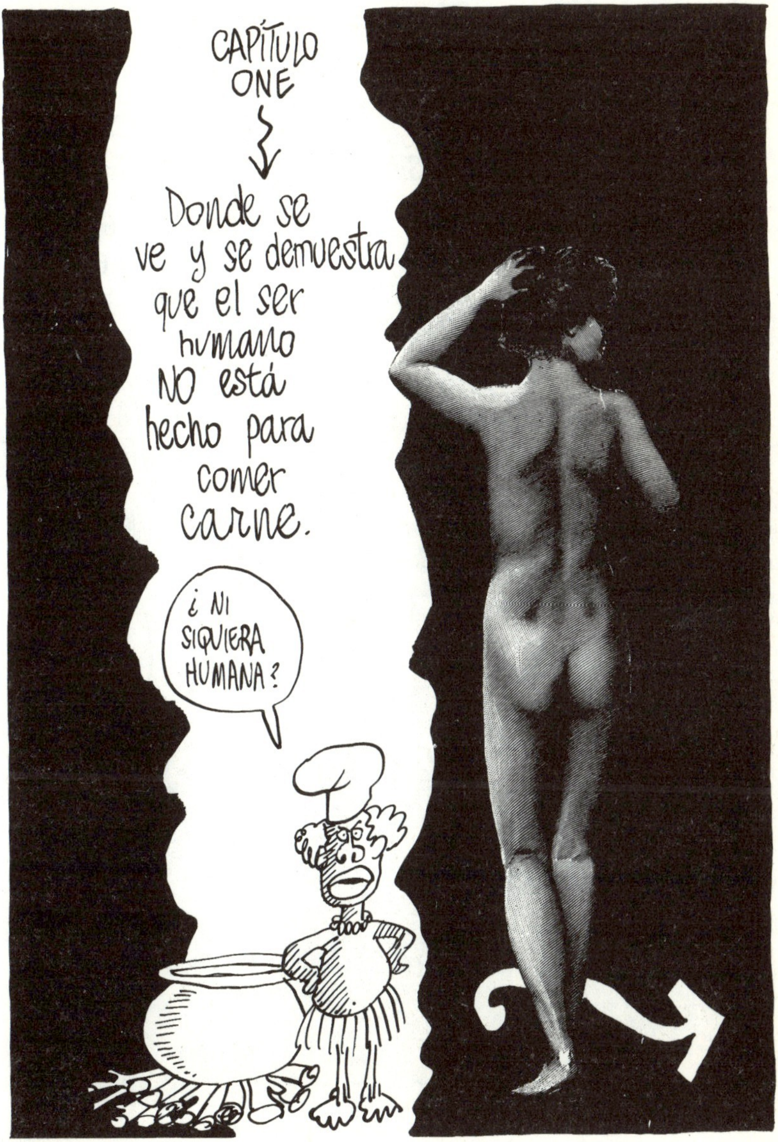
CAPÍTULO ONE
Donde se ve y se demuestra que el ser humano NO está hecho para comer carne.
¿NI SIQUIERA HUMANA?

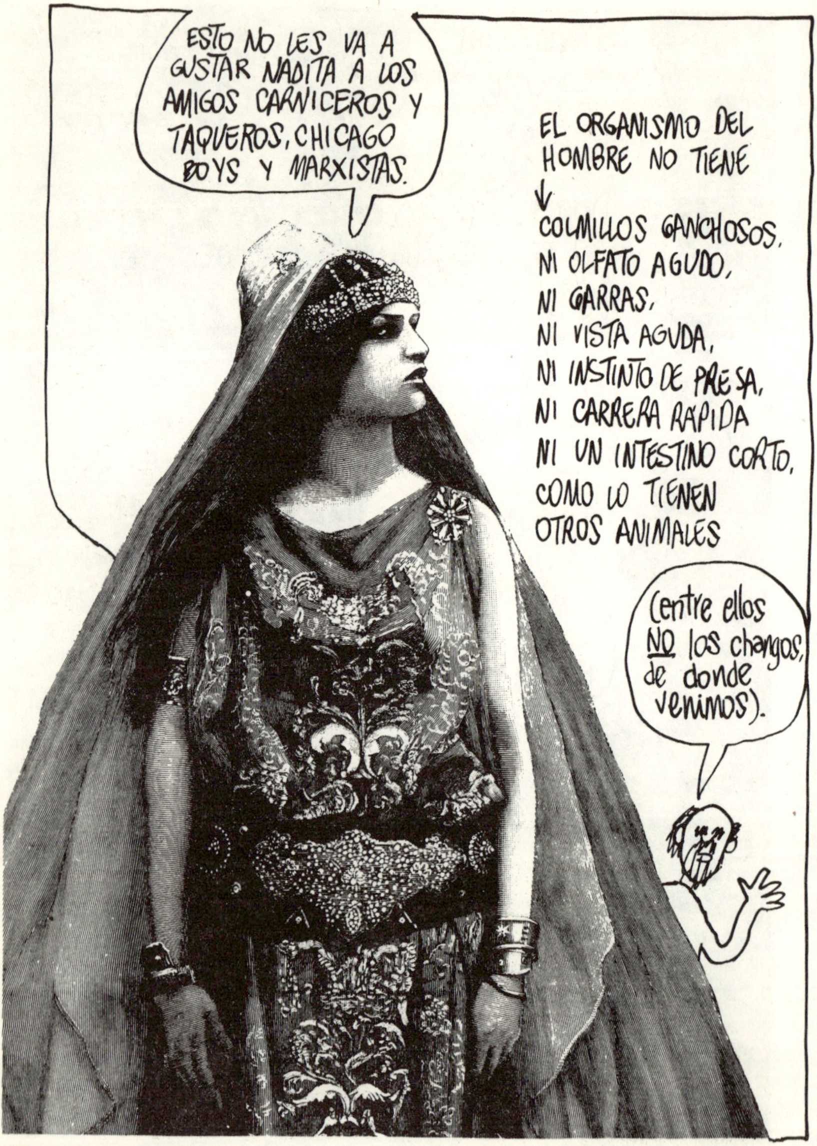
ESTO NO LES VA A GUSTAR NADITA A LOS AMIGOS CARNICEROS Y TAQUEROS, CHICAGO BOYS Y MARXISTAS.
EL ORGANISMO DEL HOMBRE NO TIENE
COLMILLOS GANCHOSOS,
NI OLFATO AGUDO,
NI GARRAS,
NI VISTA AGUDA,
NI INSTINTO DE PRESA,
NI CARRERA RÁPIDA
NI UN INTESTINO CORTO,
COMO LO TIENEN OTROS ANIMALES
(entre ellos NO los changos, de donde venimos).

→ LA NATURALEZA-DIOS NO NOS DOTÓ DE LO NECESARIO PARA INGERIR LAS CARNES (ROJAS SOBRE TODO).

→ A NINGÚN PRIMATE LE GUSTA LA CARNE.
¡GUÁCALA!

Y EL ÚNICO CHANGO QUE COME CARNE ES EL HOMMO SAPIENS →
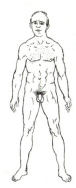
Pero cocida, esa es la gran diferencia.

FEDERICO ENGELS, UNO DE LOS PADRES DE LA IGLESIA MARXISTA, DICE QUE CUANDO EL HOMBRE APRENDIÓ A COCINAR SUS ALIMENTOS, EMPEZÓ A DEJAR DE SER CHANGO.

EN ESO SE APOYAN ALGUNOS MARXISTAS PARA ATACAR AL VEGETARIANISMO.

→ Y PARA DECIR QUE, GRACIAS A QUE COME CARNE, EL HOMBRE HA "EVOLUCIONADO"...

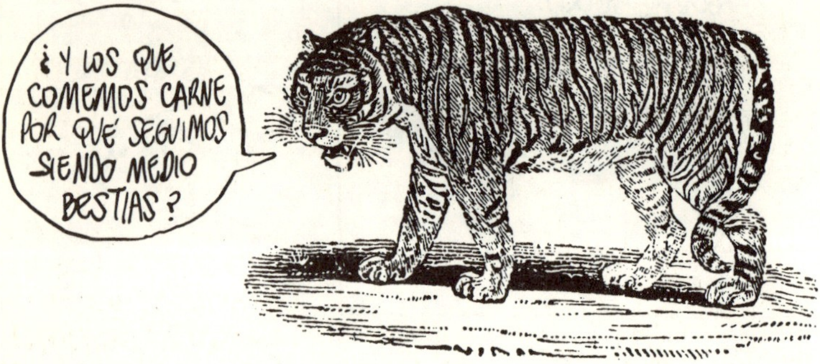
¿Y LOS QUE COMEMOS CARNE POR QUÉ SEGUIMOS SIENDO MEDIO BESTIAS?

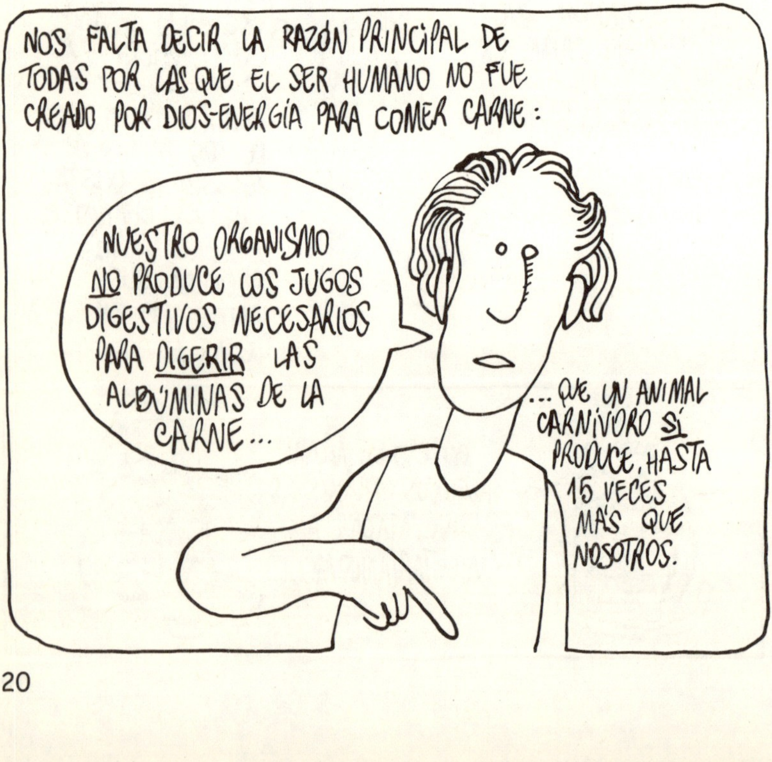
NOS FALTA DECIR LA RAZÓN PRINCIPAL DE TODAS POR LAS QUE EL SER HUMANO NO FUE CREADO POR DIOS-ENERGÍA PARA COMER CARNE:
NUESTRO ORGANISMO NO PRODUCE LOS JUGOS DIGESTIVOS NECESARIOS PARA DIGERIR LAS ALBÚMINAS DE LA CARNE...
...QUE UN ANIMAL CARNÍVORO SÍ PRODUCE, HASTA 15 VECES MÁS QUE NOSOTROS.

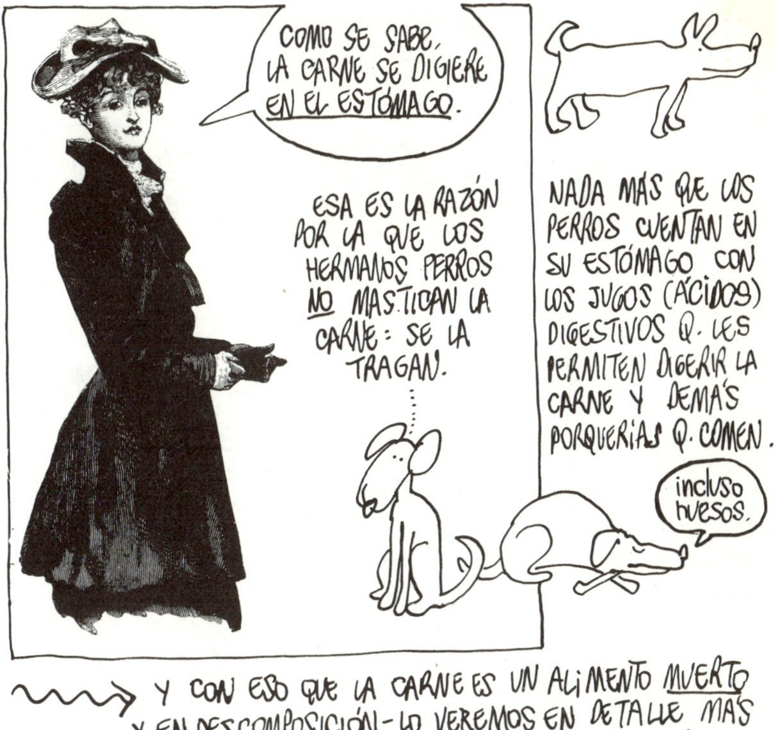
COMO SE SABE, LA CARNE SE DIGIERE EN EL ESTÓMAGO.
ESA ES LA RAZÓN POR LA QUE LOS HERMANOS PERROS NO MASTICAN LA CARNE: SE LA TRAGAN.
NADA MÁS QUE LOS PERROS CUENTAN EN SU ESTÓMAGO CON LOS JUGOS (ÁCIDOS) DIGESTIVOS Q. LES PERMITEN DIGERIR LA CARNE Y DEMÁS PORQUERÍAS Q. COMEN.
incluso huesos.

Y CON ESO QUE LA CARNE ES UN ALIMENTO MUERTO Y EN DESCOMPOSICIÓN –LO VEREMOS EN DETALLE MÁS ADELANTE– LLEGA AL ESTÓMAGO A SEGUIRSE DESCOMPONIENDO SIN SER DIGERIDO Y A PUDRIRSE –EN TODA LA EXTENSIÓN DE LA PALABRA– EN LOS INTESTINOS, INTOXICÁNDONOS...

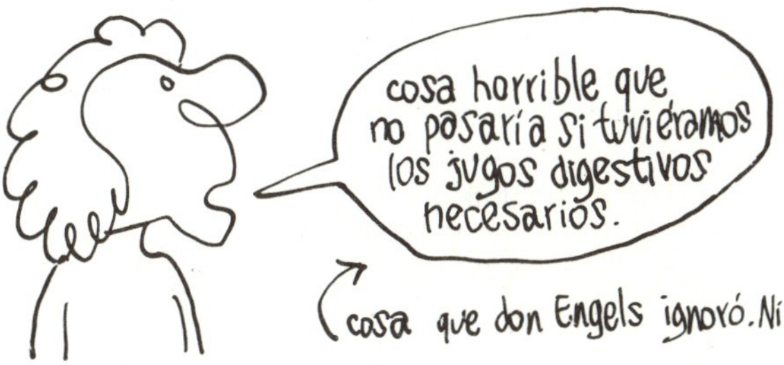
cosa horrible que no pasaría si tuviéramos los jugos digestivos necesarios.

cosa que don Engels ignoró. Ni modo.

a entender bien lo anterior,
necesario conocer un poco
proceso de la **DIGESTIÓN**.

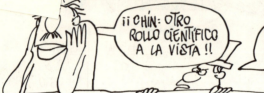

¡¡CHÍN: OTRO ROLLO CIENTÍFICO A LA VISTA!!
te dije que no compraras este chinche libro...

glándulas salivales
ESÓFAGO
ESTÓMAGO
HÍGADO
PÁNCREAS
INTESTINO GRUESO
APÉNDICE
INTESTINO DELGADO
RECTO

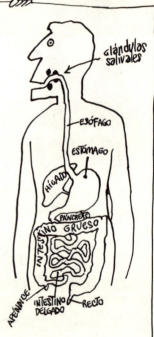

1- La comida entra por la boca, donde es masticada por muelas y dientes, y mezclada con la saliva, cuyas enzimas la empiezan a preparar reduciendo los almidones que la forman.

2- En 5 segundos, la comida recorre el esófago y llega a la revolvedora de cemento llamada estómago. Allí se mezcla con ácidos y jugos gástricos y permanece de 4 a 7 horas siendo digeridos.

3- Del estómago, el alimento pasa al INTESTINO DELGADO donde recibe 3 líquidos súper importantes: el jugo intestinal, el pancreático y la bilis del hígado, compuestos químicos que actúan sobre los carbohidratos, grasas y proteínas del alimento, para que nuestro organismo lo aproveche...

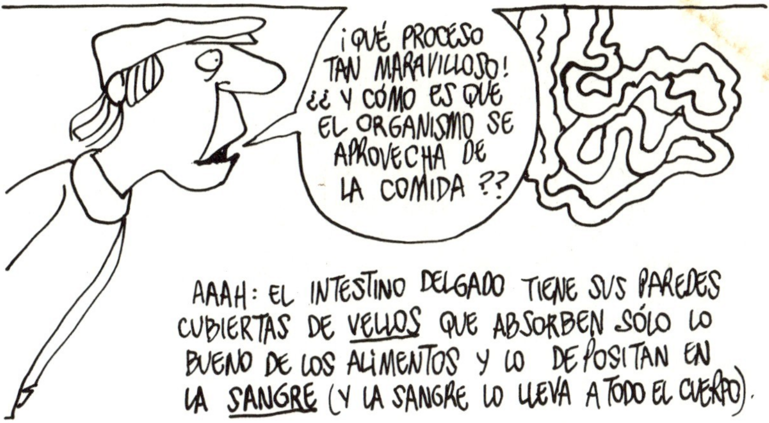
¡QUÉ PROCESO TAN MARAVILLOSO! ¿¿Y CÓMO ES QUE EL ORGANISMO SE APROVECHA DE LA COMIDA??
AAAH: EL INTESTINO DELGADO TIENE SUS PAREDES CUBIERTAS DE VELLOS QUE ABSORBEN SÓLO LO BUENO DE LOS ALIMENTOS Y LO DEPOSITAN EN LA SANGRE (Y LA SANGRE LO LLEVA A TODO EL CUERPO).

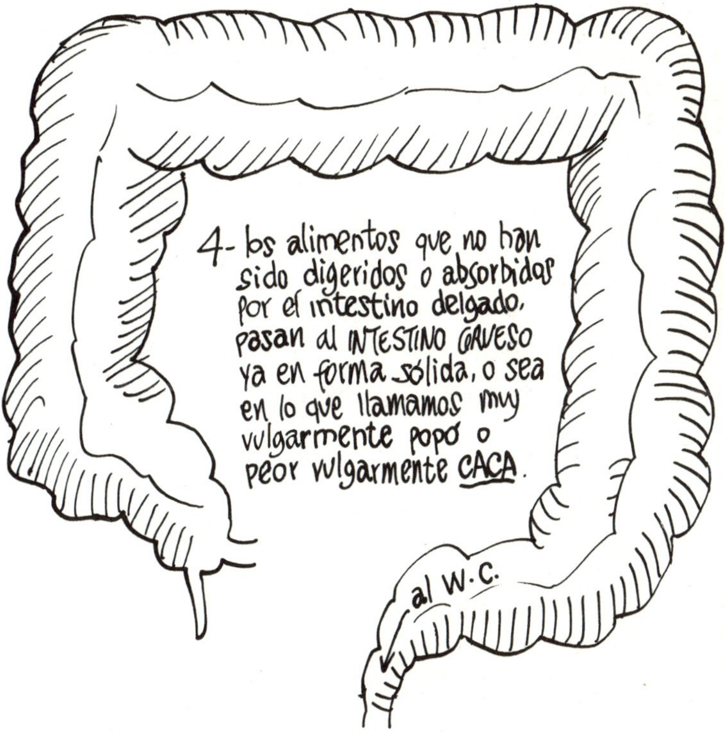
4- los alimentos que no han sido digeridos o absorbidos por el intestino delgado, pasan al INTESTINO GRUESO ya en forma sólida, o sea en lo que llamamos muy vulgarmente popó o peor vulgarmente CACA.
al W.C.

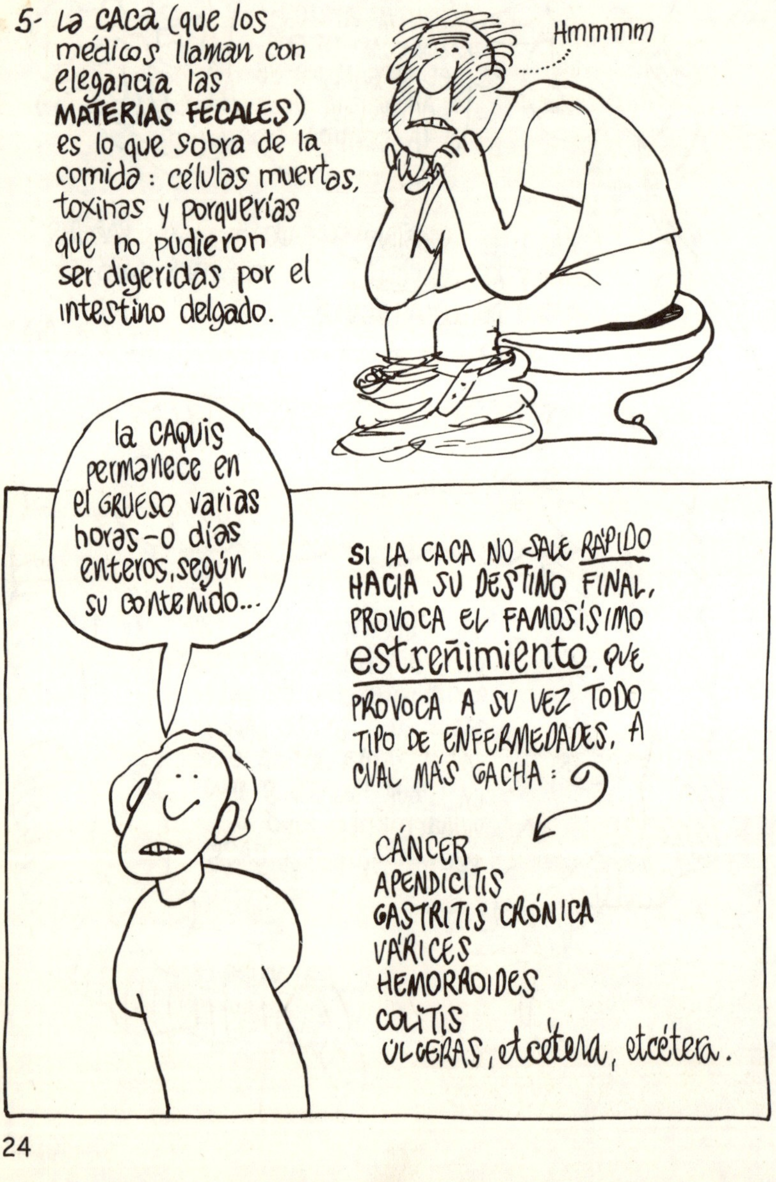
5- La CACA (que los médicos llaman con elegancia las MATERIAS FECALES) es lo que sobra de la comida: células muertas, toxinas y porquerías que no pudieron ser digeridas por el intestino delgado.
Hmmmm
la CAQUIS permanece en el GRUESO varias horas –o días enteros, según su contenido...
SI LA CACA NO SALE RÁPIDO HACIA SU DESTINO FINAL, PROVOCA EL FAMOSÍSIMO estreñimiento, QUE PROVOCA A SU VEZ TODO TIPO DE ENFERMEDADES, A CUAL MÁS GACHA:
CÁNCER
APENDICITIS
GASTRITIS CRÓNICA
VÁRICES
HEMORROIDES
COLITIS
ÚLCERAS, etcétera, etcétera.

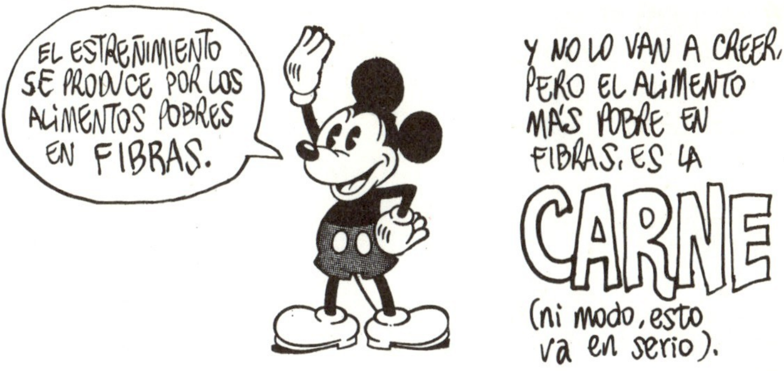
EL ESTREÑIMIENTO SE PRODUCE POR LOS ALIMENTOS POBRES EN FIBRAS.
Y NO LO VAN A CREER, PERO EL ALIMENTO MÁS POBRE EN FIBRAS, ES LA
CARNE
(ni modo, esto va en serio).

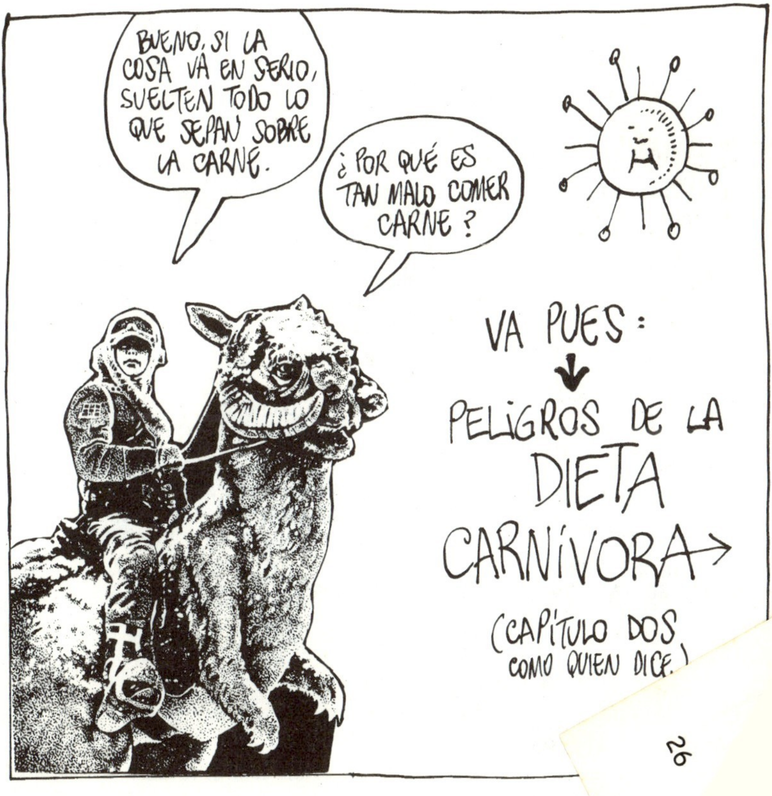
BUENO, SI LA COSA VA EN SERIO, SUELTEN TODO LO QUE SEPAN SOBRE LA CARNE.
¿POR QUÉ ES TAN MALO COMER CARNE?
VA PUES:
PELIGROS DE LA DIETA CARNÍVORA
(CAPÍTULO DOS COMO QUIEN DICE.)

1 LA CARNE ES UN ALIMENTO SIN FIBRA, ES DECIR, DE MUY <u>DIFÍCIL</u> DIGESTIÓN.

> Que hace trabajar de más al hígado, estómago e intestinos.

2 LA CARNE PRODUCE EL ÁCIDO ÚRICO, QUE AL ACUMULARSE EN EL HÍGADO HACE Q. ÉSTE FUNCIONE MAL, POR LO QUE LA SANGRE SE ACIDIFICA E IMPURIFICA, ENDURECIÉNDOSE ASÍ LAS VENAS Y ARTERIAS, EXCITANDO AL CORAZÓN, FATIGANDO A LOS RIÑONES QUE SE LAS VEN DURAS PARA EXPULSAR LA ORINA
↓
lo que provoca la <u>UREMIA</u>
entre otras cosas.

O DICHO EN LENGUAJE MÉDICO: EL EXCESO DE ALBÚMINA —QUE NO NECESITA EL ORGANISMO— NO PUEDE SER METABOLIZADO Y PROVOCA EXCESO DE TRABAJO EN <u>TODO</u> EL SISTEMA DIGESTIVO.

(NO al PRINOCHET)

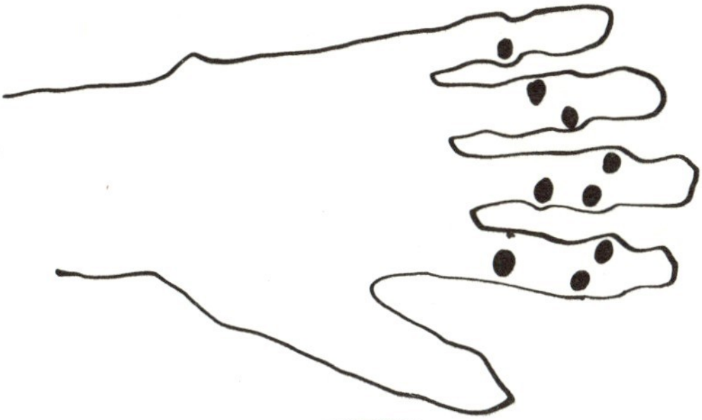

3 ESE EXCESO DE ALBÚMINA QUE NO ES DIGERIDA, TAMBIÉN PROVOCA LA ARTRITIS.

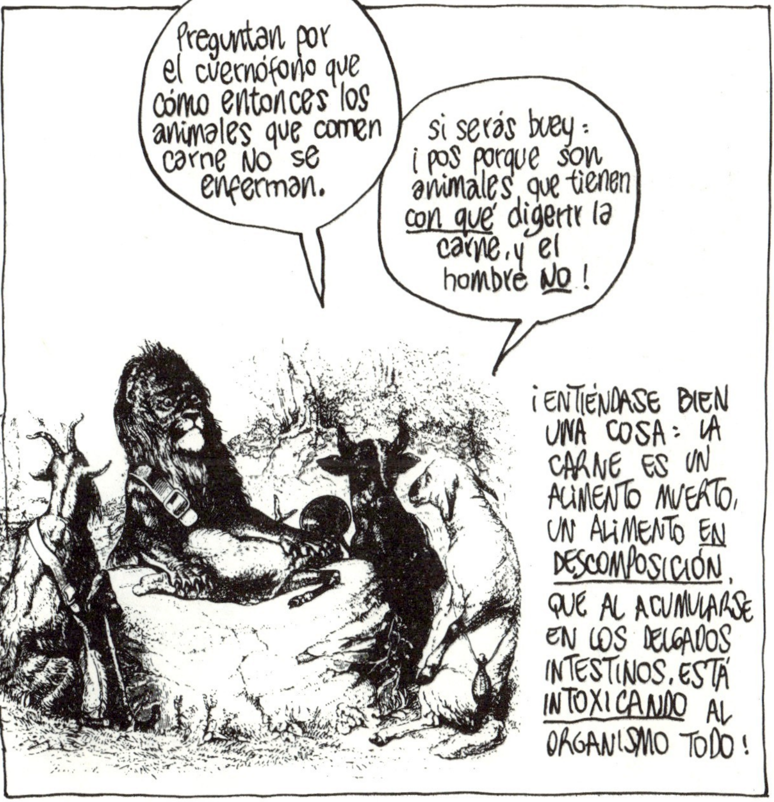

Preguntan por el cuernófono que cómo entonces los animales que comen carne NO se enferman.
si serás buey: ¡pos porque son animales que tienen con qué digerir la carne, y el hombre NO!
¡ENTIÉNDASE BIEN UNA COSA: LA CARNE ES UN ALIMENTO MUERTO, UN ALIMENTO EN DESCOMPOSICIÓN, QUE AL ACUMULARSE EN LOS DELGADOS INTESTINOS, ESTÁ INTOXICANDO AL ORGANISMO TODO!

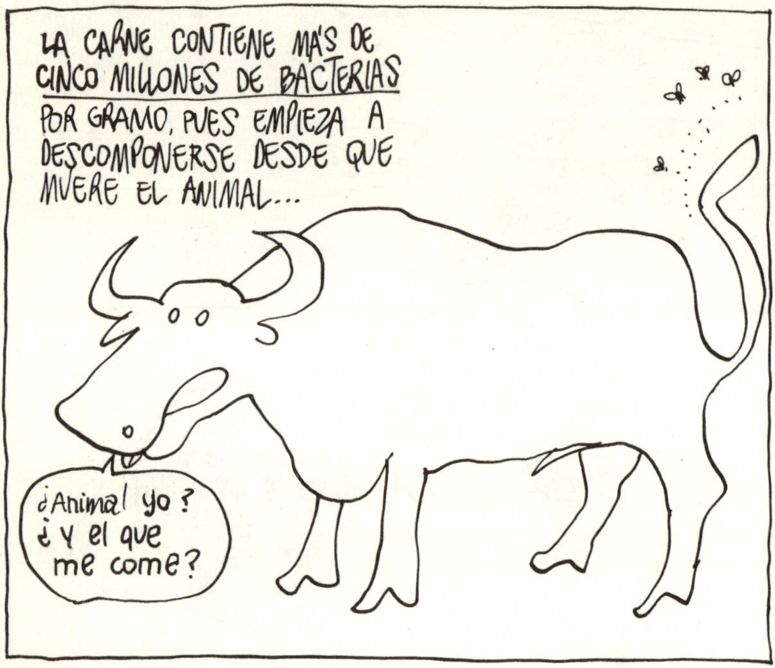
LA CARNE CONTIENE MÁS DE CINCO MILLONES DE BACTERIAS POR GRAMO, PUES EMPIEZA A DESCOMPONERSE DESDE QUE MUERE EL ANIMAL...
¿Animal yo? ¿y el que me come?

4

LA ALIMENTACIÓN CARNÍVORA TRASMITE AL INDIVIDUO (A) LAS ENFERMEDADES QUE EL ANIMAL PADECÍA...

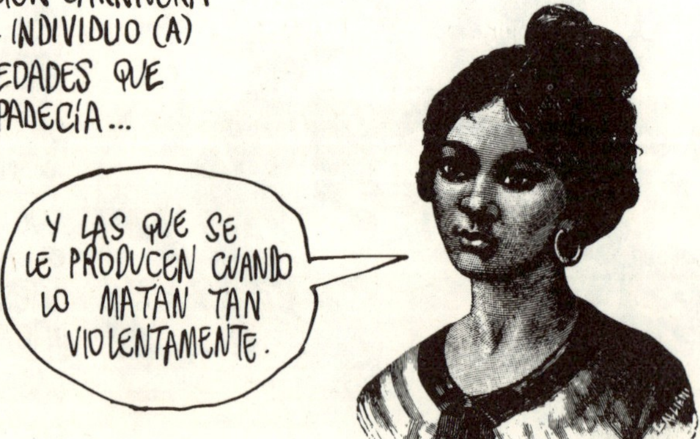
Y LAS QUE SE LE PRODUCEN CUANDO LO MATAN TAN VIOLENTAMENTE.

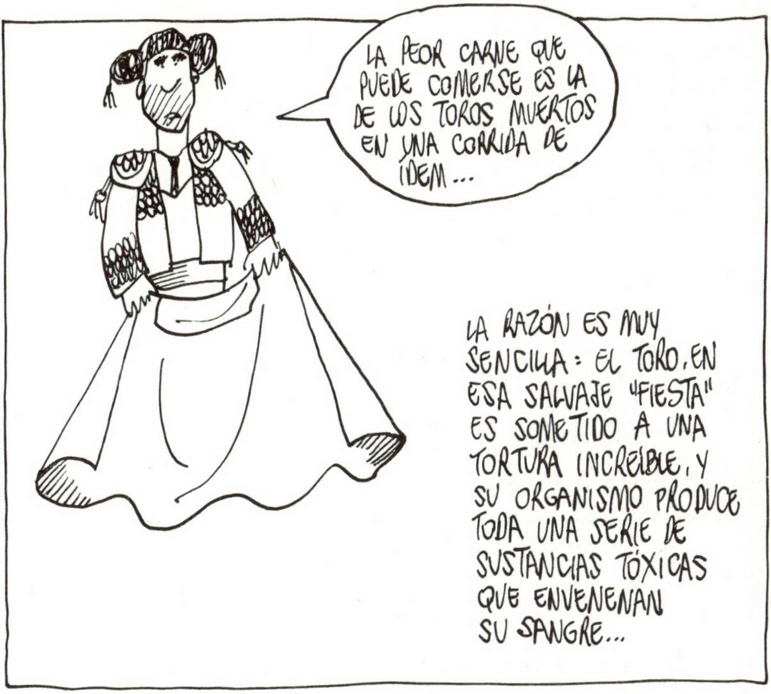
LA PEOR CARNE QUE PUEDE COMERSE ES LA DE LOS TOROS MUERTOS EN UNA CORRIDA DE ÍDEM...
LA RAZÓN ES MUY SENCILLA: EL TORO, EN ESA SALVAJE "FIESTA" ES SOMETIDO A UNA TORTURA INCREÍBLE, Y SU ORGANISMO PRODUCE TODA UNA SERIE DE SUSTANCIAS TÓXICAS QUE ENVENENAN SU SANGRE...

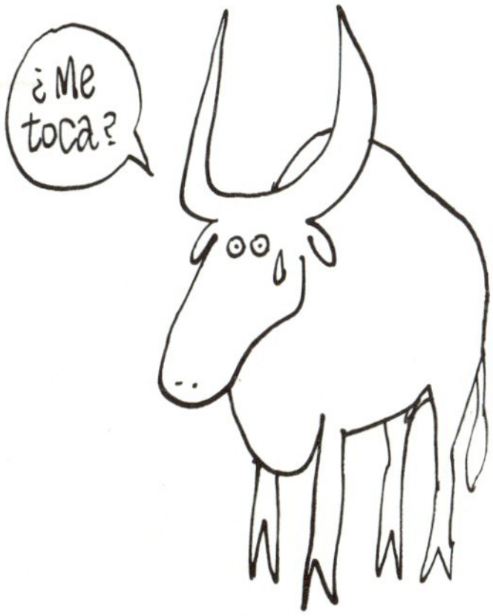
¿Me toca?

AUN EN EL RASTRO, EL TORO SE DA CUENTA DE QUE LO VAN A MATAR Y SU ORGANISMO PRODUCE ADRENALINA, UNA HORMONA QUE ENVENENA LA SANGRE Y PROVOCA LA RAPIDA DESCOMPOSICIÓN DE LOS TEJIDOS.

ASÓMESE A UN RASTRO Y VERÁ, LAS CONDICIONES HIGIÉNICAS EN QUE SE TRABAJA Y LE ASEGURAMOS QUE DEJARÁ DE COMER CARNE TODA SU VIDA.

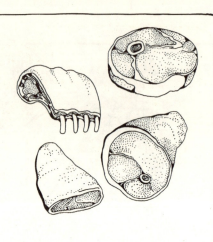

¿A UN RASTRO? ¡SIMPLEMENTE A UNA CARNICERÍA MEXICANA...!

Además, el ganado vacuno padece por lo general varias enfermedades crónicas:

TUBERCULOSIS PULMONAR
ENCEFALITIS
FIEBRE AFTOSA
HÍGADO ENCEBOLLADO

↑ una enfermedad del hígado cuyo nombre no recordamos ahora.

ENFERMEDADES QUE PASAN AL ORGANISMO DEL SER HUMANO AL COMER CARNE ENFERMA.

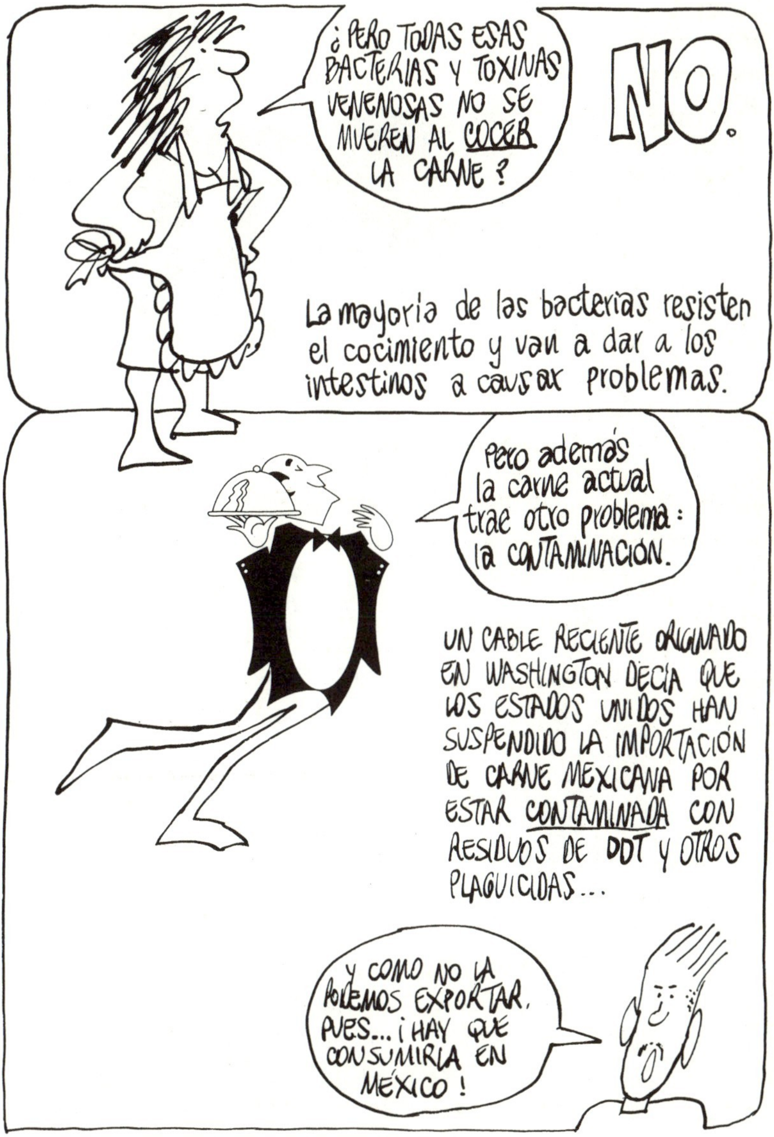
¿PERO TODAS ESAS BACTERIAS Y TOXINAS VENENOSAS NO SE MUEREN AL COCER LA CARNE?
NO.
La mayoria de las bacterias resisten el cocimiento y van a dar a los intestinos a causar problemas.
Pero además la carne actual trae otro problema: la CONTAMINACIÓN.
UN CABLE RECIENTE ORIGINADO EN WASHINGTON DECÍA QUE LOS ESTADOS UNIDOS HAN SUSPENDIDO LA IMPORTACIÓN DE CARNE MEXICANA POR ESTAR CONTAMINADA CON RESIDUOS DE DDT Y OTROS PLAGUICIDAS...
Y COMO NO LA PODEMOS EXPORTAR, PUES... ¡HAY QUE CONSUMIRLA EN MÉXICO!

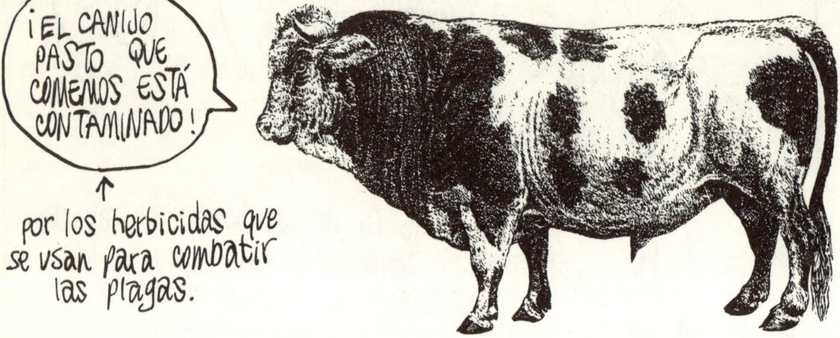
¡EL CANIJO PASTO QUE COMEMOS ESTÁ CONTAMINADO!
por los herbicidas que se usan para combatir las plagas.

POR OTRA PARTE, INVESTIGADORES DEL INSTITUTO DEL CONSUMIDOR HAN SEÑALADO REITERADAMENTE QUE LA CARNE QUE SE CONSUME EN MÉXICO –Y ESPECIALMENTE EN EL D.F.– ESTÁ INFESTADA DE BACTERIAS COMO LA SALMONELA, SHIGELA, ESTAFILOCOCOS AURIOS Y MICROBIOS COLIFORMES DE MATERIAS FECALES QUE OCASIONAN (CLARO) INFECCIONES INTESTINALES...

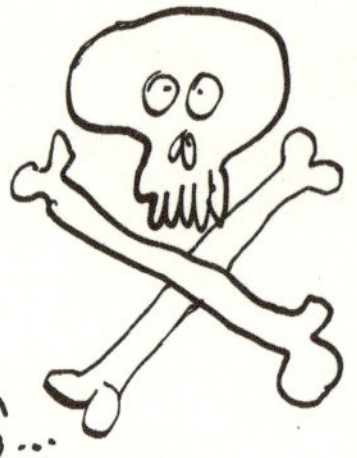

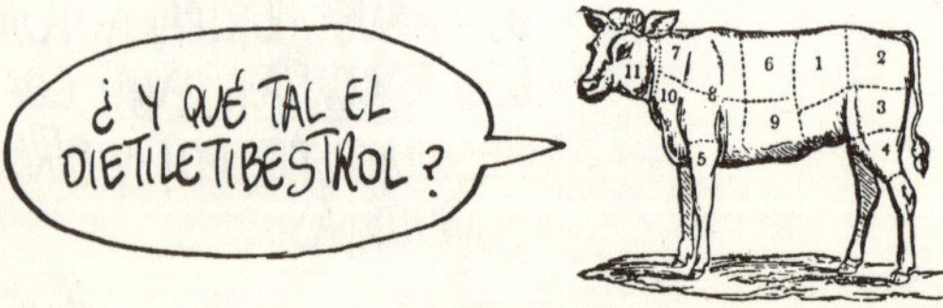
¿Y QUÉ TAL EL DIETILETIBESTROL?
11
7
6
1
2
10
8
9
3
5
4

LA FDA (OFICINA DE ALIMENTOS Y MEDICAMENTOS) DE LOS USA, HA ADVERTIDO CONTRA EL USO DEL DIETILETIBESTROL (DES) QUE SE UTILIZA YA EN MÉXICO PARA ACELERAR EL CRECIMIENTO DEL GANADO, COMO UN ELEMENTO QUÍMICO <u>MUY PERJUDICIAL PARA LA SALUD HUMANA</u>, PUES PRODUCE CÁNCER.

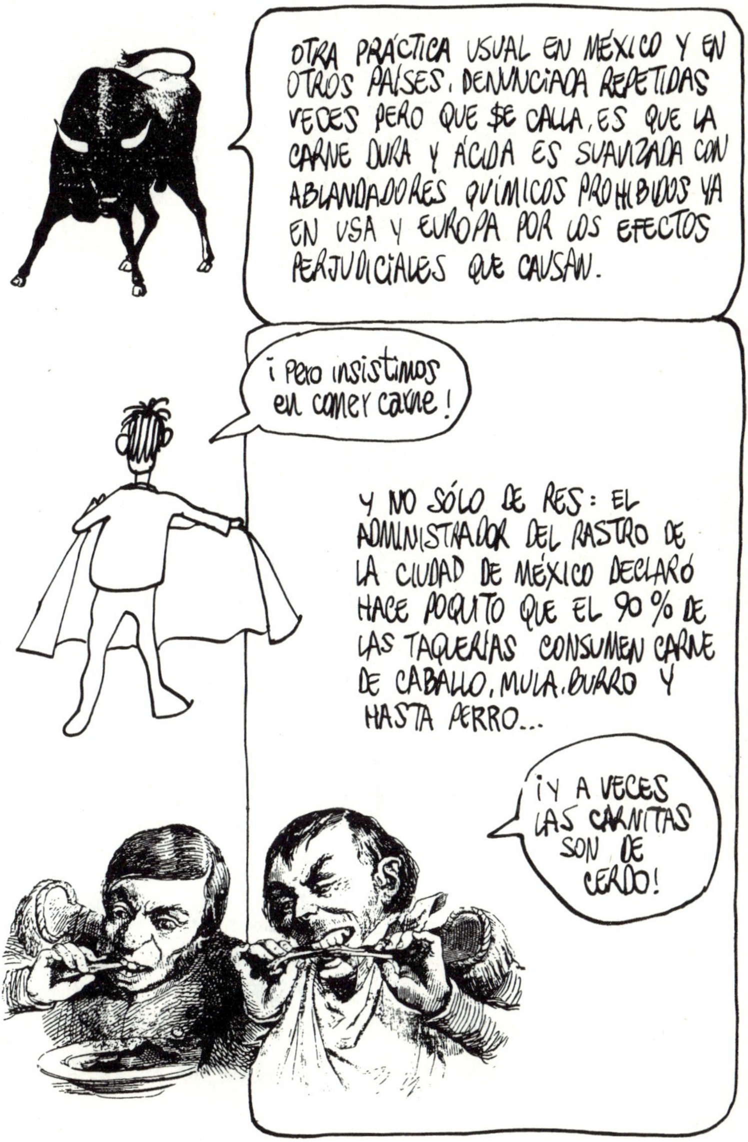
OTRA PRÁCTICA USUAL EN MÉXICO Y EN OTROS PAÍSES, DENUNCIADA REPETIDAS VECES PERO QUE $E CALLA, ES QUE LA CARNE DURA Y ÁCIDA ES SUAVIZADA CON ABLANDADORES QUÍMICOS PROHIBIDOS YA EN USA Y EUROPA POR LOS EFECTOS PERJUDICIALES QUE CAUSAN.
¡Pero insistimos en comer carne!
Y NO SÓLO DE RES: EL ADMINISTRADOR DEL RASTRO DE LA CIUDAD DE MÉXICO DECLARÓ HACE POQUITO QUE EL 90% DE LAS TAQUERÍAS CONSUMEN CARNE DE CABALLO, MULA, BURRO Y HASTA PERRO...
¡Y A VECES LAS CARNITAS SON DE CERDO!

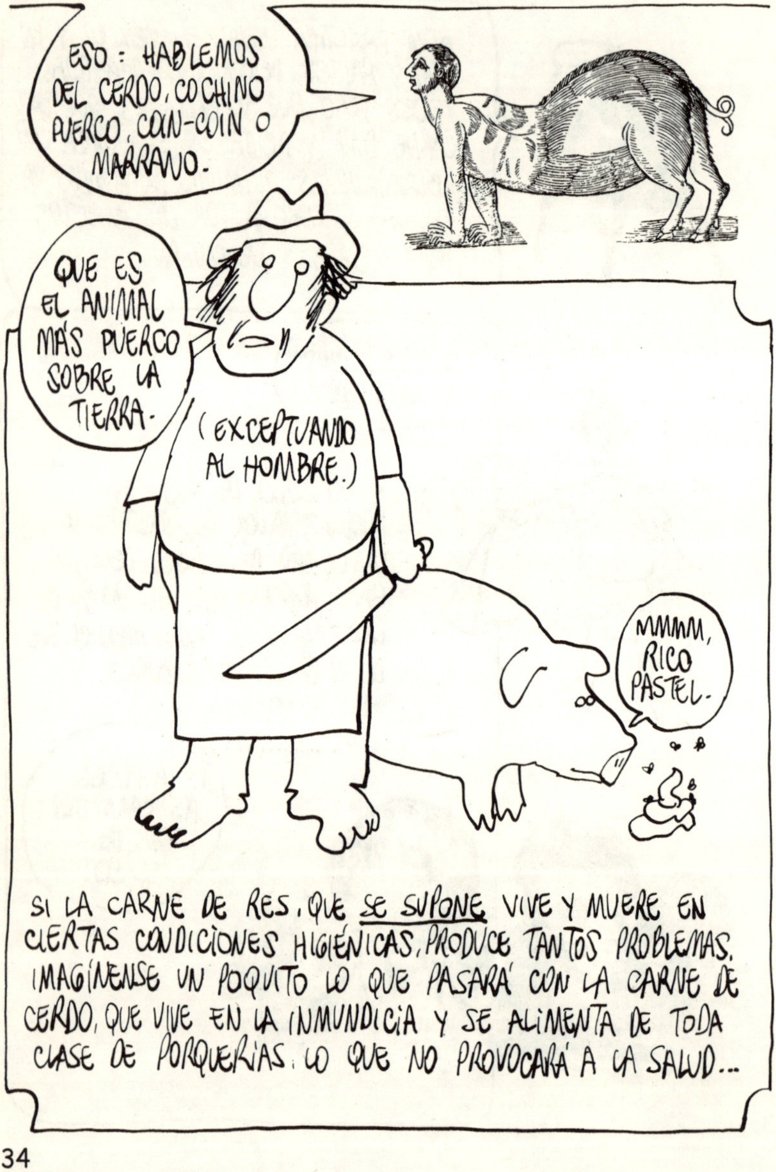
ESO: HABLEMOS DEL CERDO, COCHINO PUERCO, COIN-COIN O MARRANO.
QUE ES EL ANIMAL MÁS PUERCO SOBRE LA TIERRA.
(EXCEPTUANDO AL HOMBRE.)
MMMM, RICO PASTEL.
SI LA CARNE DE RES, QUE SE SUPONE VIVE Y MUERE EN CIERTAS CONDICIONES HIGIÉNICAS, PRODUCE TANTOS PROBLEMAS, IMAGÍNENSE UN POQUITO LO QUE PASARÁ CON LA CARNE DE CERDO, QUE VIVE EN LA INMUNDICIA Y SE ALIMENTA DE TODA CLASE DE PORQUERÍAS: LO QUE NO PROVOCARÁ A LA SALUD...

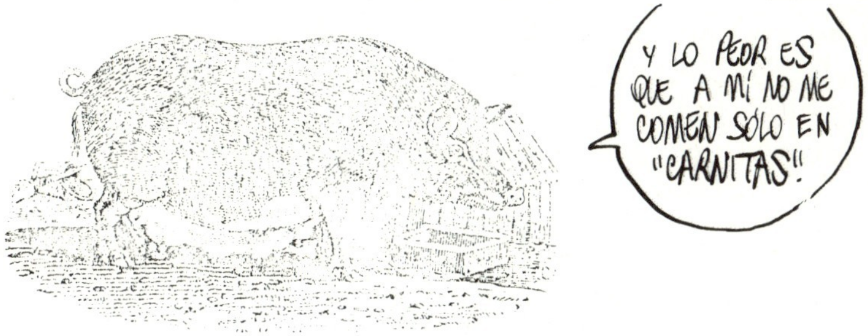
Y LO PEOR ES QUE A MÍ NO ME COMEN SÓLO EN "CARNITAS"!

LOS PRINCIPALES CONSUMIDORES DE CARNE DE PUERCO SON LOS
→ NIÑOS Y NIÑAS ←

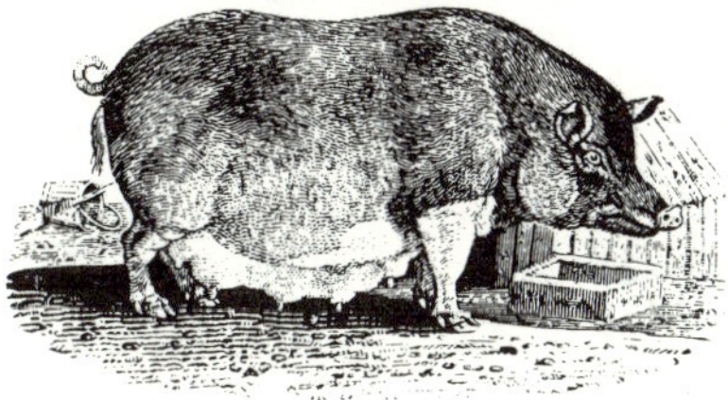

Principales productos de carne de chancho

****

JAMÓN
SALCHICHAS
MORTADELA
SALCHICHÓN
PATÉ
MORCILLA
CHULETAS
JAMON DEL DIABLO
QUESO DE PUERCO
SALAMI
TOCINO
LONGANIZA
etc.

LA INDUSTRIA DE LOS EMBUTIDOS Y CARNES FRÍAS (no hablamos de la GAYOSSO, conste) CADA DÍA ES MÁS PODEROSA Y SIGNIFICATIVA EN NUESTRA MANERA DE COMER... DESGRACIADAMENTE.)

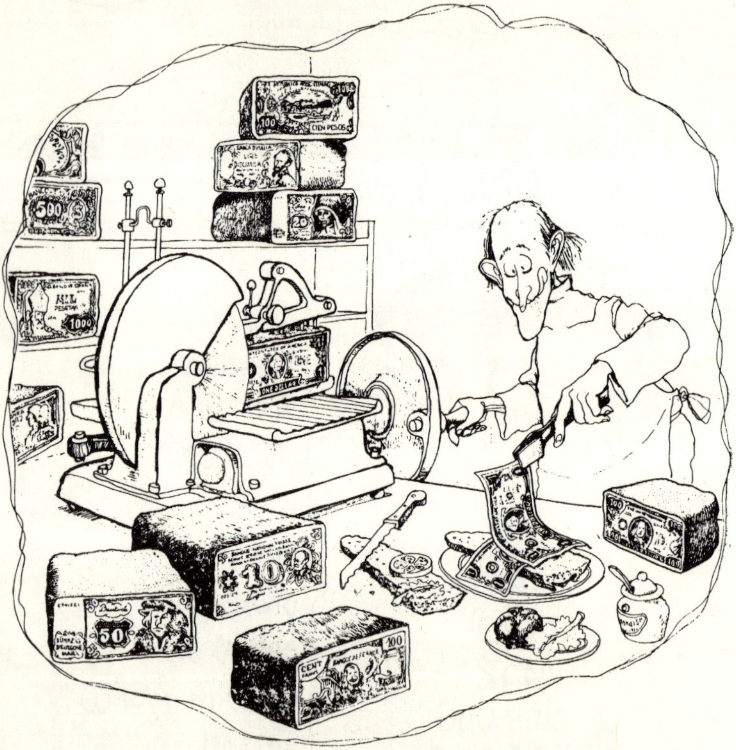

CIEN PESOS
MIL PESETAS
1000
500
50
10
100
CENT

Y DECIMOS DESGRACIADAMENTE, PORQUE ESTA INDUSTRIA NO SIEMPRE BUSCA EL BENEFICIO DE LOS CONSUMIDORES, SINO ÚNICAMENTE SU BENEFICIO ECONÓMICO, A COSTA DE LA SALUD Y DE LA CALIDAD DE LOS CARÍSIMOS PRODUCTOS Q. ELABORA.

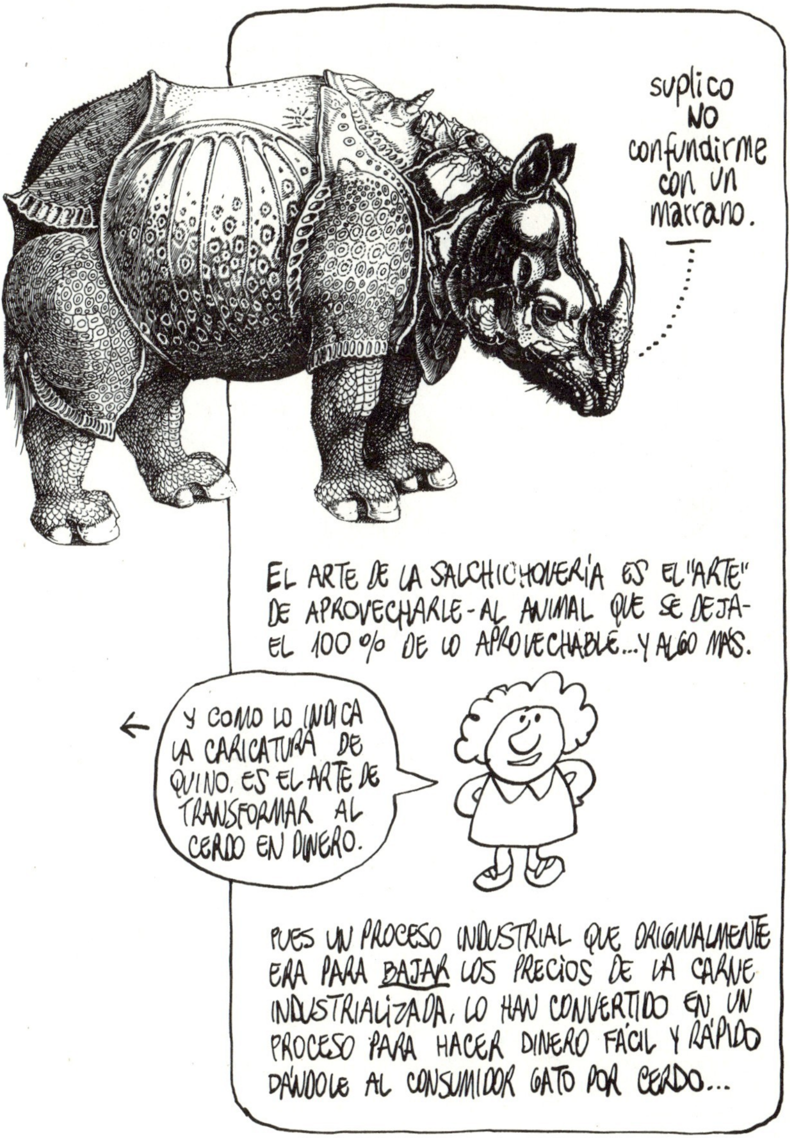
suplico NO confundirme con un marrano.
EL ARTE DE LA SALCHICHONERÍA ES EL "ARTE" DE APROVECHARLE -AL ANIMAL QUE SE DEJA- EL 100 % DE LO APROVECHABLE... Y ALGO MÁS.
Y COMO LO INDICA LA CARICATURA DE QUINO, ES EL ARTE DE TRANSFORMAR AL CERDO EN DINERO.
PUES UN PROCESO INDUSTRIAL QUE ORIGINALMENTE ERA PARA BAJAR LOS PRECIOS DE LA CARNE INDUSTRIALIZADA, LO HAN CONVERTIDO EN UN PROCESO PARA HACER DINERO FÁCIL Y RÁPIDO DÁNDOLE AL CONSUMIDOR GATO POR CERDO...

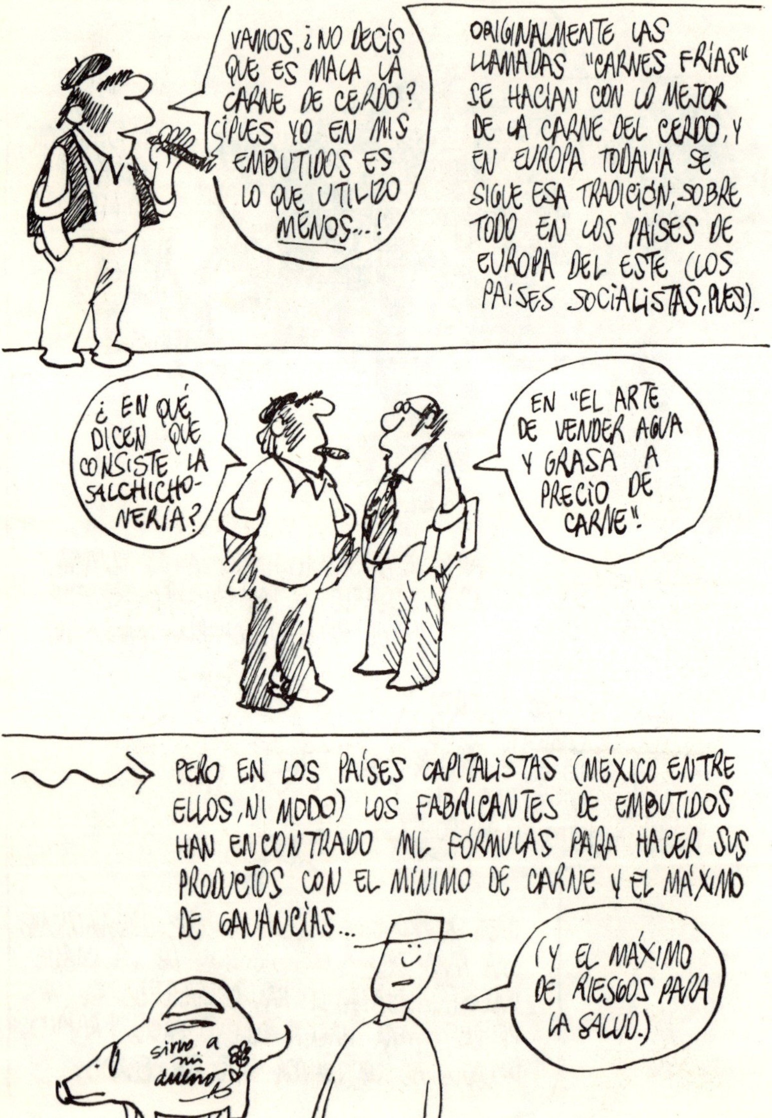
VAMOS, ¿NO DECÍS QUE ES MALA LA CARNE DE CERDO? ¡PUES YO EN MIS EMBUTIDOS ES LO QUE UTILIZO MENOS...!
ORIGINALMENTE LAS LLAMADAS "CARNES FRÍAS" SE HACÍAN CON LO MEJOR DE LA CARNE DEL CERDO, Y EN EUROPA TODAVÍA SE SIGUE ESA TRADICIÓN, SOBRE TODO EN LOS PAÍSES DE EUROPA DEL ESTE (LOS PAISES SOCIALISTAS, PUES).
¿EN QUÉ DICEN QUE CONSISTE LA SALCHICHONERÍA?
EN "EL ARTE DE VENDER AGUA Y GRASA A PRECIO DE CARNE"!
PERO EN LOS PAÍSES CAPITALISTAS (MÉXICO ENTRE ELLOS, NI MODO) LOS FABRICANTES DE EMBUTIDOS HAN ENCONTRADO MIL FÓRMULAS PARA HACER SUS PRODUCTOS CON EL MÍNIMO DE CARNE Y EL MÁXIMO DE GANANCIAS...
sirvo a mi dueño
(Y EL MÁXIMO DE RIESGOS PARA LA SALUD.)

¿de qué se hacen en México los jamones y salchichas y demás embutidos?

→ LOS ESTUDIOS DEL INST. NAL. DEL CONSUMIDOR, DEL COLEGIO NAL. DE MÉDICOS VETERINARIOS Y ZOOTECNISTAS, DEL INST. NAL. DE LA NUTRICIÓN, DE LA ASOC. DE TÉCNICOS EN ALIMENTOS, Y OTRAS INSTITUCIONES SEÑALAN QUE:

"EN TEORÍA, LOS PRINCIPALES INGREDIENTES DE LAS DIVERSAS CARNES FRÍAS SON: CARNE, GRASA, SAZONADORES, ADITIVOS NO SAZONADORES Y AGUA. ENTRE LOS NO SAZONADORES SE INCLUYEN FOSFATOS Y POLIFOSFATOS PARA EMULSIFICAR (O SEA, PARA UNIR AGUA Y GRASA, RETENER EL AGUA O DAR BUENA APARIENCIA AL JAMÓN), GELATINA, CEREALES, HARINAS VEGETALES, ALMIDONES, LECHE EN POLVO, etc."

esto es en teoría y de acuerdo con las normas de los fabricantes, que especifican -en teoría- que tales materiales no excederán el 10% del producto.

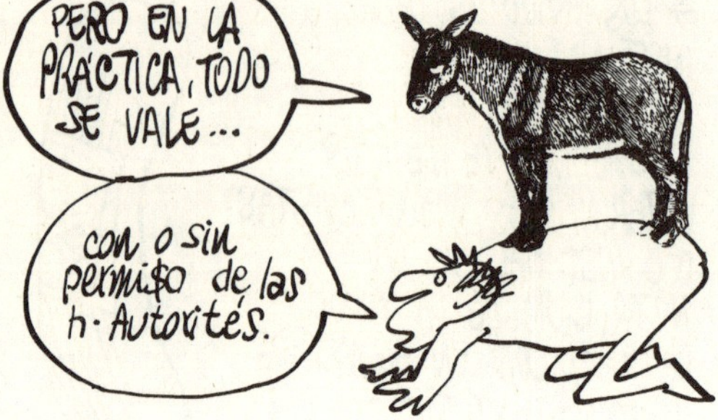
PERO EN LA PRÁCTICA, TODO SE VALE...
CON O SIN PERMISO DE LAS H. AUTORITÉS.

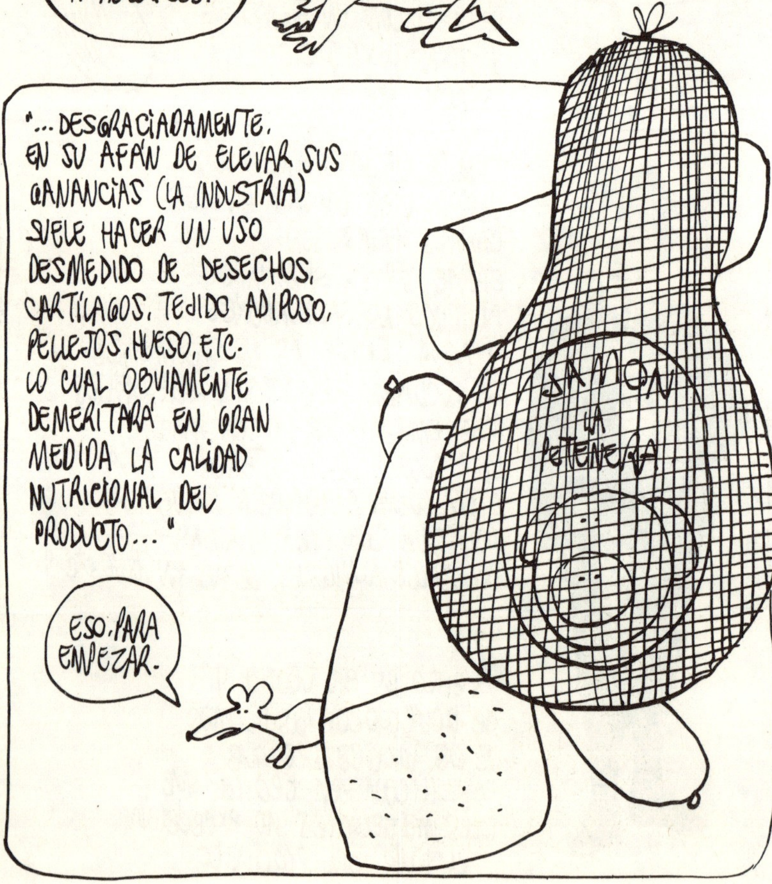
"... DESGRACIADAMENTE, EN SU AFÁN DE ELEVAR SUS GANANCIAS (LA INDUSTRIA) SUELE HACER UN USO DESMEDIDO DE DESECHOS, CARTÍLAGOS, TEJIDO ADIPOSO, PELLEJOS, HUESO, ETC. LO CUAL OBVIAMENTE DEMERITARÁ EN GRAN MEDIDA LA CALIDAD NUTRICIONAL DEL PRODUCTO..."
JAMON LA PETENERA
ESO, PARA EMPEZAR.

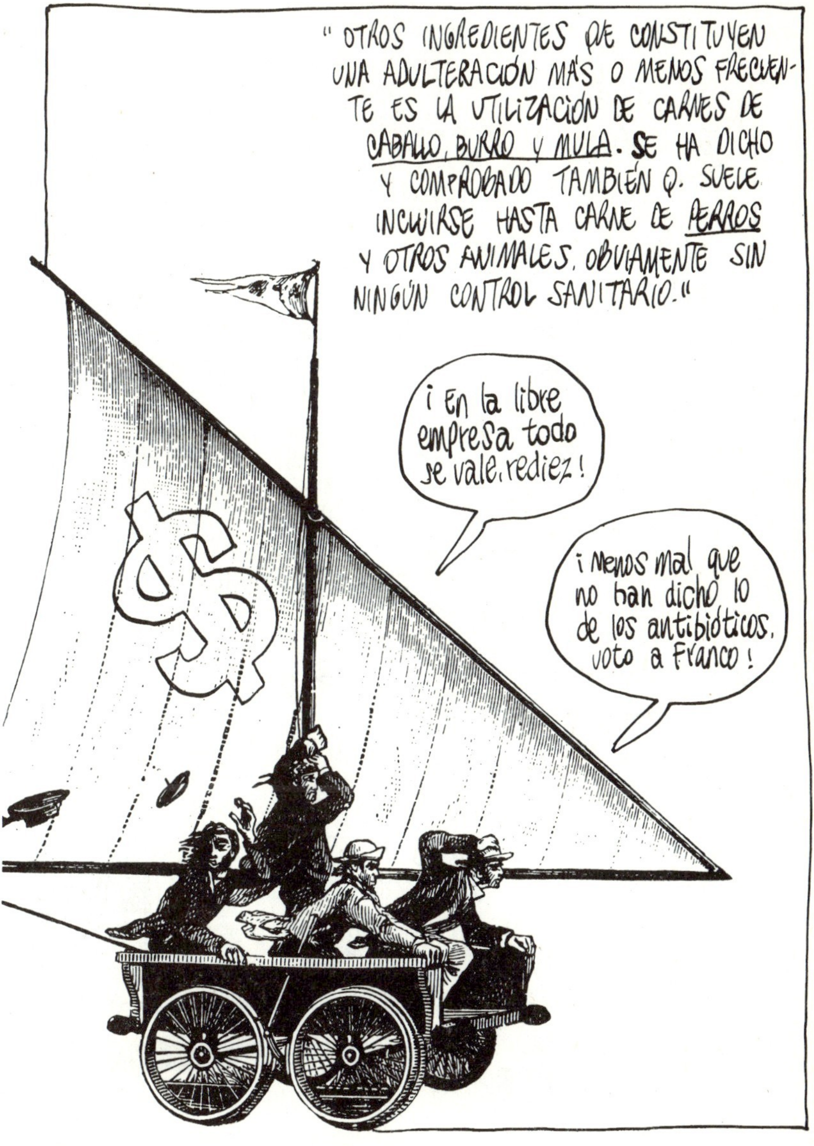
"OTROS INGREDIENTES QUE CONSTITUYEN UNA ADULTERACIÓN MÁS O MENOS FRECUENTE ES LA UTILIZACIÓN DE CARNES DE CABALLO, BURRO Y MULA. SE HA DICHO Y COMPROBADO TAMBIÉN Q. SUELE INCLUIRSE HASTA CARNE DE PERROS Y OTROS ANIMALES, OBVIAMENTE SIN NINGÚN CONTROL SANITARIO."
¡En la libre empresa todo se vale, rediez!
¡Menos mal que no han dicho lo de los antibióticos, voto a Franco!

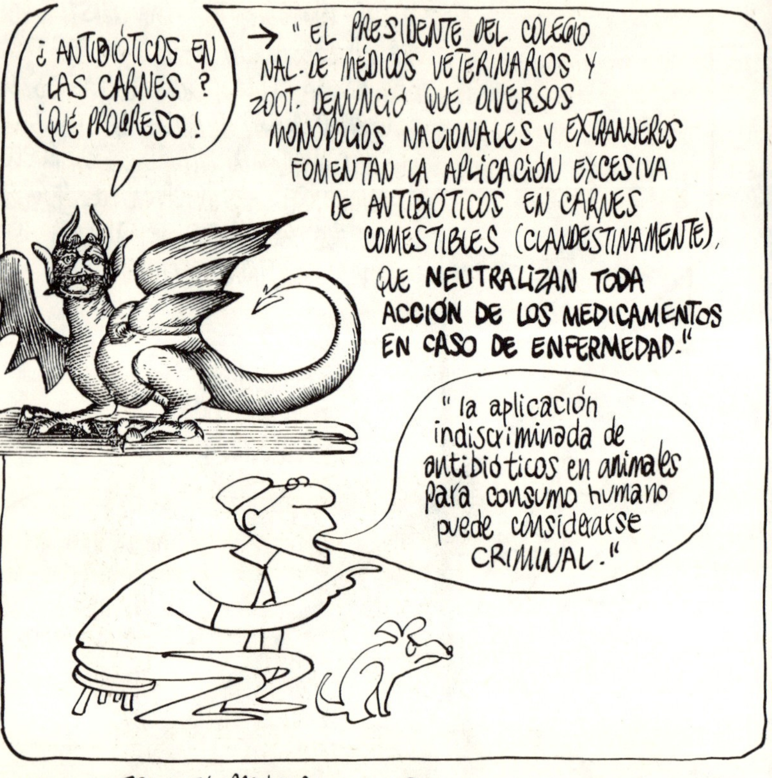
¿ANTIBIÓTICOS EN LAS CARNES? ¡QUÉ PROGRESO!
→ "EL PRESIDENTE DEL COLEGIO NAL. DE MÉDICOS VETERINARIOS Y ZOOT. DENUNCIÓ QUE DIVERSOS MONOPOLIOS NACIONALES Y EXTRANJEROS FOMENTAN LA APLICACIÓN EXCESIVA DE ANTIBIÓTICOS EN CARNES COMESTIBLES (CLANDESTINAMENTE), QUE NEUTRALIZAN TODA ACCIÓN DE LOS MEDICAMENTOS EN CASO DE ENFERMEDAD."
"la aplicación indiscriminada de antibióticos en animales para consumo humano puede considerarse CRIMINAL."

"DESDE 1973 ESTÁ PROHIBIDO EN LOS ESTADOS UNIDOS EL USO DE DROGAS ANTIBIÓTICAS EN LA PRODUCCIÓN DE CARNE. EL EMPLEO DE ANTIBIÓTICOS Y DES (dietiletilbestrol) PUEDE CAUSAR CÁNCER EN QUIENES CONSUMEN ESA CARNE, ASÍ COMO HABITUAR AL CONSUMIDOR AL ANTIBIÓTICO E INSENSIBILIZARLO."

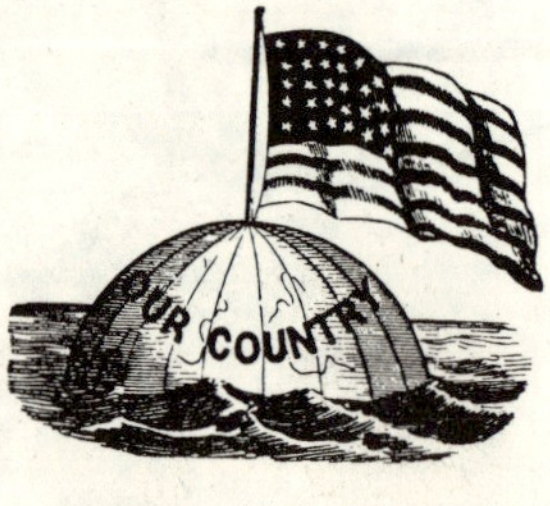
OUR COUNTRY

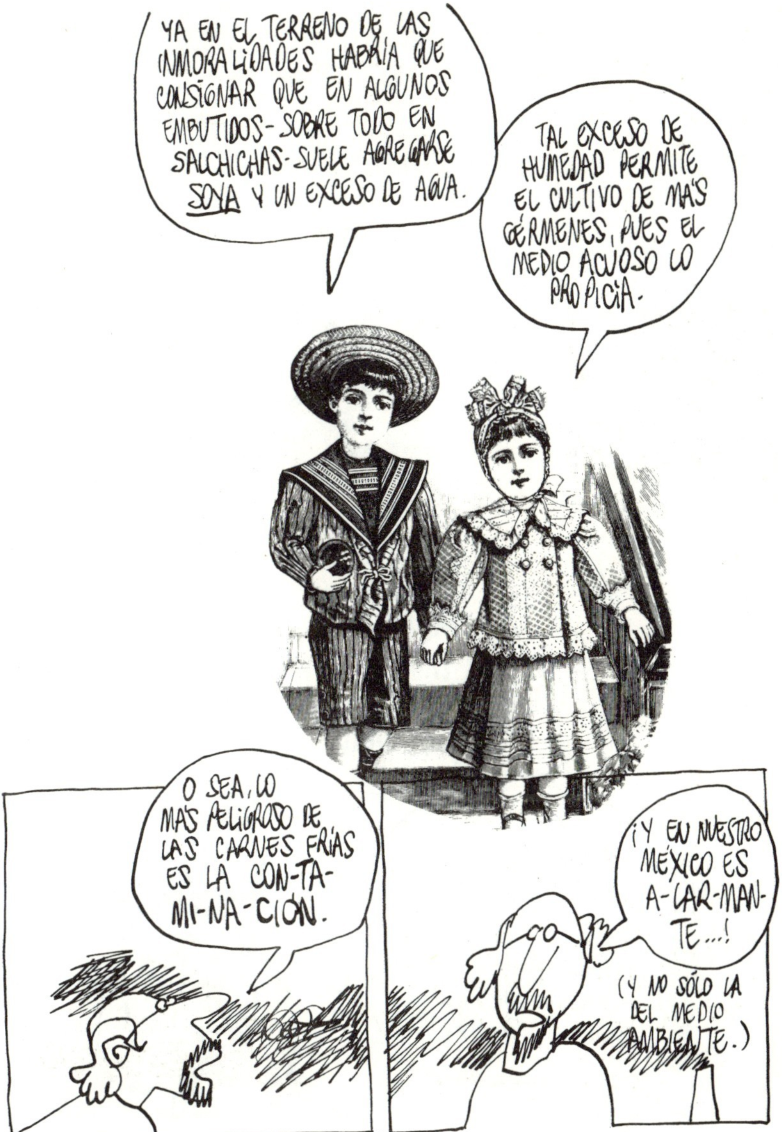
YA EN EL TERRENO DE LAS INMORALIDADES HABRÍA QUE CONSIGNAR QUE EN ALGUNOS EMBUTIDOS -SOBRE TODO EN SALCHICHAS- SUELE AGREGARSE SOYA Y UN EXCESO DE AGUA.
TAL EXCESO DE HUMEDAD PERMITE EL CULTIVO DE MÁS GÉRMENES, PUES EL MEDIO ACUOSO LO PROPICIA.
O SEA, LO MÁS PELIGROSO DE LAS CARNES FRÍAS ES LA CON-TA-MI-NA-CIÓN.
¡Y EN NUESTRO MÉXICO ES A-LAR-MAN-TE...!
(Y NO SÓLO LA DEL MEDIO AMBIENTE.)

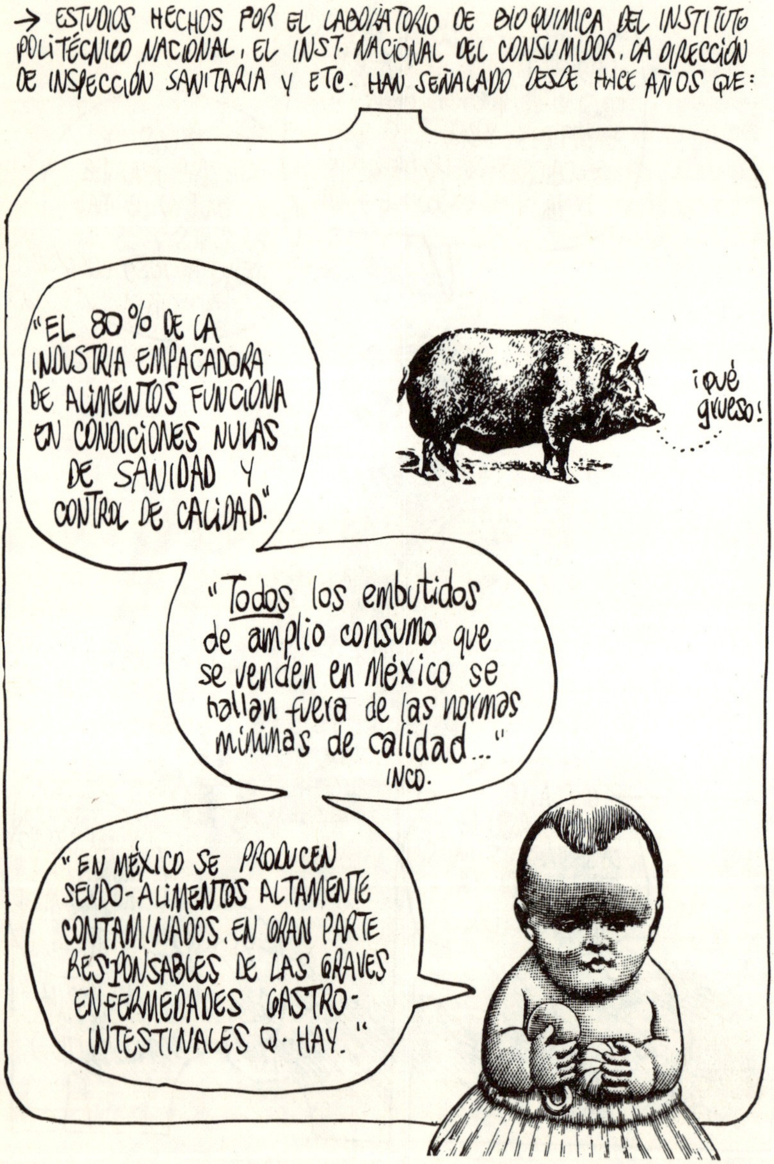
→ ESTUDIOS HECHOS POR EL LABORATORIO DE BIOQUIMICA DEL INSTITUTO POLITÉCNICO NACIONAL, EL INST. NACIONAL DEL CONSUMIDOR, LA DIRECCIÓN DE INSPECCIÓN SANITARIA Y ETC. HAN SEÑALADO DESDE HACE AÑOS QUE:
"EL 80% DE LA INDUSTRIA EMPACADORA DE ALIMENTOS FUNCIONA EN CONDICIONES NULAS DE SANIDAD Y CONTROL DE CALIDAD."
¡qué grueso!
"Todos los embutidos de amplio consumo que se venden en México se hallan fuera de las normas mínimas de calidad..."
INCO.
"EN MÉXICO SE PRODUCEN SEUDO-ALIMENTOS ALTAMENTE CONTAMINADOS, EN GRAN PARTE RESPONSABLES DE LAS GRAVES ENFERMEDADES GASTRO-INTESTINALES Q. HAY."

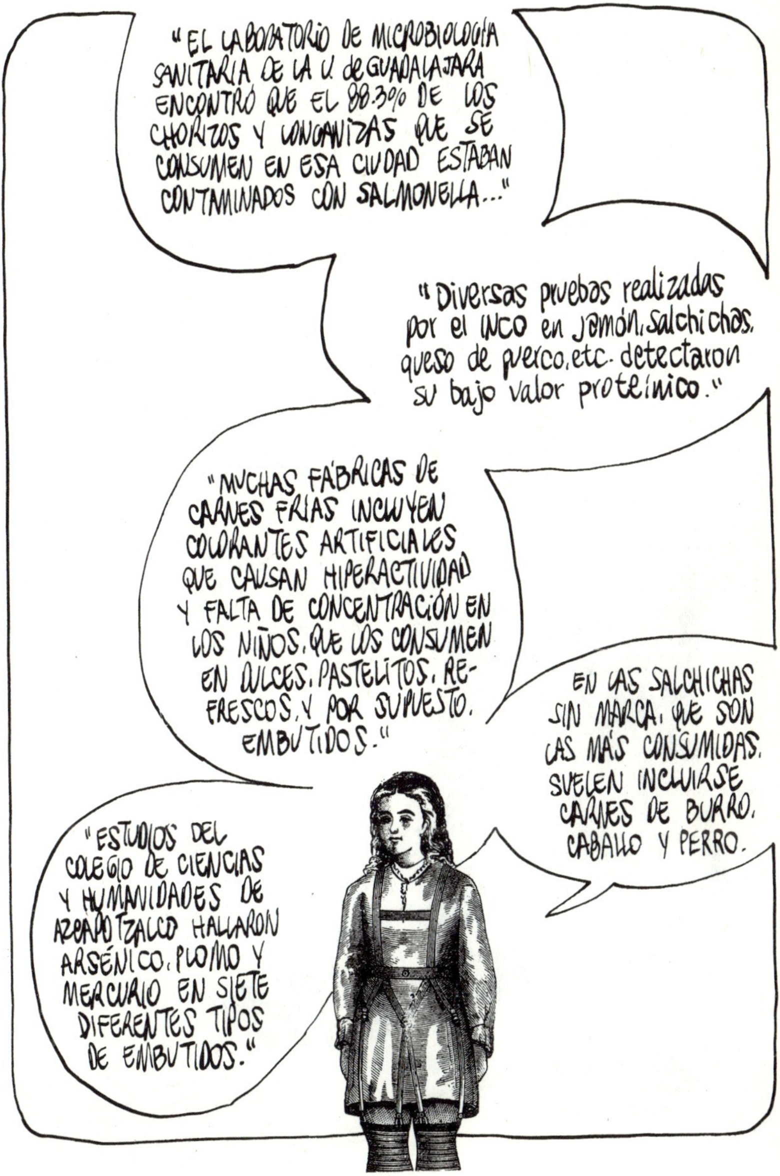
"EL LABORATORIO DE MICROBIOLOGÍA SANITARIA DE LA U. DE GUADALAJARA ENCONTRÓ QUE EL 88.3% DE LOS CHORIZOS Y LONGANIZAS QUE SE CONSUMEN EN ESA CIUDAD ESTABAN CONTAMINADOS CON SALMONELLA..."
"Diversas pruebas realizadas por el INCO en jamón, salchichas, queso de puerco, etc. detectaron su bajo valor proteínico."
"MUCHAS FÁBRICAS DE CARNES FRÍAS INCLUYEN COLORANTES ARTIFICIALES QUE CAUSAN HIPERACTIVIDAD Y FALTA DE CONCENTRACIÓN EN LOS NIÑOS, QUE LOS CONSUMEN EN DULCES, PASTELITOS, REFRESCOS, Y POR SUPUESTO, EMBUTIDOS."
EN LAS SALCHICHAS SIN MARCA, QUE SON LAS MÁS CONSUMIDAS, SUELEN INCLUIRSE CARNES DE BURRO, CABALLO Y PERRO.
"ESTUDIOS DEL COLEGIO DE CIENCIAS Y HUMANIDADES DE AZCAPOTZALCO HALLARON ARSÉNICO, PLOMO Y MERCURIO EN SIETE DIFERENTES TIPOS DE EMBUTIDOS."

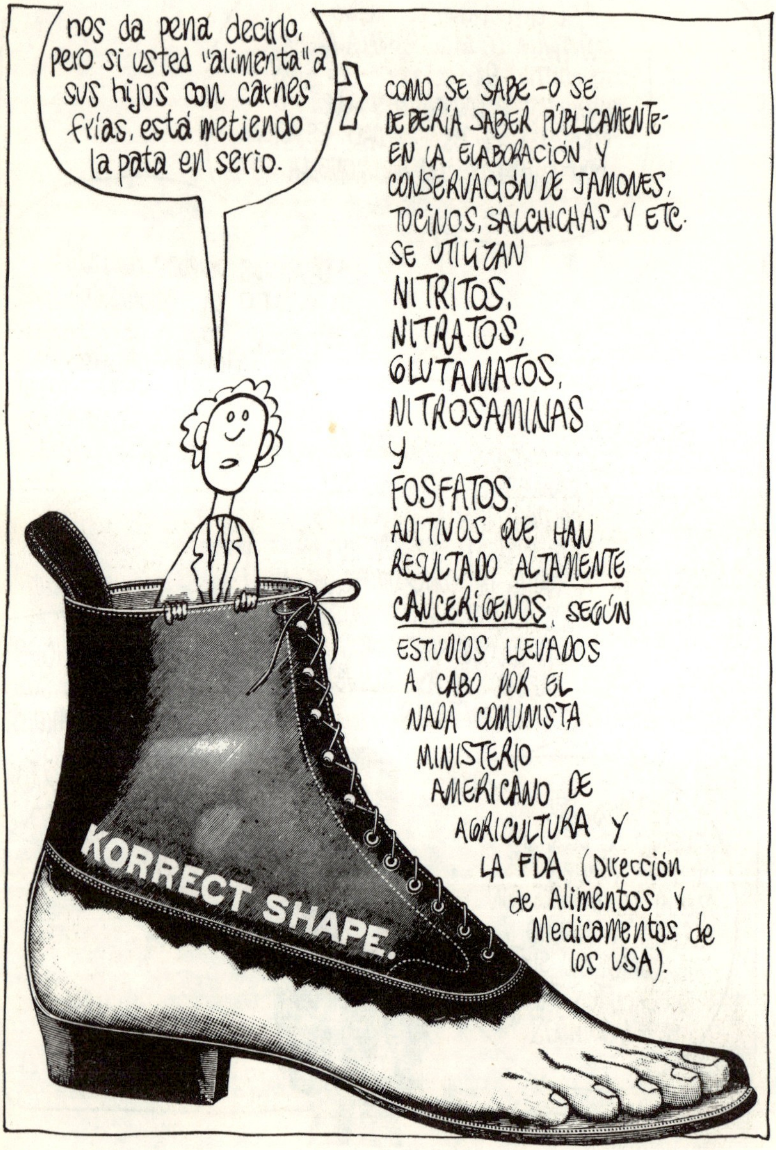
nos da pena decirlo, pero si usted "alimenta" a sus hijos con carnes frías, está metiendo la pata en serio.
COMO SE SABE -O SE DEBERÍA SABER PÚBLICAMENTE- EN LA ELABORACIÓN Y CONSERVACIÓN DE JAMONES, TOCINOS, SALCHICHAS Y ETC. SE UTILIZAN
NITRITOS,
NITRATOS,
GLUTAMATOS,
NITROSAMINAS
Y
FOSFATOS,
ADITIVOS QUE HAN RESULTADO ALTAMENTE CANCERÍGENOS, SEGÚN ESTUDIOS LLEVADOS A CABO POR EL NADA COMUNISTA MINISTERIO AMERICANO DE AGRICULTURA Y LA FDA (Dirección de Alimentos y Medicamentos de los USA).
KORRECT SHAPE.

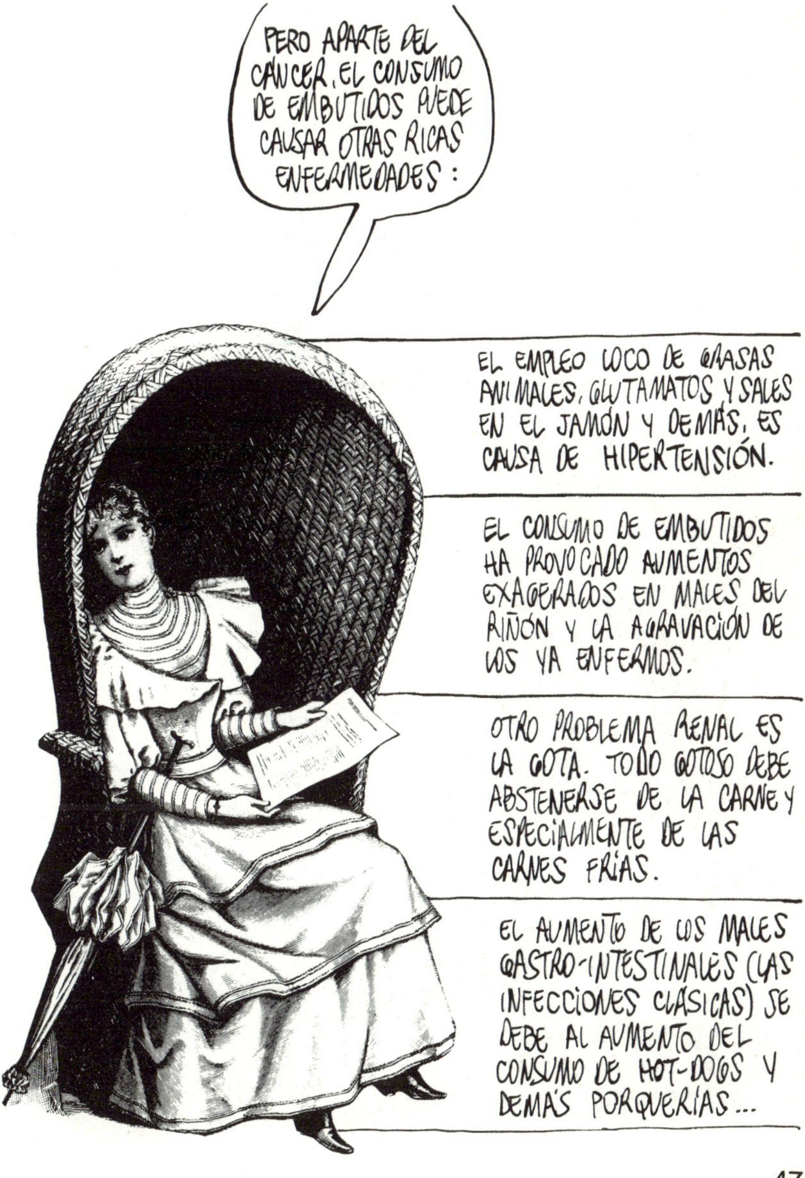
PERO APARTE DEL CÁNCER, EL CONSUMO DE EMBUTIDOS PUEDE CAUSAR OTRAS RICAS ENFERMEDADES:
EL EMPLEO LOCO DE GRASAS ANIMALES, GLUTAMATOS Y SALES EN EL JAMÓN Y DEMÁS, ES CAUSA DE HIPERTENSIÓN.
EL CONSUMO DE EMBUTIDOS HA PROVOCADO AUMENTOS EXAGERADOS EN MALES DEL RIÑÓN Y LA AGRAVACIÓN DE LOS YA ENFERMOS.
OTRO PROBLEMA RENAL ES LA GOTA. TODO GOTOSO DEBE ABSTENERSE DE LA CARNE Y ESPECIALMENTE DE LAS CARNES FRÍAS.
EL AUMENTO DE LOS MALES GASTRO-INTESTINALES (LAS INFECCIONES CLÁSICAS) SE DEBE AL AUMENTO DEL CONSUMO DE HOT-DOGS Y DEMÁS PORQUERÍAS...

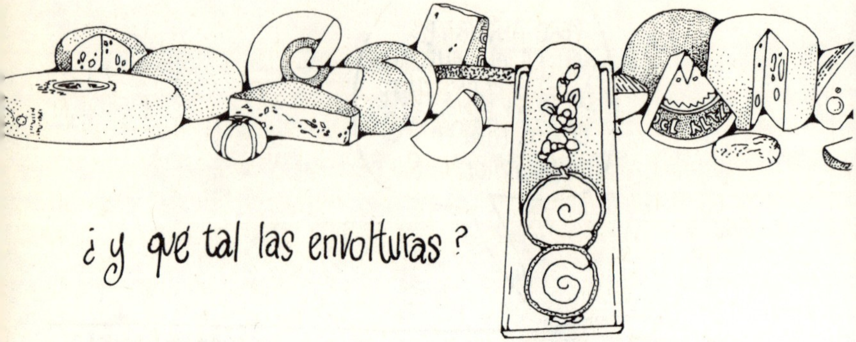

¿y qué tal las envolturas?

EL INSTITUTO DE INVESTIGACIONES DEL CÁNCER, DE BOLONIA (Italia) PUBLICÓ EN 1978 UNA SERIE DE ADVERTENCIAS SOBRE EL USO DEL <u>VINYL</u> COMO MATERIAL DE ENVASE PARA LOS COMESTIBLES EN CONSERVA A LARGO PLAZO...

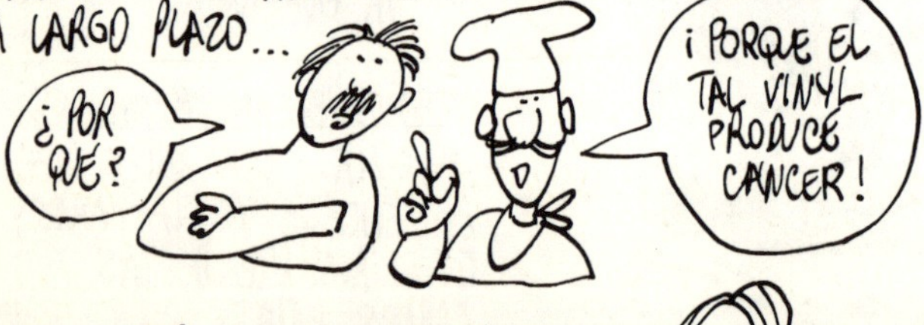
¿POR QUÉ?
¡PORQUE EL TAL VINYL PRODUCE CÁNCER!

GULP: EUROPA ESTÁ ALARMADÍSIMA Y LUCHANDO -LOS GRUPOS ECOLOGISTAS Y CONSUMIDORES- PORQUE SE SUPRIMA COMO ENVOLTURA EL VINYL (CLORURO DE POLIVINILO, PVC, FABRICADO DEL CLORURO DE VINYL MONÓMERO, VCM).

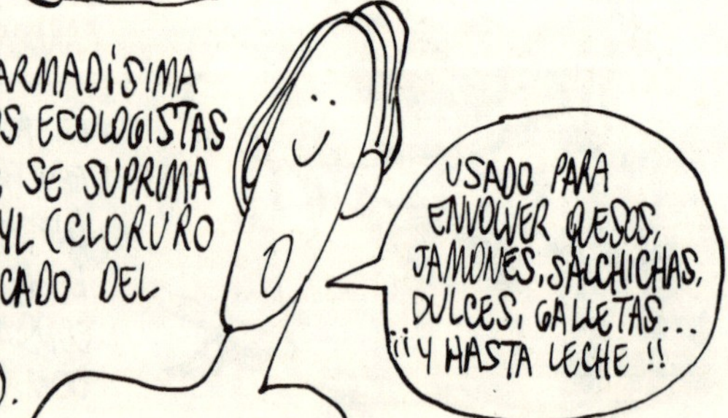
USADO PARA ENVOLVER QUESOS, JAMONES, SALCHICHAS, DULCES, GALLETAS... ¡¡Y HASTA LECHE!!

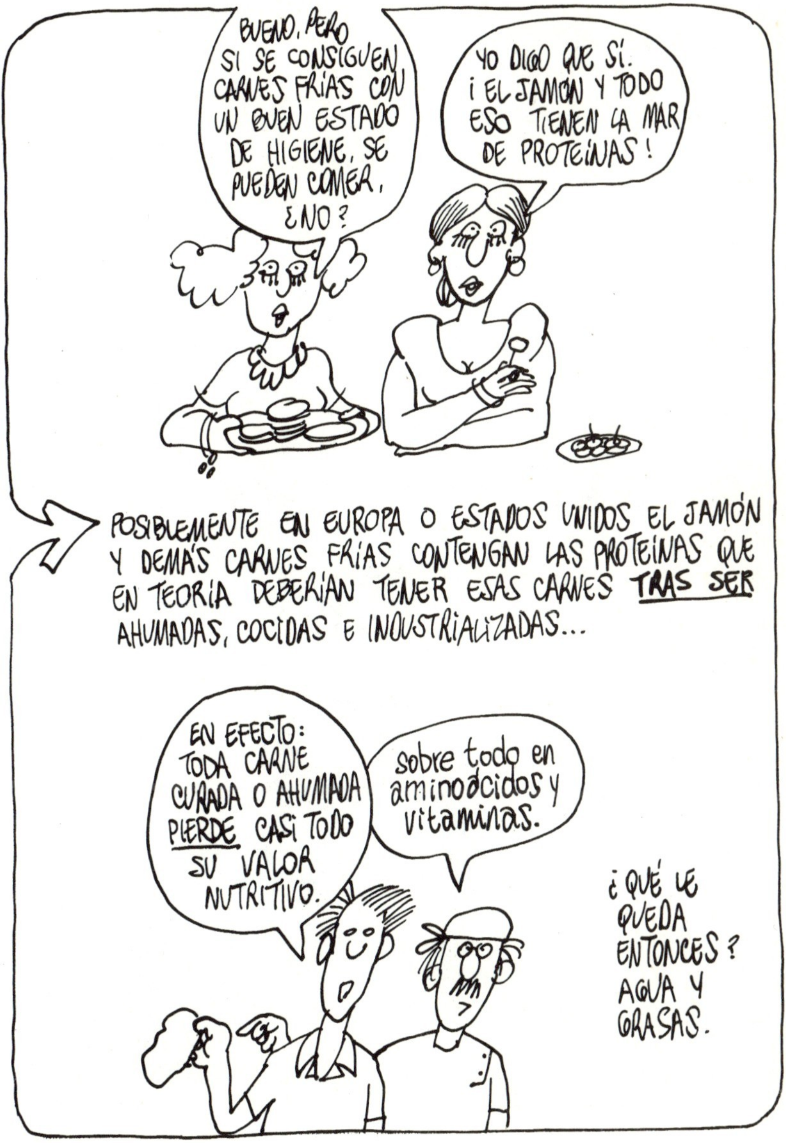
BUENO, PERO SI SE CONSIGUEN CARNES FRÍAS CON UN BUEN ESTADO DE HIGIENE, SE PUEDEN COMER, ¿NO?
YO DIGO QUE SÍ. ¡EL JAMÓN Y TODO ESO TIENEN LA MAR DE PROTEÍNAS!
POSIBLEMENTE EN EUROPA O ESTADOS UNIDOS EL JAMÓN Y DEMÁS CARNES FRÍAS CONTENGAN LAS PROTEÍNAS QUE EN TEORÍA DEBERÍAN TENER ESAS CARNES TRAS SER AHUMADAS, COCIDAS E INDUSTRIALIZADAS...
EN EFECTO: TODA CARNE CURADA O AHUMADA PIERDE CASI TODO SU VALOR NUTRITIVO.
sobre todo en aminoacidos y vitaminas.
¿QUÉ LE QUEDA ENTONCES? AGUA Y GRASAS.

Y POR LO QUE RESPECTA A MÉXICO, TODO LO QUE VENDEN EN CUESTIÓN DE JAMONES, SALCHICHAS, MORTADELAS, SALAMIS Y QUESOS DE PUERCO, NO CUMPLE LOS MÍNIMOS ESTABLECIDOS:

1) CONTIENEN HASTA UN 77% DE AGUA, CUANDO LO MÁXIMO PERMITIDO ES UN 55%.

2) LA NORMA EN CONTENIDO DE PROTEÍNAS ES UN MÍNIMO DE 18%... Y LA MAYORÍA NO LLEGA NI AL 10%.

3)

Y TODAS, HASTA LAS MARCAS MÁS RENOMBRADAS, LE AÑADEN FÉCULAS, NITRITOS Y OTROS ADITIVOS NO PERMITIDOS.

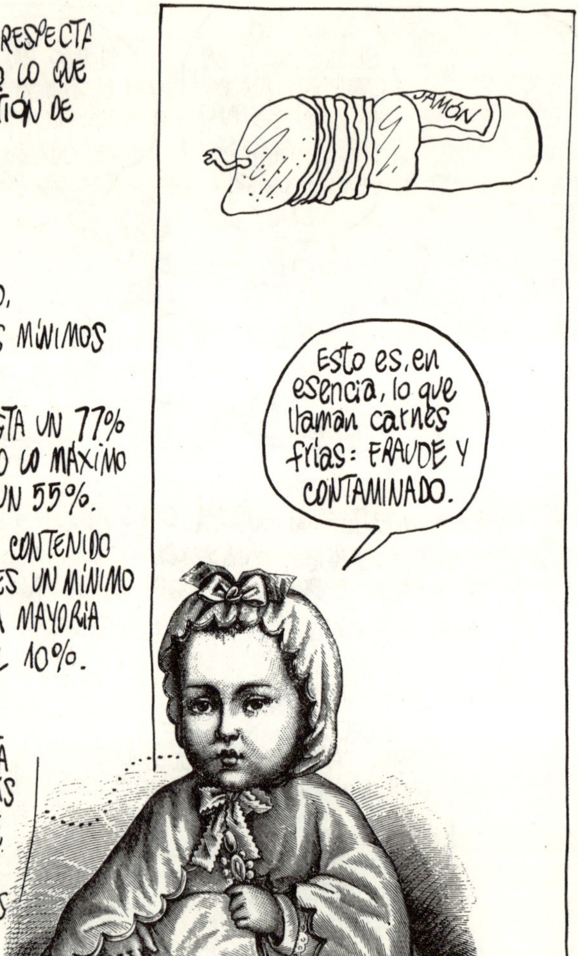
JAMÓN
Esto es, en esencia, lo que llaman carnes frías: FRAUDE Y CONTAMINADO.

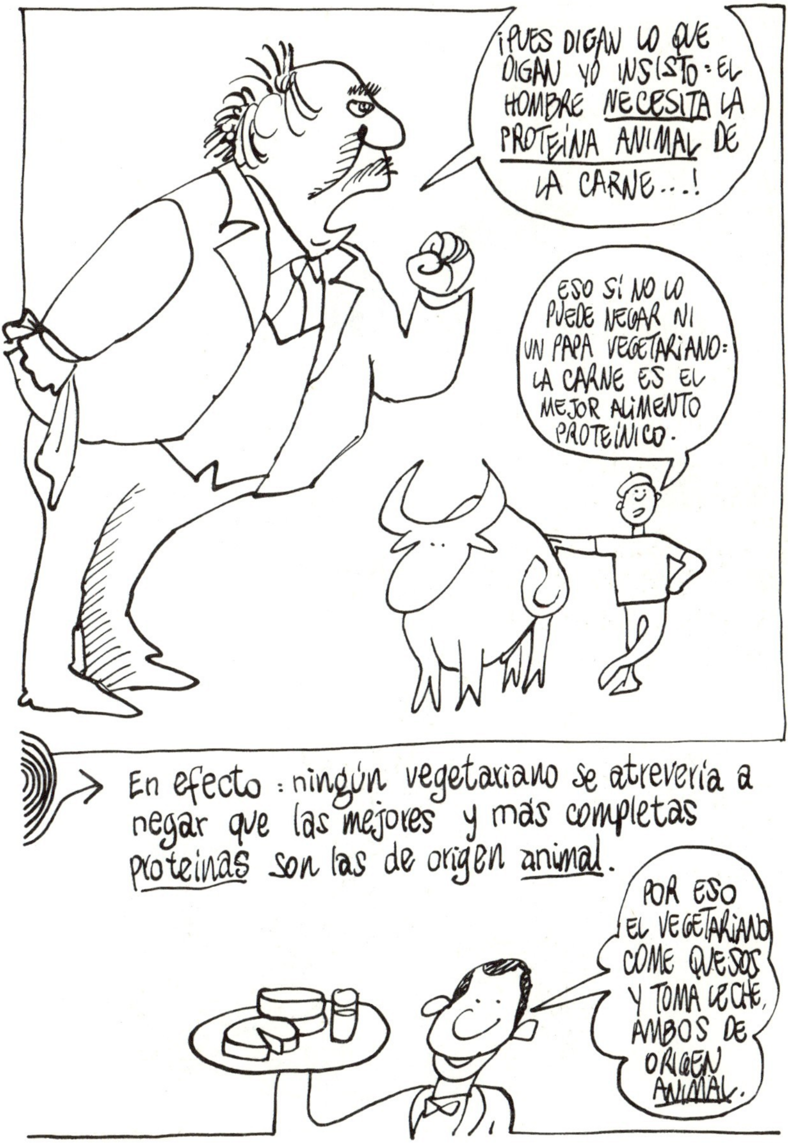
¡PUES DIGAN LO QUE DIGAN YO INSISTO: EL HOMBRE NECESITA LA PROTEINA ANIMAL DE LA CARNE...!
ESO SÍ NO LO PUEDE NEGAR NI UN PAPA VEGETARIANO: LA CARNE ES EL MEJOR ALIMENTO PROTEÍNICO.
En efecto: ningún vegetariano se atrevería a negar que las mejores y más completas proteínas son las de origen animal.
POR ESO EL VEGETARIANO COME QUESOS Y TOMA LECHE, AMBOS DE ORIGEN ANIMAL.

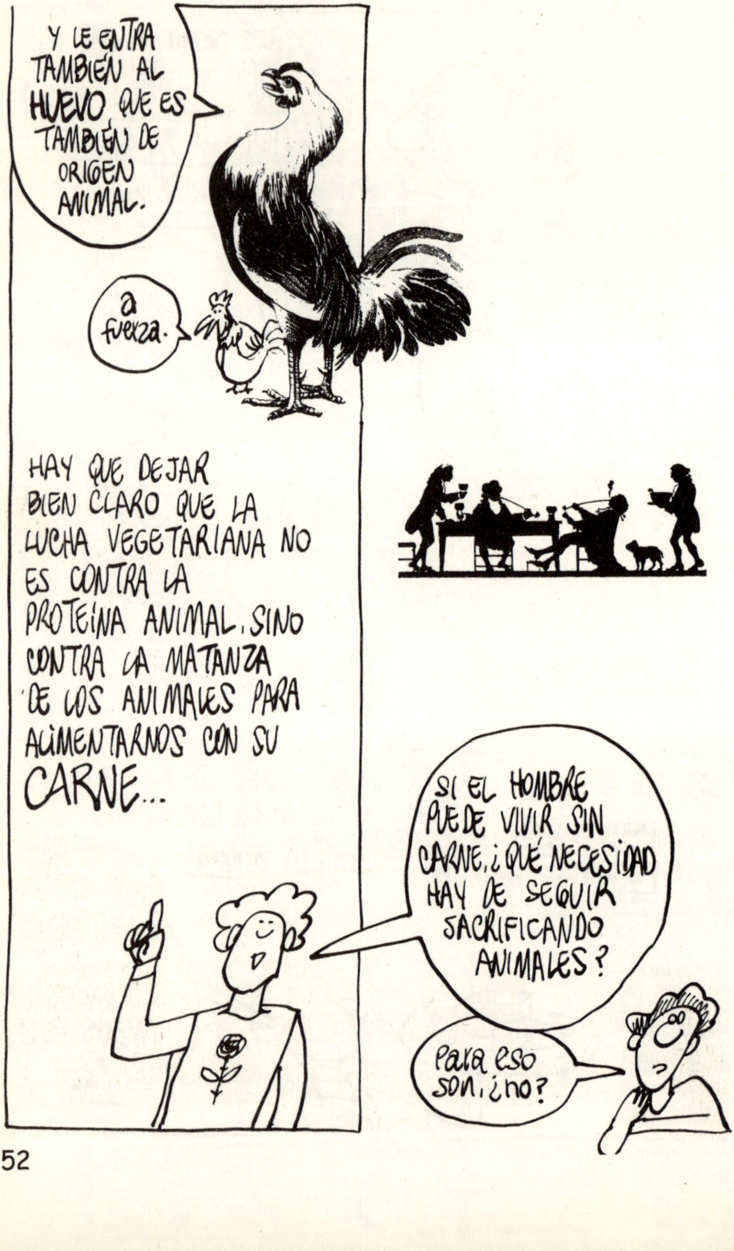
Y LE ENTRA TAMBIÉN AL HUEVO QUE ES TAMBIÉN DE ORIGEN ANIMAL.
a fuerza.
HAY QUE DEJAR BIEN CLARO QUE LA LUCHA VEGETARIANA NO ES CONTRA LA PROTEINA ANIMAL, SINO CONTRA LA MATANZA DE LOS ANIMALES PARA ALIMENTARNOS CON SU CARNE...
SI EL HOMBRE PUEDE VIVIR SIN CARNE, ¿QUÉ NECESIDAD HAY DE SEGUIR SACRIFICANDO ANIMALES?
Para eso son, ¿no?

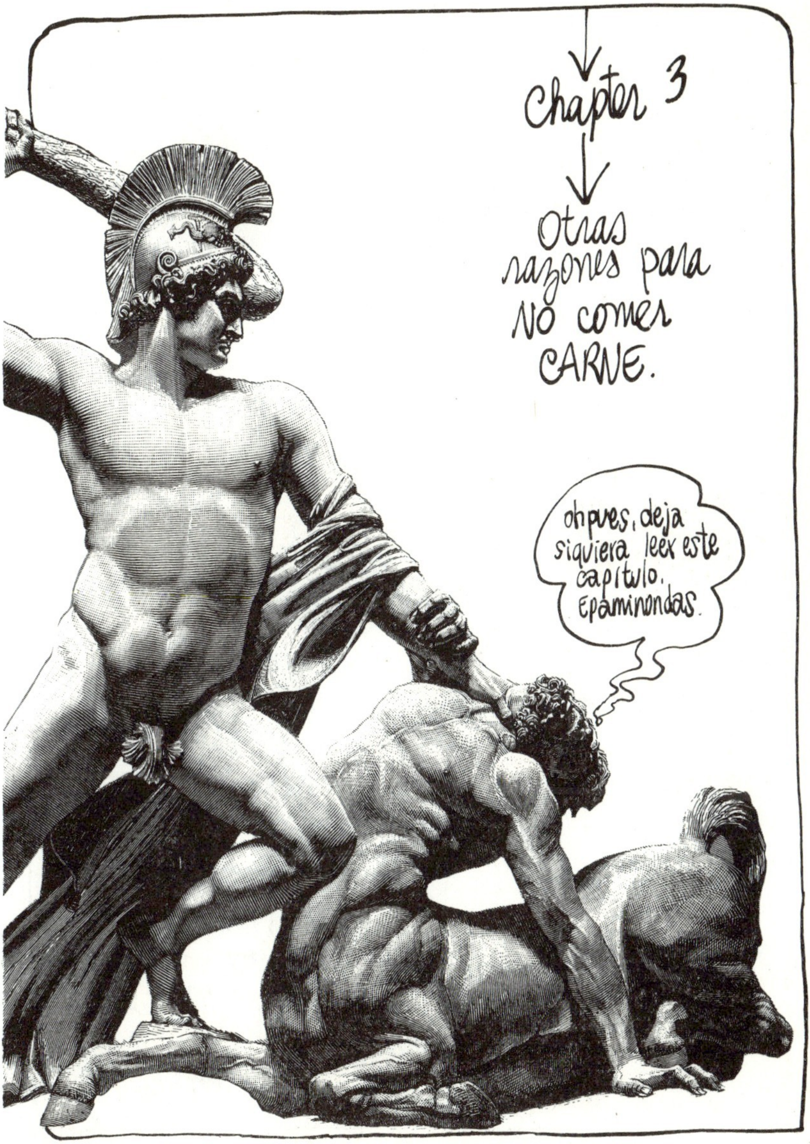
Chapter 3
Otras razones para NO comer CARNE.
oh pues, deja siquiera leer este capitulo, Epaminondas.

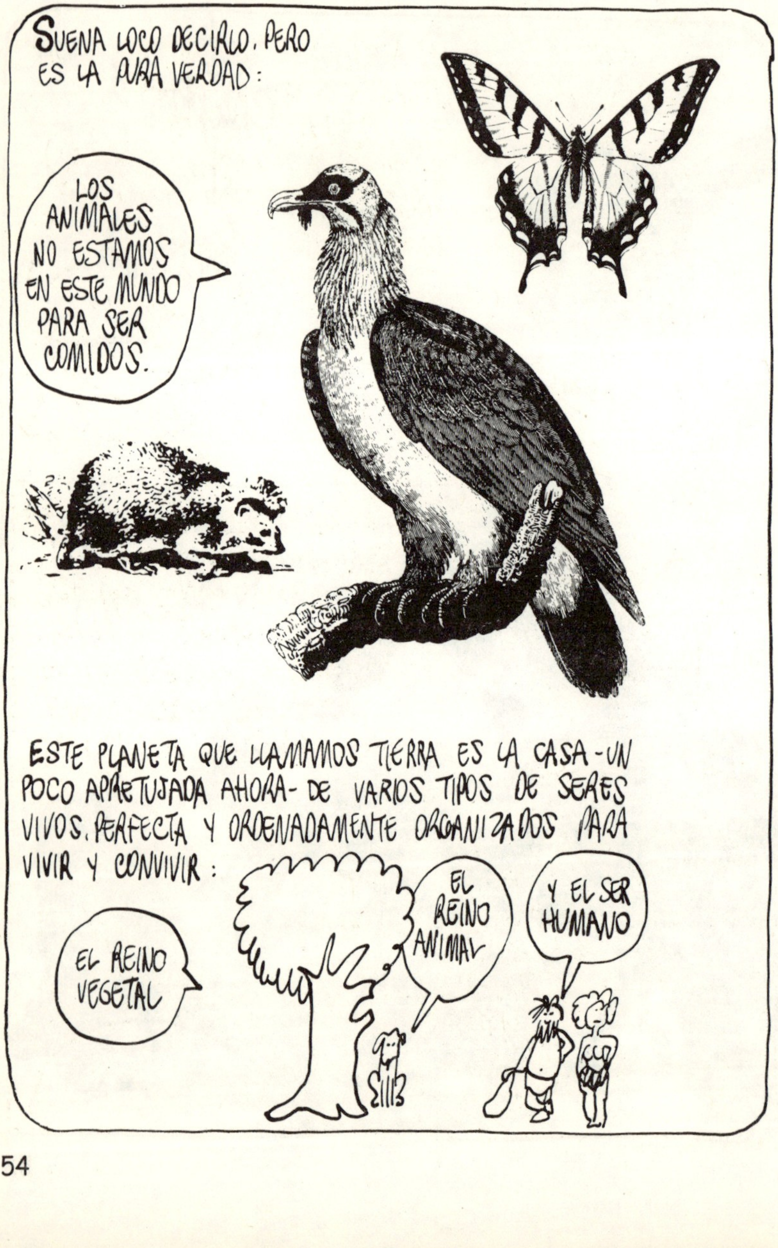
SUENA LOCO DECIRLO, PERO ES LA PURA VERDAD:
LOS ANIMALES NO ESTAMOS EN ESTE MUNDO PARA SER COMIDOS.
ESTE PLANETA QUE LLAMAMOS TIERRA ES LA CASA -UN POCO APRETUJADA AHORA- DE VARIOS TIPOS DE SERES VIVOS, PERFECTA Y ORDENADAMENTE ORGANIZADOS PARA VIVIR Y CONVIVIR:
EL REINO VEGETAL
EL REINO ANIMAL
Y EL SER HUMANO

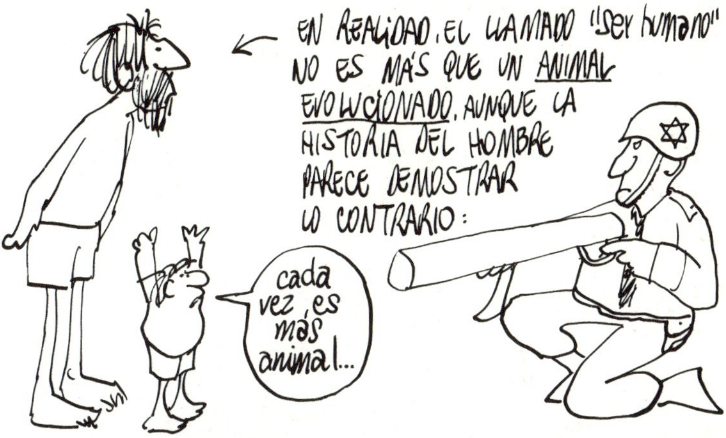
EN REALIDAD, EL LLAMADO "ser humano" NO ES MÁS QUE UN ANIMAL EVOLUCIONADO, AUNQUE LA HISTORIA DEL HOMBRE PARECE DEMOSTRAR LO CONTRARIO:
cada vez, es más animal...

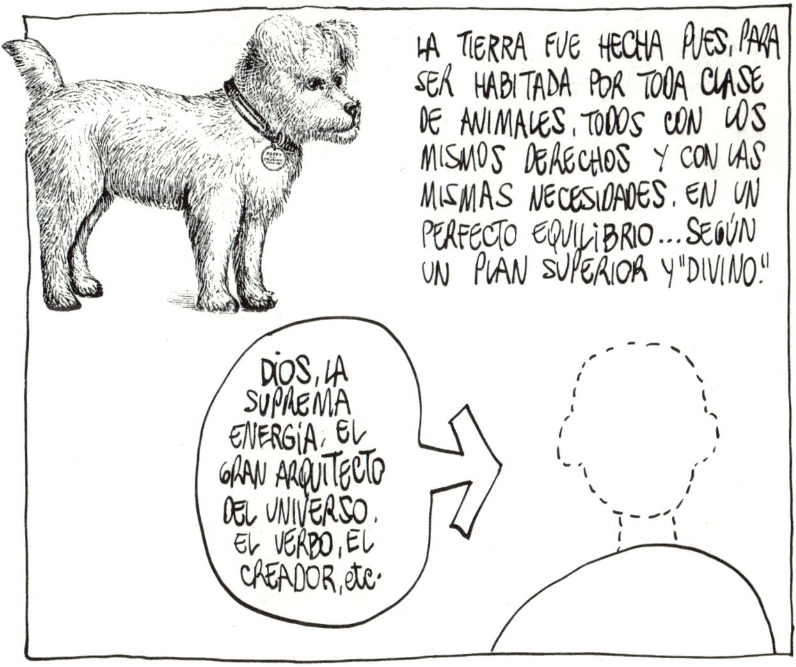
LA TIERRA FUE HECHA PUES, PARA SER HABITADA POR TODA CLASE DE ANIMALES, TODOS CON LOS MISMOS DERECHOS Y CON LAS MISMAS NECESIDADES, EN UN PERFECTO EQUILIBRIO... SEGÚN UN PLAN SUPERIOR Y "DIVINO."
DIOS, LA SUPREMA ENERGÍA, EL GRAN ARQUITECTO DEL UNIVERSO, EL VERBO, EL CREADOR, etc.

Sea quien sea y llámese como se llame, el organizador de la vida sobre este planeta hizo un trabajo perfecto, dándole a cada animal un lugar, una misión y una forma de vida...

Todos los seres vivos están unidos por una sutil <u>INTERDEPENDENCIA</u> con otros seres vivos. Muchos animales dependen de otros para vivir, y con las plantas ocurre lo mismo.
Otros animales dependen de las plantas, y todos, animales y plantas, dependen de lo que llamamos "la naturaleza" (agua, tierra, sol, aire) para vivir.
Todo está perfectamente organizado para asegurar la existencia sobre esta tierra... aunque mejor será decir que "<u>ESTABA</u>"...

El hombre, en su ambición de ser mejor que Dios y pretender "reorganizar" a la Naturaleza, ha echado a perder la Tierra.

(Y NO TAN DRAMÁTICO QUIZÁS, PERO EN SU AFÁN DE VIVIR CON MÁS COMODIDAD, SE HA COMIDO EL PLANETA...)

LOS MARES ESTÁN CONTAMINADOS. LOS ANIMALES QUE VIVEN EN LOS MARES ESTÁN DESAPARECIENDO. EL AIRE ES CADA VEZ MÁS IRRESPIRABLE. LAS AVES ESTÁN MURIENDO. LOS BOSQUES SE ACHICAN AL PASO DE LA CIVILIZACIÓN. LOS RÍOS ESTÁN PODRIDOS. LOS SUELOS EROSIONADOS, LAS TIERRAS AGOTADAS, CIENTOS DE ESPECIES ANIMALES YA NO EXISTEN...

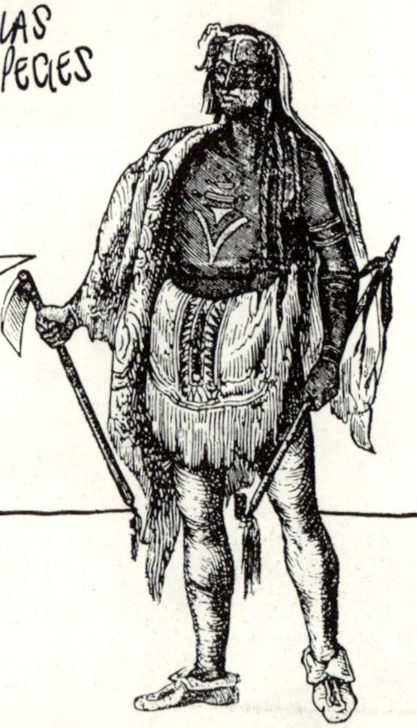
Hombre blanco ser hombre tonto: en vez de vivir CON la Naturaleza, vivir CONTRA Naturaleza.

EN SU AFÁN DE "VIVIR MEJOR", HA DESORGANIZADO TODO Y HECHO UN BOTÍN DE LOS OTROS SERES VIVOS DE LA TIERRA.

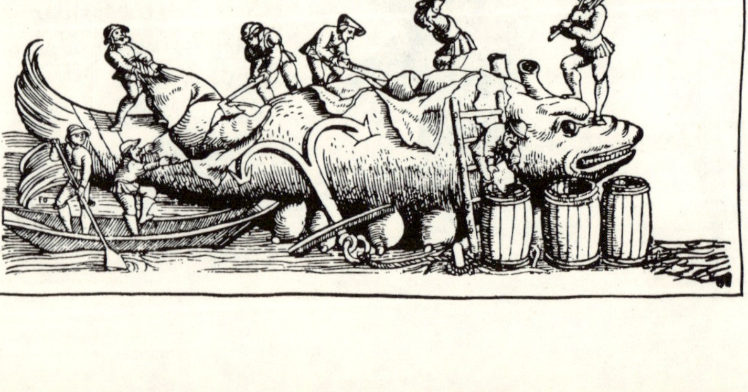

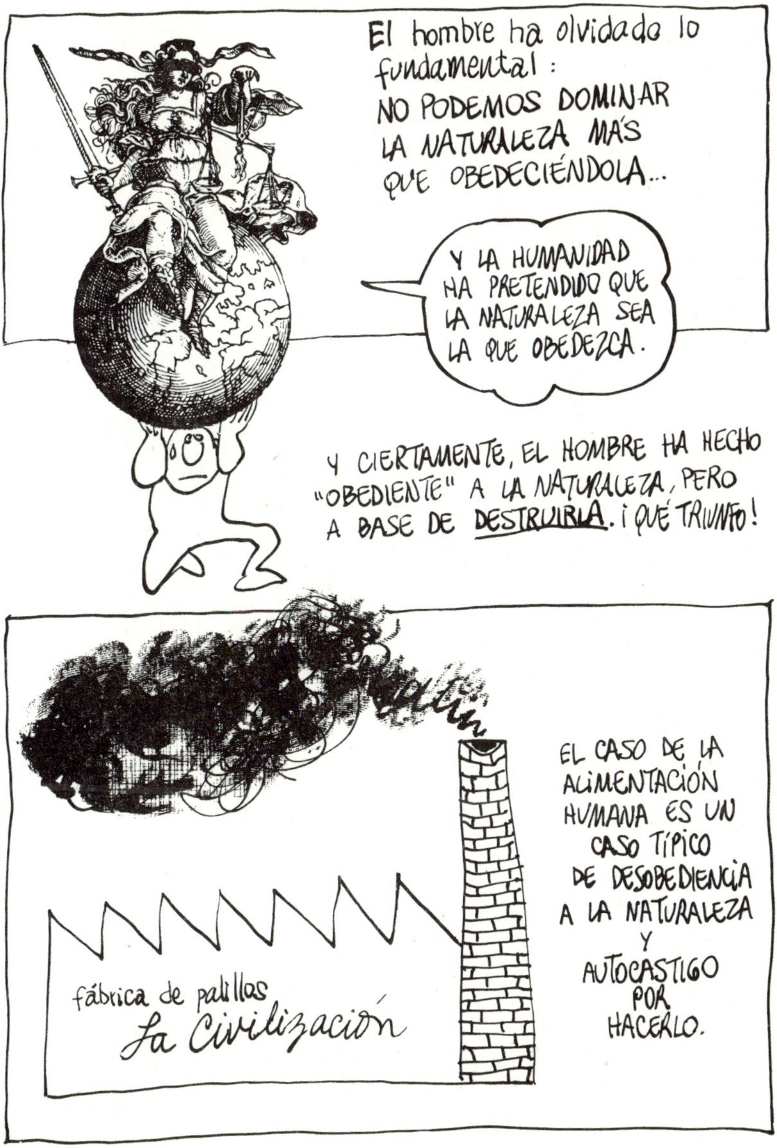
El hombre ha olvidado lo fundamental: NO PODEMOS DOMINAR LA NATURALEZA MÁS QUE OBEDECIÉNDOLA...
Y LA HUMANIDAD HA PRETENDIDO QUE LA NATURALEZA SEA LA QUE OBEDEZCA.
Y CIERTAMENTE, EL HOMBRE HA HECHO "OBEDIENTE" A LA NATURALEZA, PERO A BASE DE DESTRUIRLA. ¡QUÉ TRIUNFO!
fábrica de palillos
La Civilización
EL CASO DE LA ALIMENTACIÓN HUMANA ES UN CASO TÍPICO DE DESOBEDIENCIA A LA NATURALEZA Y AUTOCASTIGO POR HACERLO.

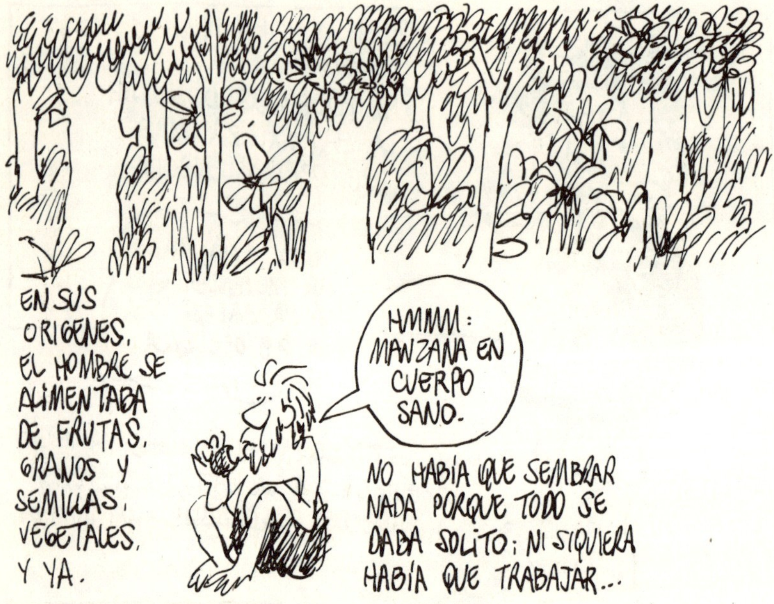
EN SUS ORIGENES, EL HOMBRE SE ALIMENTABA DE FRUTAS, GRANOS Y SEMILLAS. VEGETALES, Y YA.
HMMM: MANZANA EN CUERPO SANO.
NO HABÍA QUE SEMBRAR NADA PORQUE TODO SE DABA SOLITO; NI SIQUIERA HABÍA QUE TRABAJAR...

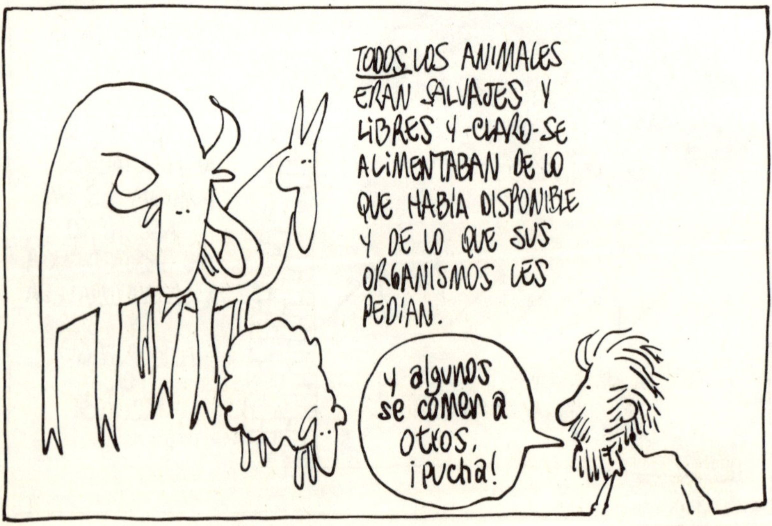
TODOS LOS ANIMALES ERAN SALVAJES Y LIBRES Y -CLARO- SE ALIMENTABAN DE LO QUE HABÍA DISPONIBLE Y DE LO QUE SUS ORGANISMOS LES PEDIAN.
y algunos se comen a otros, ¡pucha!

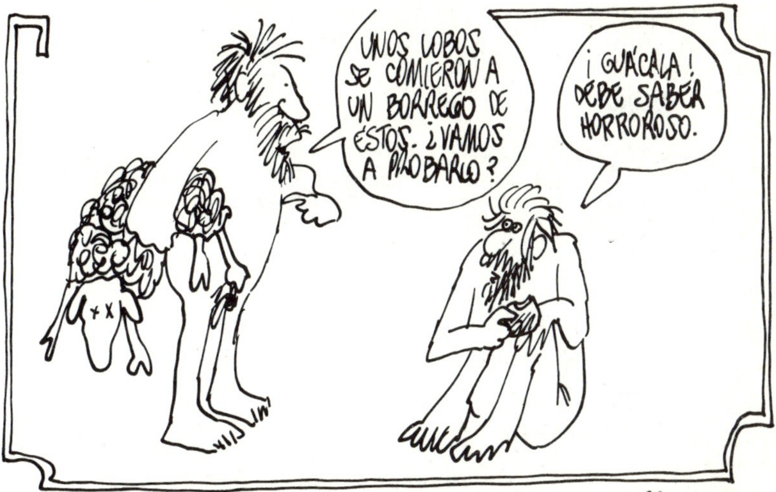
UNOS LOBOS SE COMIERON A UN BORREGO DE ÉSTOS. ¿VAMOS A PROBARLO?
¡GUÁCALA! DEBE SABER HORROROSO.

MIENTRAS NO SE INVENTÓ EL FUEGO, LOS PRIMEROS INTENTOS DE COMER CARNE DEBEN HABER SIDO PEOR QUE ESPANTOSOS, PERO A PARTIR DEL PRIMER CHIVO ASADO, SE SUPONE QUE EL HOMBRE LE AGARRÓ GUSTO A COMERSE A OTROS ANIMALES.

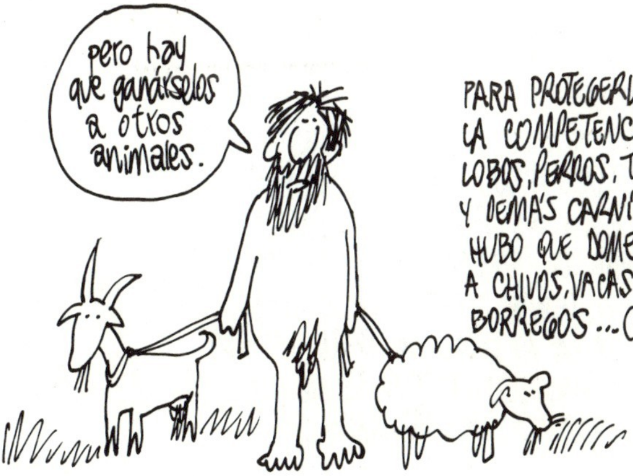
pero hay que ganárselos a otros animales.

PARA PROTEGERLOS DE LA COMPETENCIA DE LOBOS, PERROS, TIGRES Y DEMÁS CARNÍVOROS, HUBO QUE DOMESTICAR A CHIVOS, VACAS Y BORREGOS ... (Y ETC.)

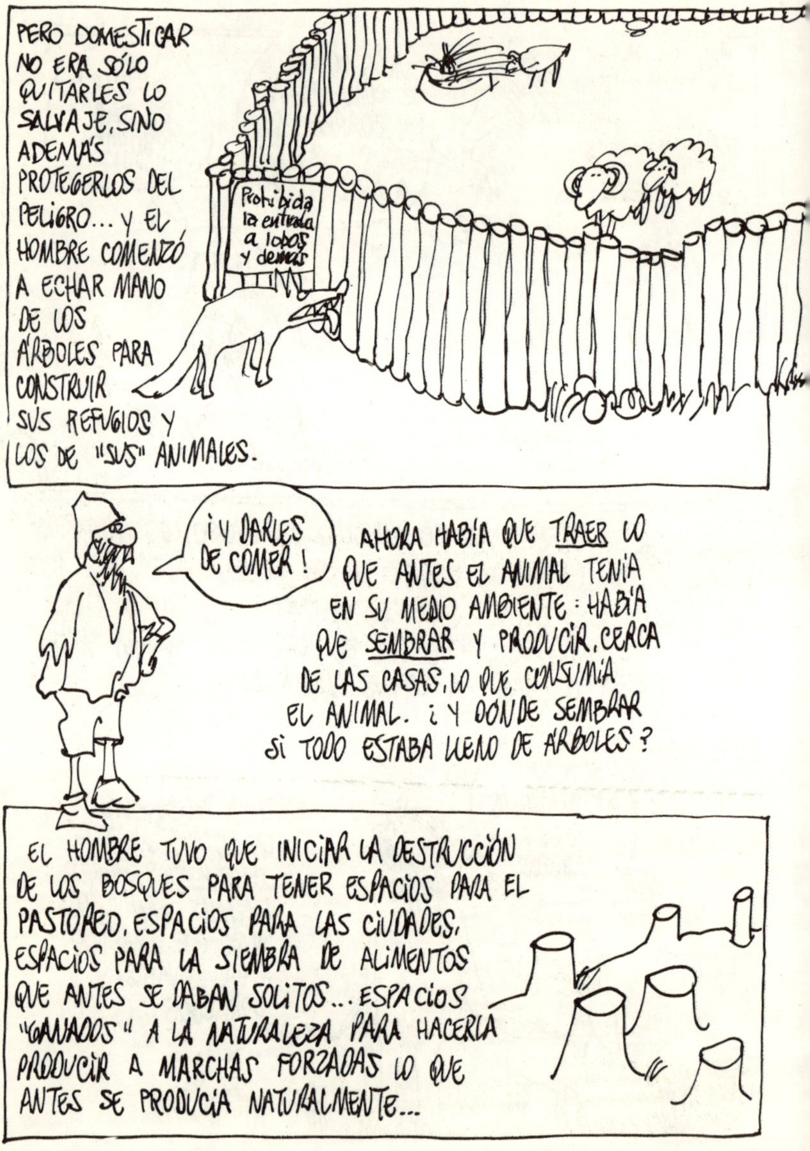
PERO DOMESTICAR NO ERA SÓLO QUITARLES LO SALVAJE, SINO ADEMÁS PROTEGERLOS DEL PELIGRO... Y EL HOMBRE COMENZÓ A ECHAR MANO DE LOS ÁRBOLES PARA CONSTRUIR SUS REFUGIOS Y LOS DE "SUS" ANIMALES.
Prohibida la entrada a lobos y demás
¡Y DARLES DE COMER!
AHORA HABÍA QUE TRAER LO QUE ANTES EL ANIMAL TENÍA EN SU MEDIO AMBIENTE: HABÍA QUE SEMBRAR Y PRODUCIR, CERCA DE LAS CASAS, LO QUE CONSUMÍA EL ANIMAL. ¿Y DÓNDE SEMBRAR SI TODO ESTABA LLENO DE ÁRBOLES?
EL HOMBRE TUVO QUE INICIAR LA DESTRUCCIÓN DE LOS BOSQUES PARA TENER ESPACIOS PARA EL PASTOREO, ESPACIOS PARA LAS CIUDADES, ESPACIOS PARA LA SIEMBRA DE ALIMENTOS QUE ANTES SE DABAN SOLITOS... ESPACIOS "GANADOS" A LA NATURALEZA PARA HACERLA PRODUCIR A MARCHAS FORZADAS LO QUE ANTES SE PRODUCÍA NATURALMENTE...

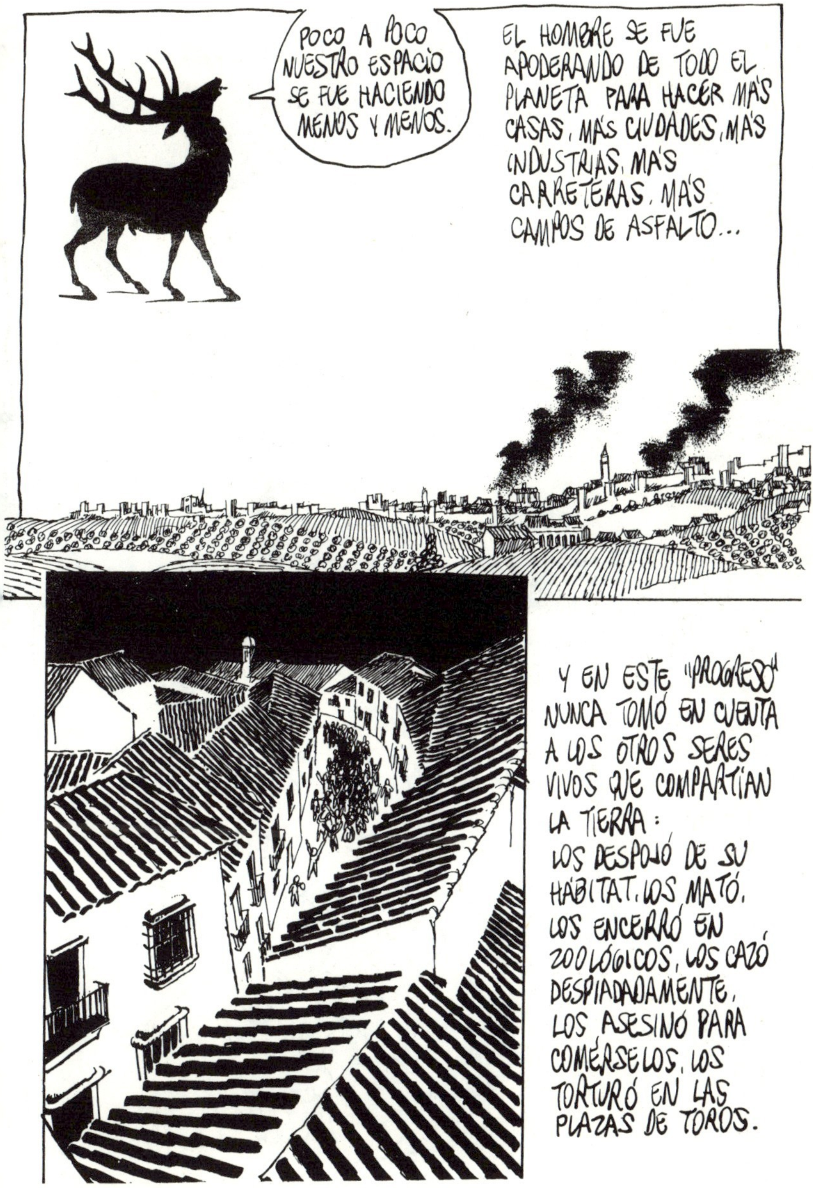
POCO A POCO NUESTRO ESPACIO SE FUE HACIENDO MENOS Y MENOS.
EL HOMBRE SE FUE APODERANDO DE TODO EL PLANETA PARA HACER MÁS CASAS, MÁS CIUDADES, MÁS INDUSTRIAS, MÁS CARRETERAS, MÁS CAMPOS DE ASFALTO...
Y EN ESTE "PROGRESO" NUNCA TOMÓ EN CUENTA A LOS OTROS SERES VIVOS QUE COMPARTÍAN LA TIERRA:
LOS DESPOJÓ DE SU HÁBITAT, LOS MATÓ, LOS ENCERRÓ EN ZOOLÓGICOS, LOS CAZÓ DESPIADADAMENTE, LOS ASESINÓ PARA COMÉRSELOS, LOS TORTURÓ EN LAS PLAZAS DE TOROS.

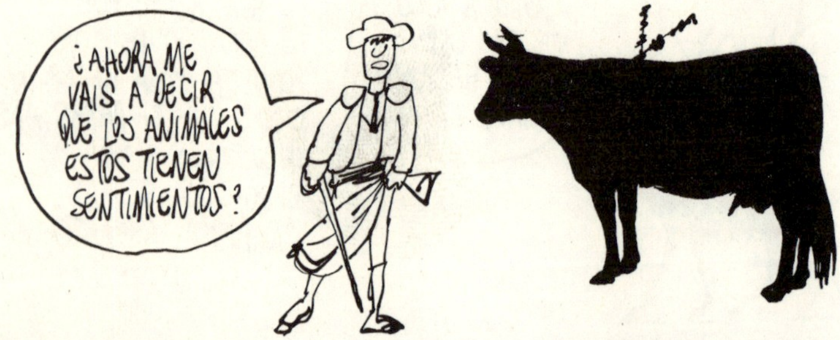
¿AHORA ME VAIS A DECIR QUE LOS ANIMALES ESTOS TIENEN SENTIMIENTOS?

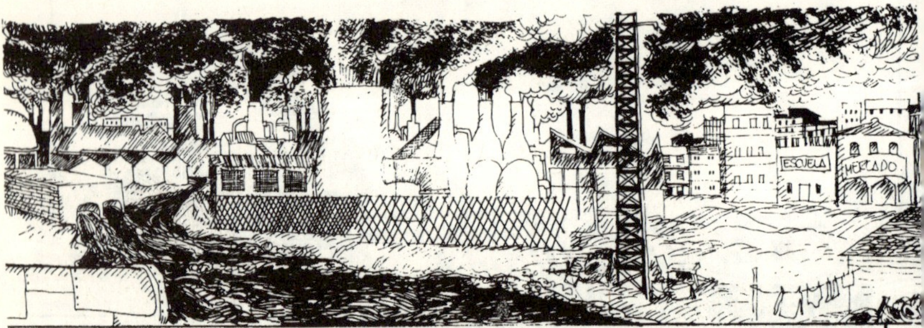
ESCUELA
MERCADO

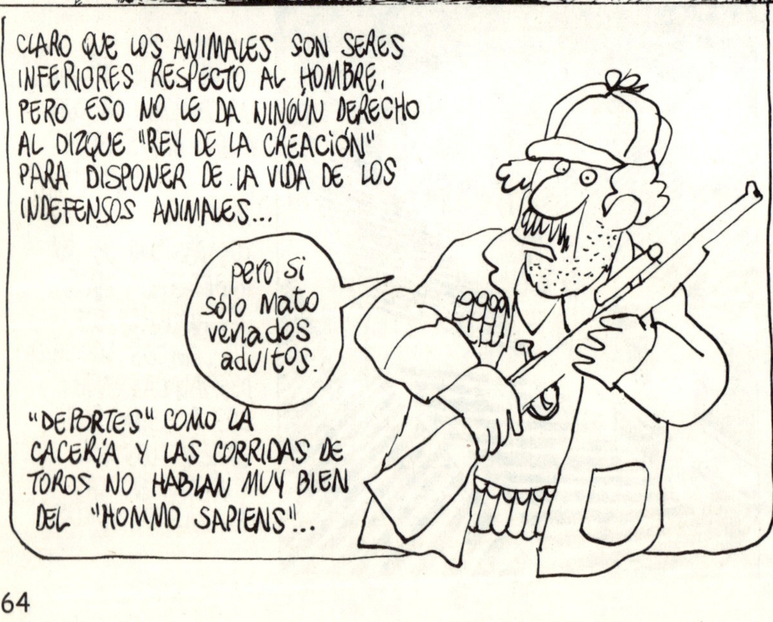
CLARO QUE LOS ANIMALES SON SERES INFERIORES RESPECTO AL HOMBRE. PERO ESO NO LE DA NINGÚN DERECHO AL DIZQUE "REY DE LA CREACIÓN" PARA DISPONER DE LA VIDA DE LOS INDEFENSOS ANIMALES...
pero si sólo mato venados adultos.
"DEPORTES" COMO LA CACERÍA Y LAS CORRIDAS DE TOROS NO HABLAN MUY BIEN DEL "HOMMO SAPIENS"...

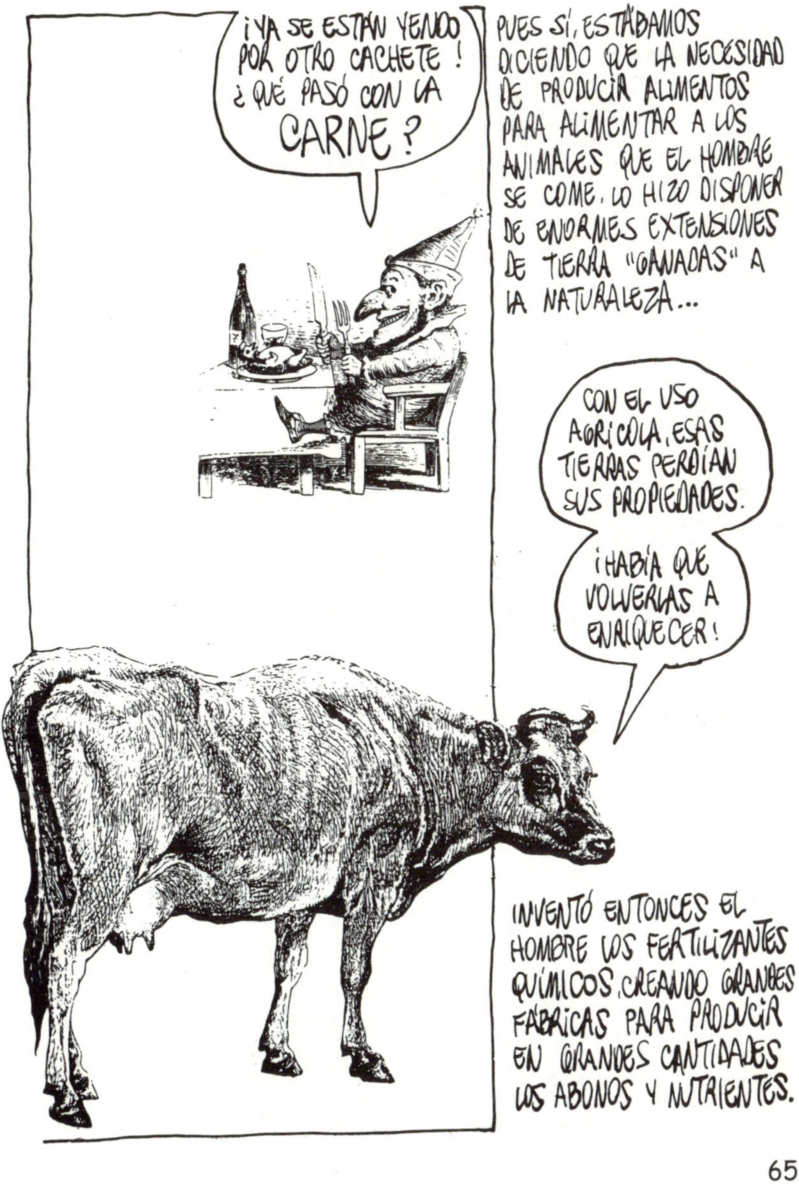
¡YA SE ESTÁN YENDO POR OTRO CACHETE! ¿QUÉ PASÓ CON LA CARNE?
PUES SÍ, ESTÁBAMOS DICIENDO QUE LA NECESIDAD DE PRODUCIR ALIMENTOS PARA ALIMENTAR A LOS ANIMALES QUE EL HOMBRE SE COME, LO HIZO DISPONER DE ENORMES EXTENSIONES DE TIERRA "GANADAS" A LA NATURALEZA...
CON EL USO AGRÍCOLA, ESAS TIERRAS PERDÍAN SUS PROPIEDADES.
¡HABÍA QUE VOLVERLAS A ENRIQUECER!
INVENTÓ ENTONCES EL HOMBRE LOS FERTILIZANTES QUÍMICOS, CREANDO GRANDES FÁBRICAS PARA PRODUCIR EN GRANDES CANTIDADES LOS ABONOS Y NUTRIENTES.

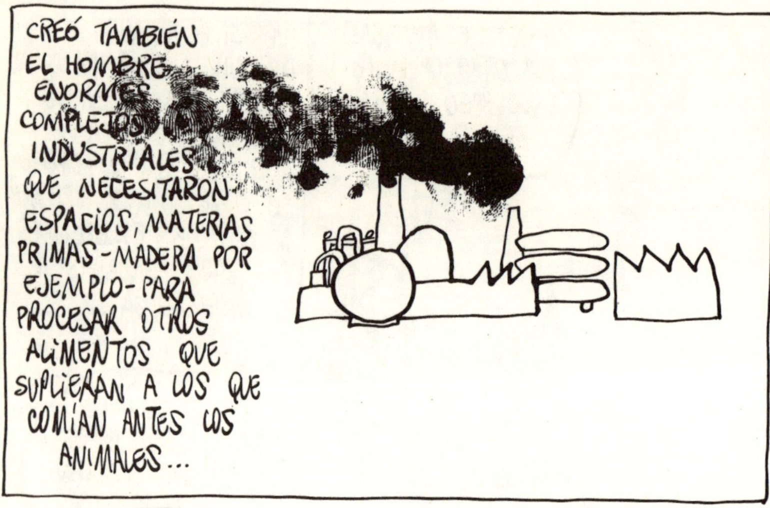
CREÓ TAMBIÉN EL HOMBRE ENORMES COMPLEJOS INDUSTRIALES QUE NECESITARON ESPACIOS, MATERIAS PRIMAS -MADERA POR EJEMPLO- PARA PROCESAR OTROS ALIMENTOS QUE SUPLIERAN A LOS QUE COMÍAN ANTES LOS ANIMALES...

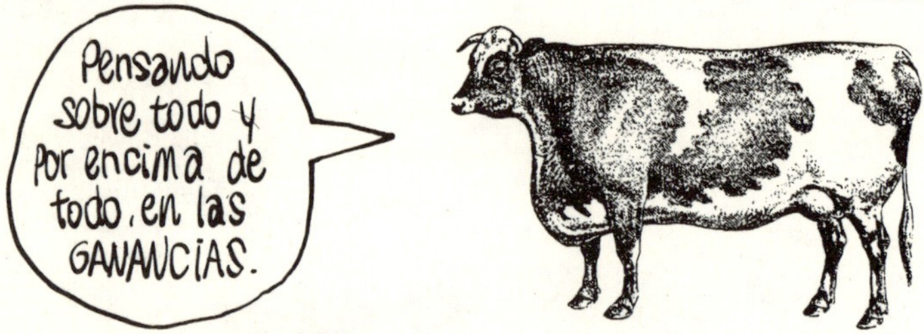
Pensando sobre todo y por encima de todo, en las GANANCIAS.

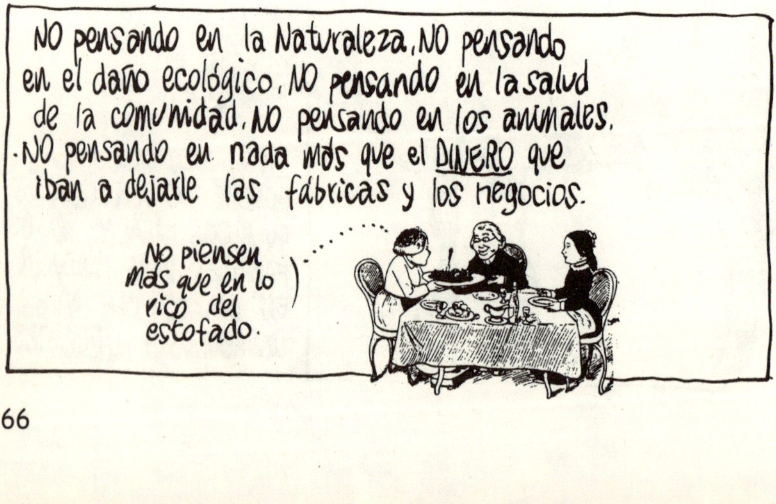
NO pensando en la Naturaleza, NO pensando en el daño ecológico. NO pensando en la salud de la comunidad. NO pensando en los animales. NO pensando en nada mas que el DINERO que iban a dejarle las fábricas y los negocios.
No piensen mas que en lo rico del estofado.

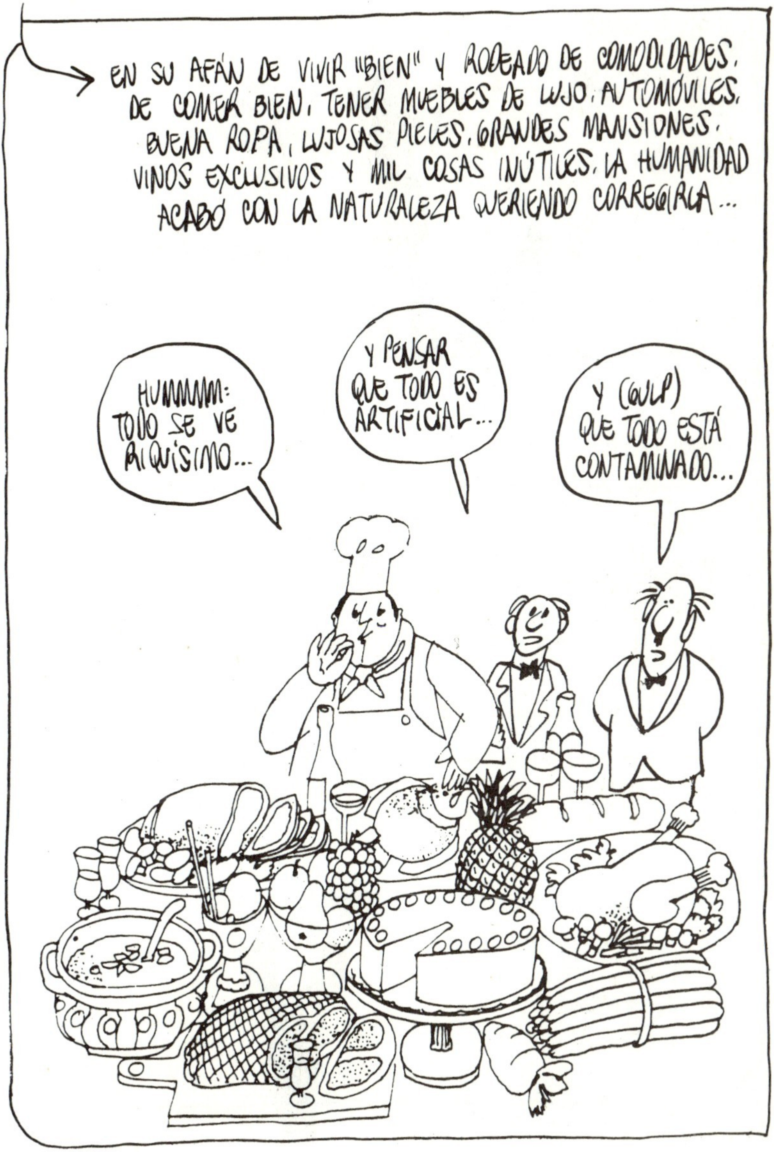
EN SU AFÁN DE VIVIR "BIEN" Y RODEADO DE COMODIDADES, DE COMER BIEN, TENER MUEBLES DE LUJO, AUTOMÓVILES, BUENA ROPA, LUJOSAS PIELES, GRANDES MANSIONES, VINOS EXCLUSIVOS Y MIL COSAS INÚTILES, LA HUMANIDAD ACABÓ CON LA NATURALEZA QUERIENDO CORREGIRLA...
HUMMMM: TODO SE VE RIQUÍSIMO...
Y PENSAR QUE TODO ES ARTIFICIAL...
Y (GULP) QUE TODO ESTÁ CONTAMINADO...

Hemos, lo que se llama, <u>despilfarrado</u> todo un planeta.

OH, NO ME ECHEN A PERDER MI TIRO.

→ despilfarrando el espacio a causa de una urbanización idiota y desordenada.

→ despilfarrando las materias primas debido a una industrialización irracional que busca sólo la ganancia y las comodidades.

→ despilfarrando la naturaleza por una total y criminal indiferencia hacia nuestro entorno natural, animales incluidos.

¿y el despilfarro de esfuerzo y salud?

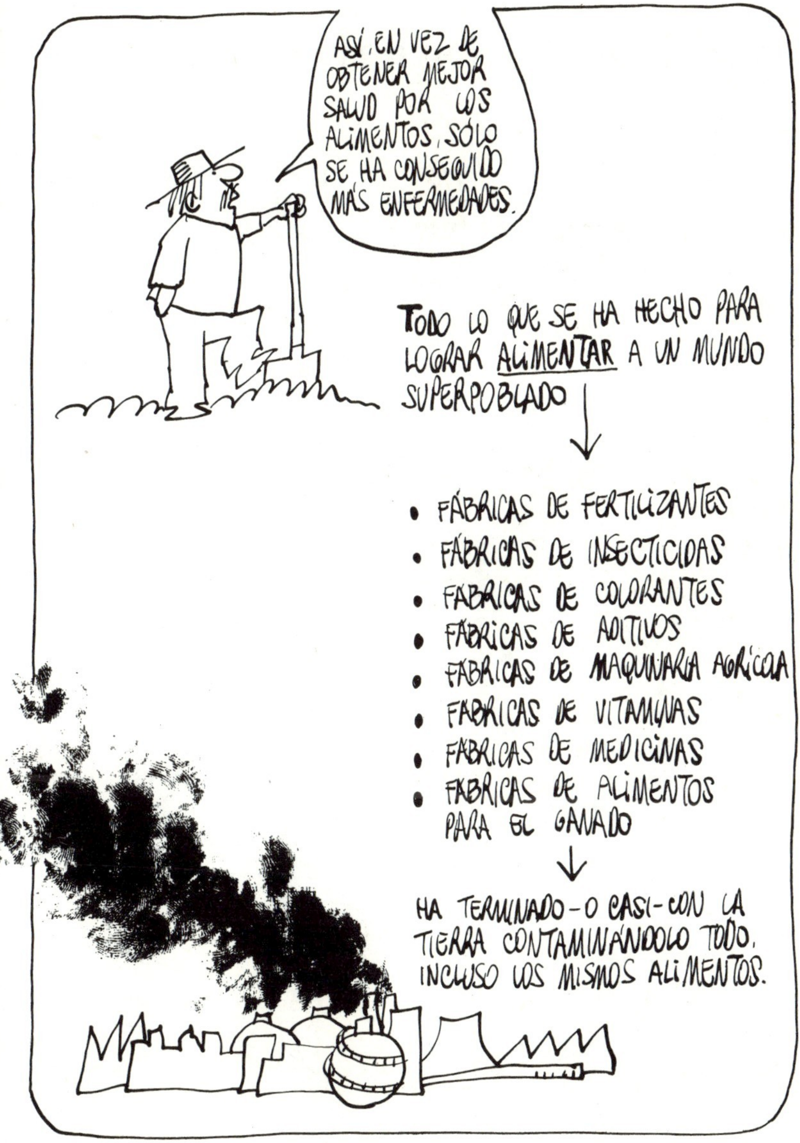
ASÍ, EN VEZ DE OBTENER MEJOR SALUD POR LOS ALIMENTOS, SÓLO SE HA CONSEGUIDO MÁS ENFERMEDADES.
TODO LO QUE SE HA HECHO PARA LOGRAR ALIMENTAR A UN MUNDO SUPERPOBLADO
• FÁBRICAS DE FERTILIZANTES
• FÁBRICAS DE INSECTICIDAS
• FÁBRICAS DE COLORANTES
• FÁBRICAS DE ADITIVOS
• FÁBRICAS DE MAQUINARIA AGRÍCOLA
• FÁBRICAS DE VITAMINAS
• FÁBRICAS DE MEDICINAS
• FÁBRICAS DE ALIMENTOS PARA EL GANADO
HA TERMINADO—O CASI—CON LA TIERRA CONTAMINÁNDOLO TODO, INCLUSO LOS MISMOS ALIMENTOS.

contaminación de la carne

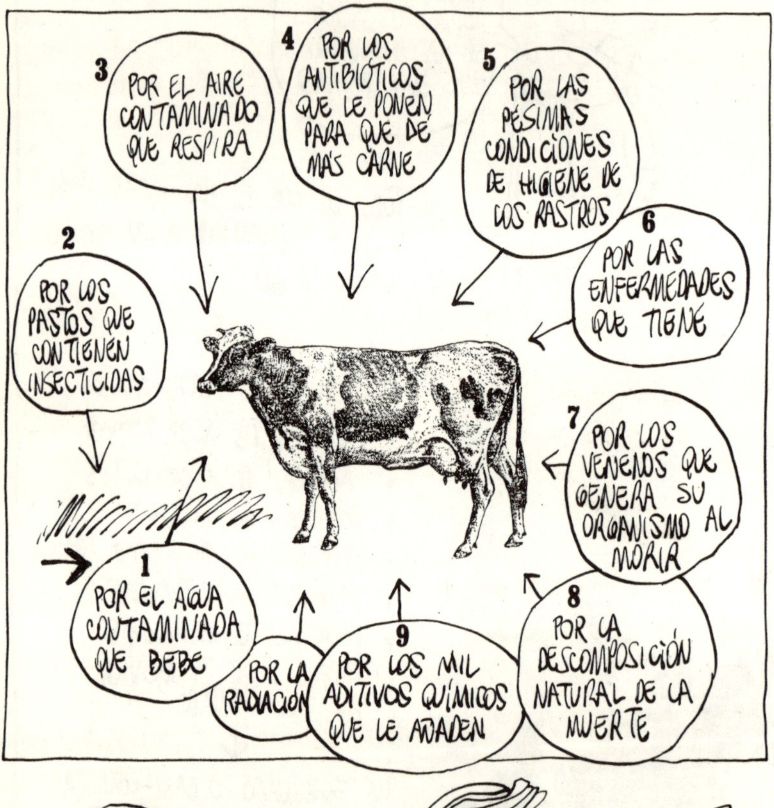

1 POR EL AGUA CONTAMINADA QUE BEBE
2 POR LOS PASTOS QUE CONTIENEN INSECTICIDAS
3 POR EL AIRE CONTAMINADO QUE RESPIRA
4 POR LOS ANTIBIÓTICOS QUE LE PONEN PARA QUE DÉ MÁS CARNE
5 POR LAS PÉSIMAS CONDICIONES DE HIGIENE DE LOS RASTROS
6 POR LAS ENFERMEDADES QUE TIENE
7 POR LOS VENENOS QUE GENERA SU ORGANISMO AL MORIR
8 POR LA DESCOMPOSICIÓN NATURAL DE LA MUERTE
9 POR LOS MIL ADITIVOS QUÍMICOS QUE LE AÑADEN
POR LA RADIACIÓN

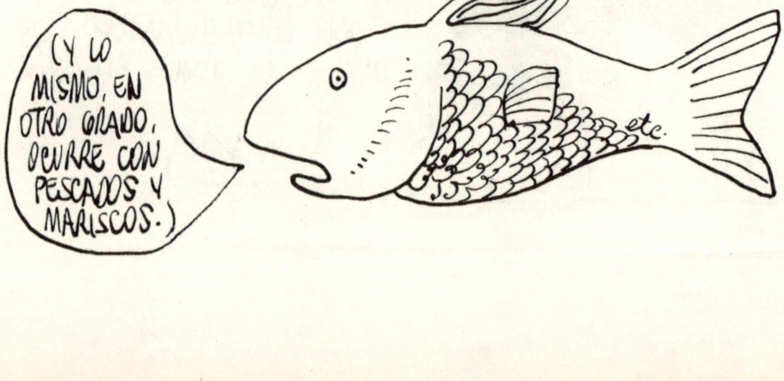

(Y LO MISMO, EN OTRO GRADO, OCURRE CON PESCADOS Y MARISCOS.)
etc.

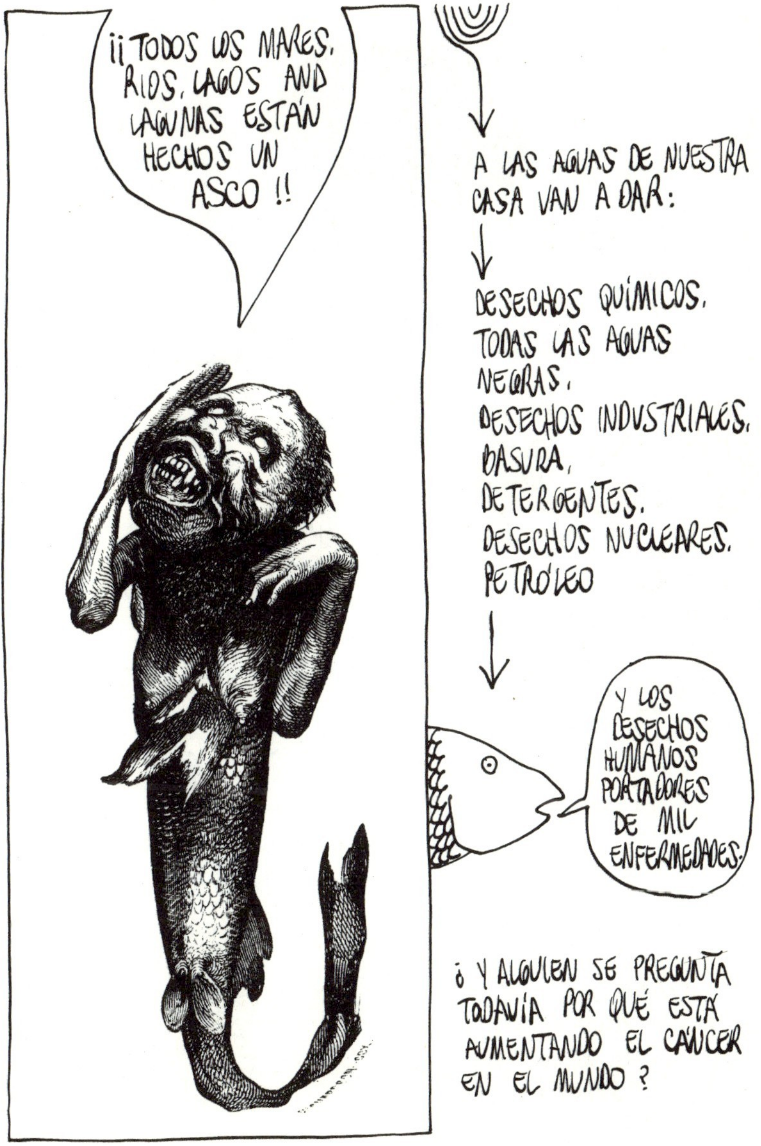
¡¡TODOS LOS MARES, RÍOS, LAGOS AND LAGUNAS ESTÁN HECHOS UN ASCO!!
A LAS AGUAS DE NUESTRA CASA VAN A DAR:
DESECHOS QUÍMICOS, TODAS LAS AGUAS NEGRAS, DESECHOS INDUSTRIALES, BASURA, DETERGENTES, DESECHOS NUCLEARES, PETRÓLEO
Y LOS DESECHOS HUMANOS PORTADORES DE MIL ENFERMEDADES.
¿Y ALGUIEN SE PREGUNTA TODAVÍA POR QUÉ ESTÁ AUMENTANDO EL CÁNCER EN EL MUNDO?

VAYA: AHORA VA A RESULTAR QUE POR COMER CARNE SE ECHÓ A PERDER EL MUNDO.
NO TANTO, PERO ALGO HA TENIDO QUE VER ESO EN LA DEGENERACIÓN DE TODO...

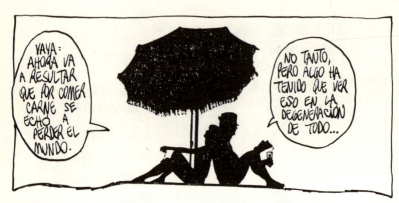

DE HECHO, EL COMER CARNE CONSTITUYÓ UNA REBELDÍA -INCONSCIENTE SI SE QUIERE- ANTE LAS LEYES NATURALES, PUESTO QUE

1- Nuestro organismo NO está hecho para comer carne.
2- Al basar nuestra alimentación en los animales, alteramos todo el sistema ecológico del Planeta.

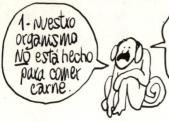

3- Al consumir algo que no estaba previsto para nuestro organismo, cambiamos todo su metabolismo y con ello la "manera de ser."

ARAY... ¿A POCO CAMBIA EL CARÁCTER AL COMER CARNE?

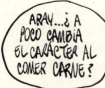

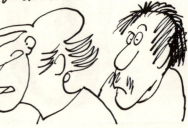

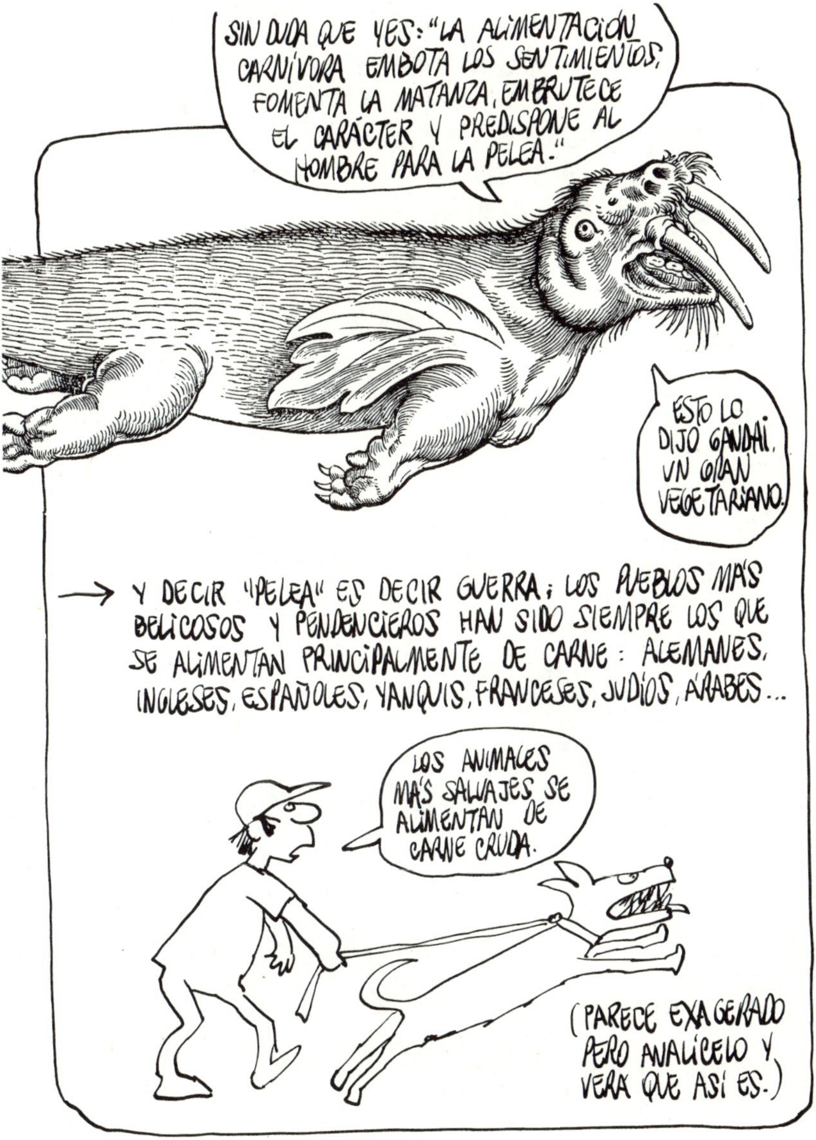
SIN DUDA QUE YES: "LA ALIMENTACIÓN CARNÍVORA EMBOTA LOS SENTIMIENTOS, FOMENTA LA MATANZA, EMBRUTECE EL CARÁCTER Y PREDISPONE AL HOMBRE PARA LA PELEA."
ESTO LO DIJO GANDHI, UN GRAN VEGETARIANO.
Y DECIR "PELEA" ES DECIR GUERRA; LOS PUEBLOS MÁS BELICOSOS Y PENDENCIEROS HAN SIDO SIEMPRE LOS QUE SE ALIMENTAN PRINCIPALMENTE DE CARNE: ALEMANES, INGLESES, ESPAÑOLES, YANQUIS, FRANCESES, JUDÍOS, ÁRABES...
LOS ANIMALES MÁS SALVAJES SE ALIMENTAN DE CARNE CRUDA.
(PARECE EXAGERADO PERO ANALÍCELO Y VERÁ QUE ASÍ ES.)

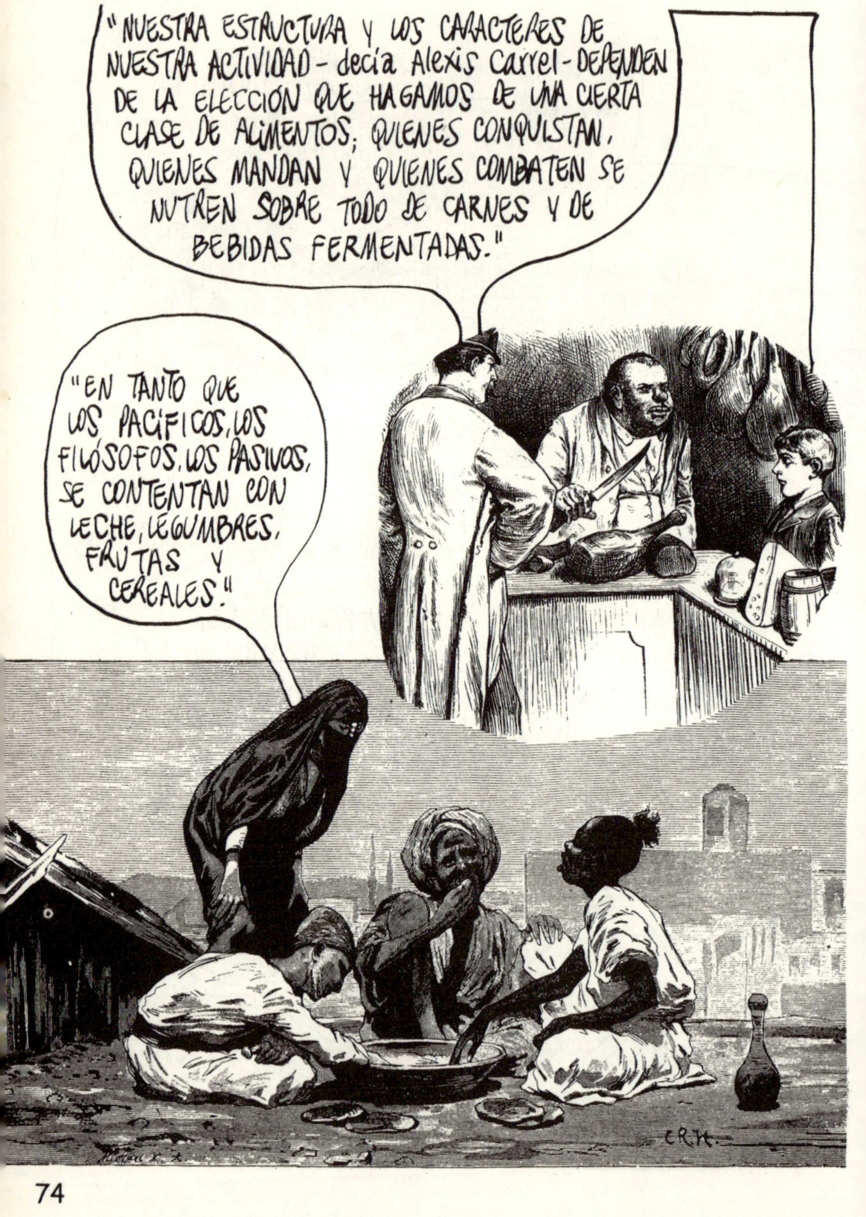
"NUESTRA ESTRUCTURA Y LOS CARACTERES DE NUESTRA ACTIVIDAD - decía Alexis Carrel - DEPENDEN DE LA ELECCIÓN QUE HAGAMOS DE UNA CIERTA CLASE DE ALIMENTOS; QUIENES CONQUISTAN, QUIENES MANDAN Y QUIENES COMBATEN SE NUTREN SOBRE TODO DE CARNES Y DE BEBIDAS FERMENTADAS."
"EN TANTO QUE LOS PACÍFICOS, LOS FILÓSOFOS, LOS PASIVOS, SE CONTENTAN CON LECHE, LEGUMBRES, FRUTAS Y CEREALES."
C.R.H.

FRANÇOIS LERY, INGENIERO AGRÓNOMO Y ESPECIALISTA EN NUTRICIÓN, SEÑALA EN SU LIBRO "LA ALIMENTACIÓN":

"La oposición entre las concepciones alimenticias se refleja en la actitud del hombre ante la vida y el mundo: la zona del arroz y del vegetariano se caracteriza por un "estatismo" que se opone al dinamismo de la zona de la alimentación carnívora y del vino, dominio de la revolución industrial y la expansión colonialista..."

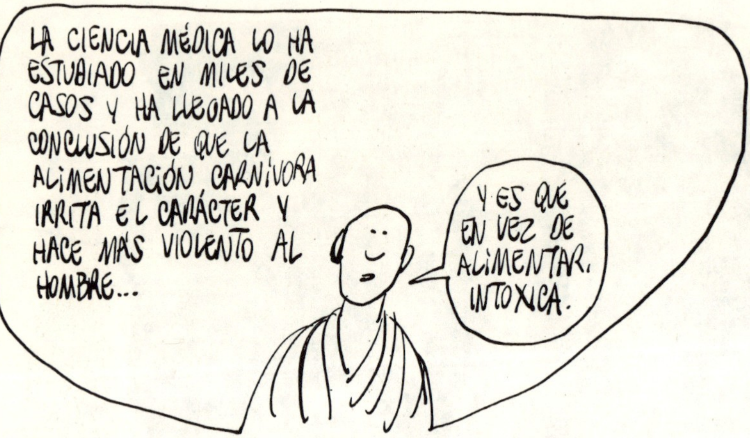
LA CIENCIA MÉDICA LO HA ESTUDIADO EN MILES DE CASOS Y HA LLEGADO A LA CONCLUSIÓN DE QUE LA ALIMENTACIÓN CARNÍVORA IRRITA EL CARÁCTER Y HACE MÁS VIOLENTO AL HOMBRE...
Y ES QUE EN VEZ DE ALIMENTAR, INTOXICA.

EL HOMBRE SE CONVIERTE EN LO QUE COME, DICEN...

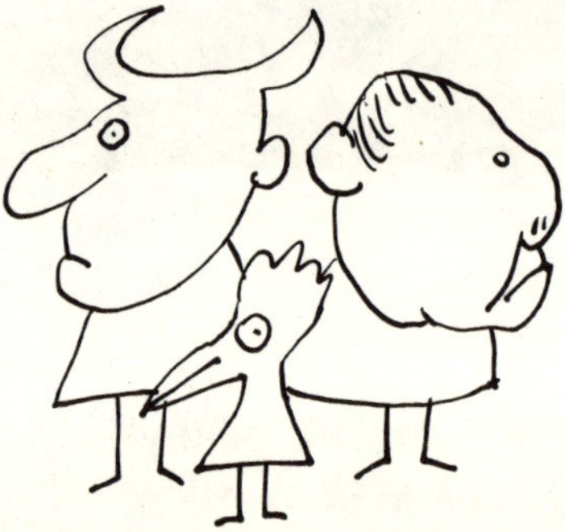

LA ALIMENTACIÓN CARNÍVORA, SIN LUGAR A DUDAS, REPRESENTA LA CRUELDAD, LA ENFERMEDAD, LA VIOLENCIA, EL SALVAJISMO, EL VICIO (ES DIFÍCIL ENCONTRAR A UN ALCOHÓLICO VEGETARIANO), LA SENSUALIDAD, EL CRIMEN, LA GUERRA, LA BRUTALIDAD Y EL FANATISMO.

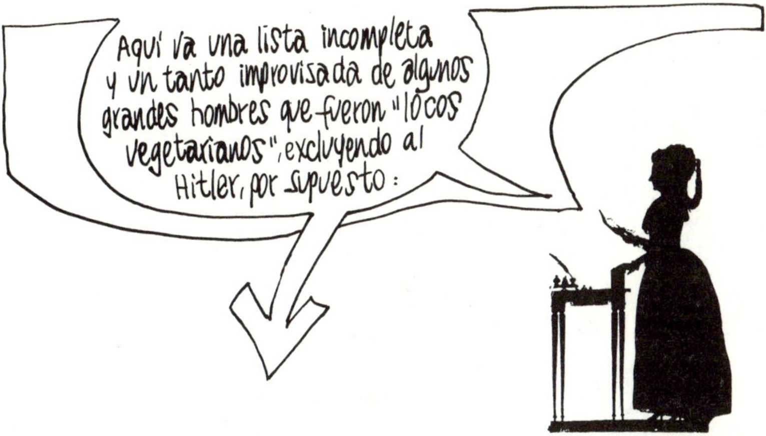
Aquí va una lista incompleta y un tanto improvisada de algunos grandes hombres que fueron "locos vegetarianos", excluyendo al Hitler, por supuesto:

ANTONIO GAUDÍ * JESUCRISTO * J.W. TURNER * SANTA TERESA *
PITÁGORAS * BENJAMÍN FRANKLIN * JAN SIBELIUS * HOMERO *
ZARATUSTRA * BUDA * ALEJANDRO VON HUMBOLDT * SRI AUROBINDO *
SHELLEY * MANUEL DE FALLA * BERTRAND RUSSELL * HUFELAND *
LORD BYRON * MADAME BLAVATSKY * JOHN MILTON * MIGUEL DE
CERVANTES * LEÓN TOLSTOI * SÉNECA * LEÓN XIII * LENIN *
MAURICE MAETERLINK * THOMAS ALVA EDISON * FRANK L. WRIGHT
* BERNARD SHAW * SIGMUND FREUD * CAMILE FLAMMARION * SAN
AGUSTÍN * ARTURO TOSCANINI * GUSTAVE DORÉ * MARCO AURELIO
* LEONARDO DA VINCI * JOHN SPENCER * VOLTAIRE * SAN FRANCISCO
DE ASÍS * PLATÓN * ANDRÉS BELLO * SPINOZA * RAMÓN DEL VALLE
INCLÁN * CHARLES CHAPLIN * JOHN STUART MILL * SCHOPENHAUER
* SANTO DOMINGO * JULIAN HUXLEY * PARACELSO * EMERSON *
THEILLARD DE CHARDIN * GALILEO GALILEI * BARTOLOMÉ DE LAS
CASAS * JUAN JACOBO ROUSSEAU * MESMER * MARIE CURIE *
WENDELL HOLMES * CHARLES DARWIN * MALTHUS * ALBERT
SCHWEITZER * HIPÓCRATES * GOETHE * EPICURO * PAUL KLEE *
SÓFOCLES * EL GRECO * MAQUIAVELO * MAHATMA GANDHI...

GHANDI ESCRIBIÓ AL RESPECTO:

"NO CONSIDERO QUE SEA NECESARIO COMER CARNE EN NINGUNA ETAPA DE LA VIDA, NI EN NINGÚN CLIMA EN QUE PUEDA VIVIR EL HOMBRE.

SOSTENGO QUE ESTA ALIMENTACIÓN ES INAPROPIADA PARA NUESTRA ESPECIE. ES UN ERROR IMITAR AL MUNDO ANIMAL INFERIOR, SI ES QUE SOMOS SUPERIORES A ÉL. POR EXPERIENCIA SABEMOS QUE LA ALIMENTACIÓN A BASE DE CARNE ES INADECUADA SI SE DESEA PONER FRENO A LAS PASIONES. EL VEGETARIANISMO ES UNA DE LAS MÁS IMPORTANTES APORTACIONES DEL HINDUISMO; NO DEBEMOS PERDERLO. TAMPOCO DEBEMOS CREER QUE NOS HACE DÉBILES DE MENTE O CUERPO, O PASIVOS, O INEFICACES EN LA ACCIÓN. LOS MÁS GRANDES REFORMADORES HINDUES HAN SIDO LOS PERSONAJES MÁS ACTIVOS DE SUS GENERACIONES Y TODOS ELLOS HAN SIDO VEGETARIANOS."

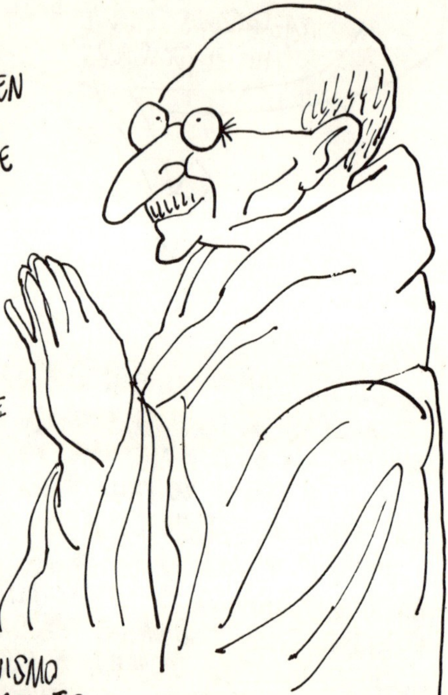

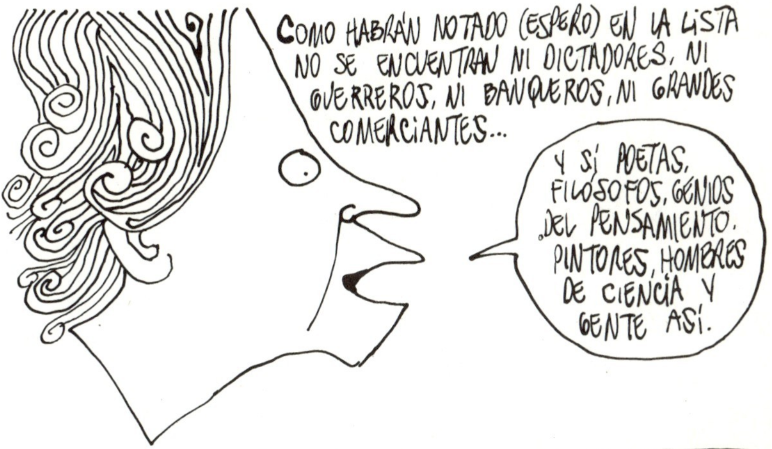
COMO HABRÁN NOTADO (ESPERO) EN LA LISTA NO SE ENCUENTRAN NI DICTADORES, NI GUERREROS, NI BANQUEROS, NI GRANDES COMERCIANTES...
Y SÍ POETAS, FILÓSOFOS, GENIOS DEL PENSAMIENTO. PINTORES, HOMBRES DE CIENCIA Y GENTE ASÍ.

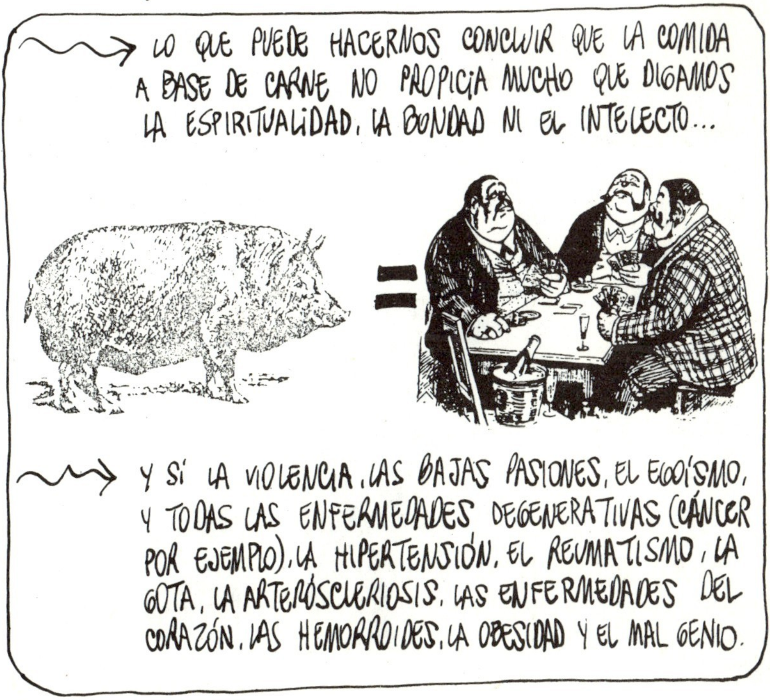
LO QUE PUEDE HACERNOS CONCLUIR QUE LA COMIDA A BASE DE CARNE NO PROPICIA MUCHO QUE DIGAMOS LA ESPIRITUALIDAD, LA BONDAD NI EL INTELECTO...
Y SÍ LA VIOLENCIA, LAS BAJAS PASIONES, EL EGOÍSMO, Y TODAS LAS ENFERMEDADES DEGENERATIVAS (CÁNCER POR EJEMPLO), LA HIPERTENSIÓN, EL REUMATISMO, LA GOTA, LA ARTERÓSCLERIOSIS, LAS ENFERMEDADES DEL CORAZÓN, LAS HEMORROIDES, LA OBESIDAD Y EL MAL GENIO.

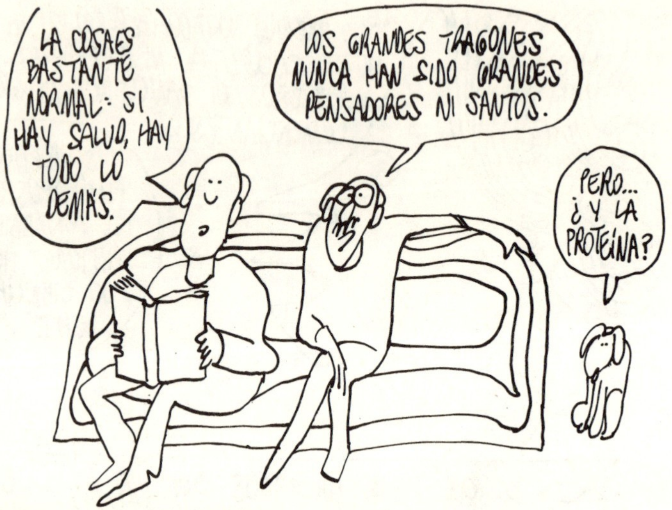
LA COSA ES BASTANTE NORMAL: SI HAY SALUD, HAY TODO LO DEMÁS.
LOS GRANDES TRAGONES NUNCA HAN SIDO GRANDES PENSADORES NI SANTOS.
PERO... ¿Y LA PROTEINA?

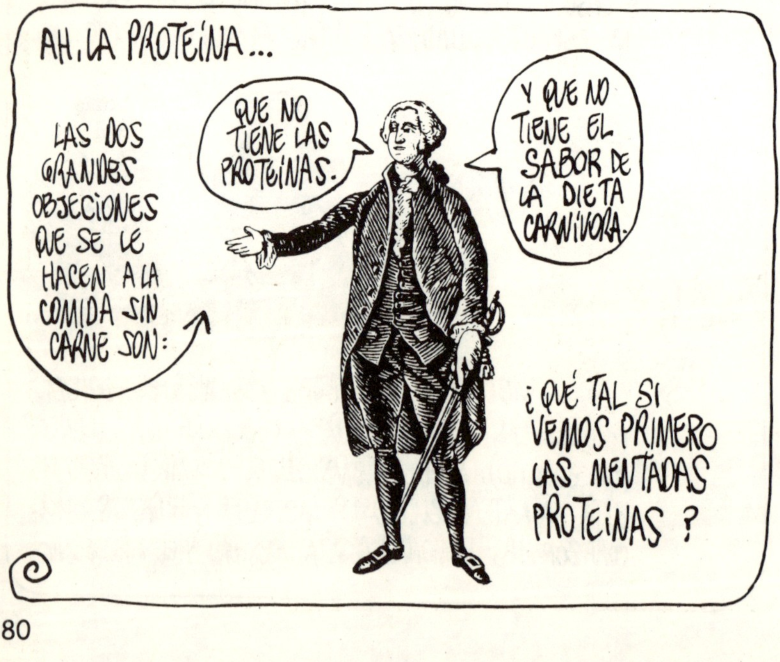
AH, LA PROTEINA...
LAS DOS GRANDES OBJECIONES QUE SE LE HACEN A LA COMIDA SIN CARNE SON:
QUE NO TIENE LAS PROTEINAS.
Y QUE NO TIENE EL SABOR DE LA DIETA CARNIVORA.
¿QUÉ TAL SI VEMOS PRIMERO LAS MENTADAS PROTEINAS?

CAPÍTULO 4

LA CIENCIA DEL ~~BUEN~~ BIEN COMER

O LA ALIMENTACIÓN HUMANA A LA LUZ DE LA CIENCIA. O TAMBIÉN AQUELLO DE QUE HAY QUE COMER PARA VIVIR, Y NO VIVIR PARA COMER, ¿O NO?

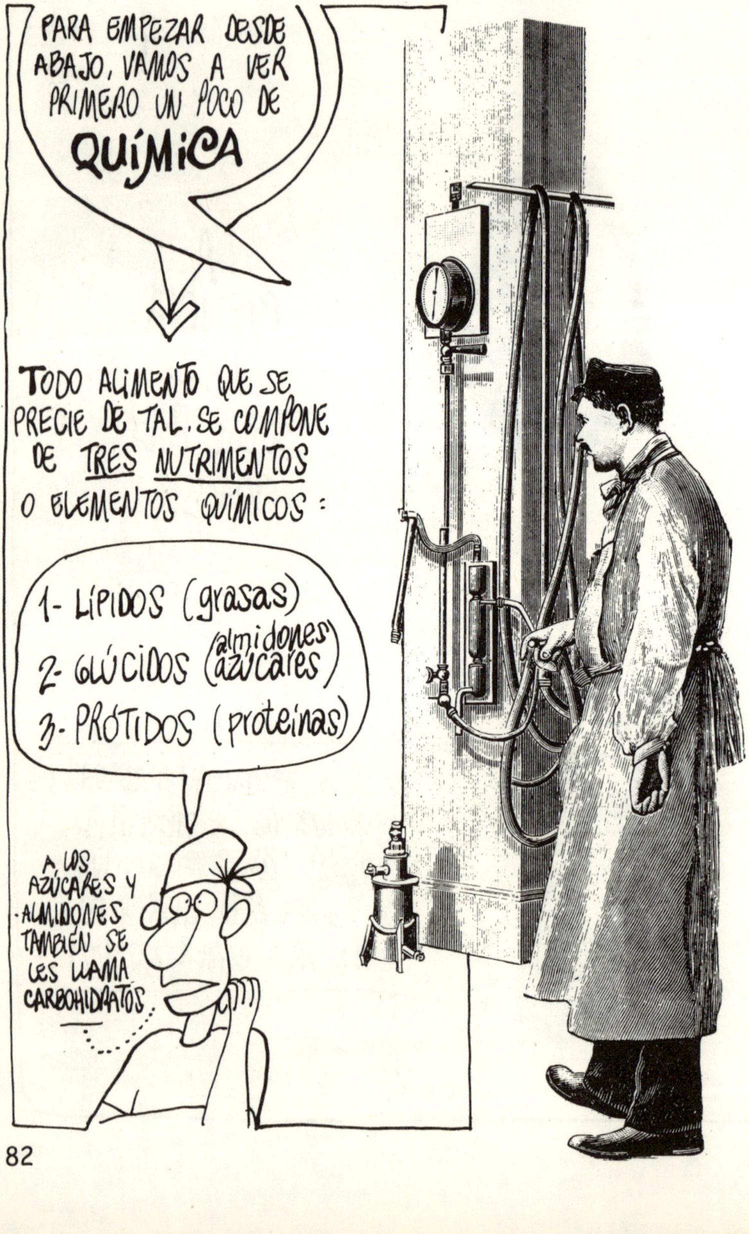
PARA EMPEZAR DESDE ABAJO, VAMOS A VER PRIMERO UN POCO DE QUÍMICA
TODO ALIMENTO QUE SE PRECIE DE TAL, SE COMPONE DE TRES NUTRIMENTOS O ELEMENTOS QUÍMICOS:
1- LÍPIDOS (grasas) 2- GLÚCIDOS (almidones azúcares) 3- PRÓTIDOS (proteínas)
A LOS AZÚCARES Y ALMIDONES TAMBIÉN SE LES LLAMA CARBOHIDRATOS

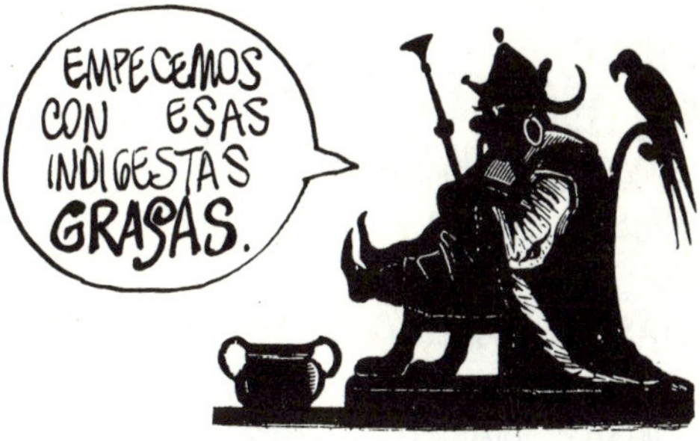
EMPECEMOS CON ESAS INDIGESTAS GRASAS.

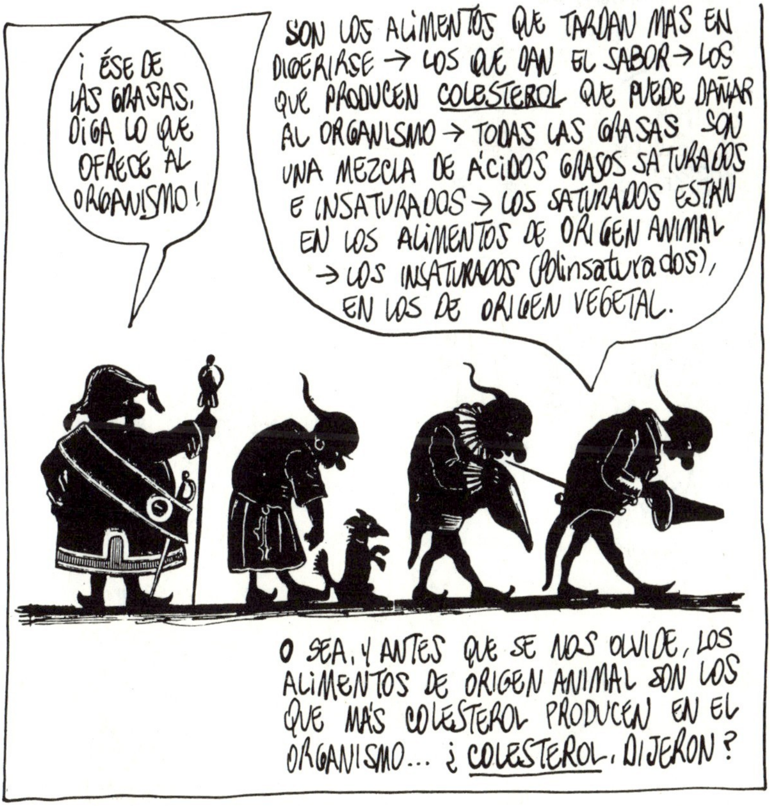
¡ÉSE DE LAS GRASAS, DIGA LO QUE OFRECE AL ORGANISMO!
SON LOS ALIMENTOS QUE TARDAN MÁS EN DIGERIRSE → LOS QUE DAN EL SABOR → LOS QUE PRODUCEN COLESTEROL QUE PUEDE DAÑAR AL ORGANISMO → TODAS LAS GRASAS SON UNA MEZCLA DE ÁCIDOS GRASOS SATURADOS E INSATURADOS → LOS SATURADOS ESTAN EN LOS ALIMENTOS DE ORIGEN ANIMAL → LOS INSATURADOS (Polinsaturados), EN LOS DE ORIGEN VEGETAL.
O SEA, Y ANTES QUE SE NOS OLVIDE, LOS ALIMENTOS DE ORIGEN ANIMAL SON LOS QUE MÁS COLESTEROL PRODUCEN EN EL ORGANISMO... ¿COLESTEROL, DIJERON?

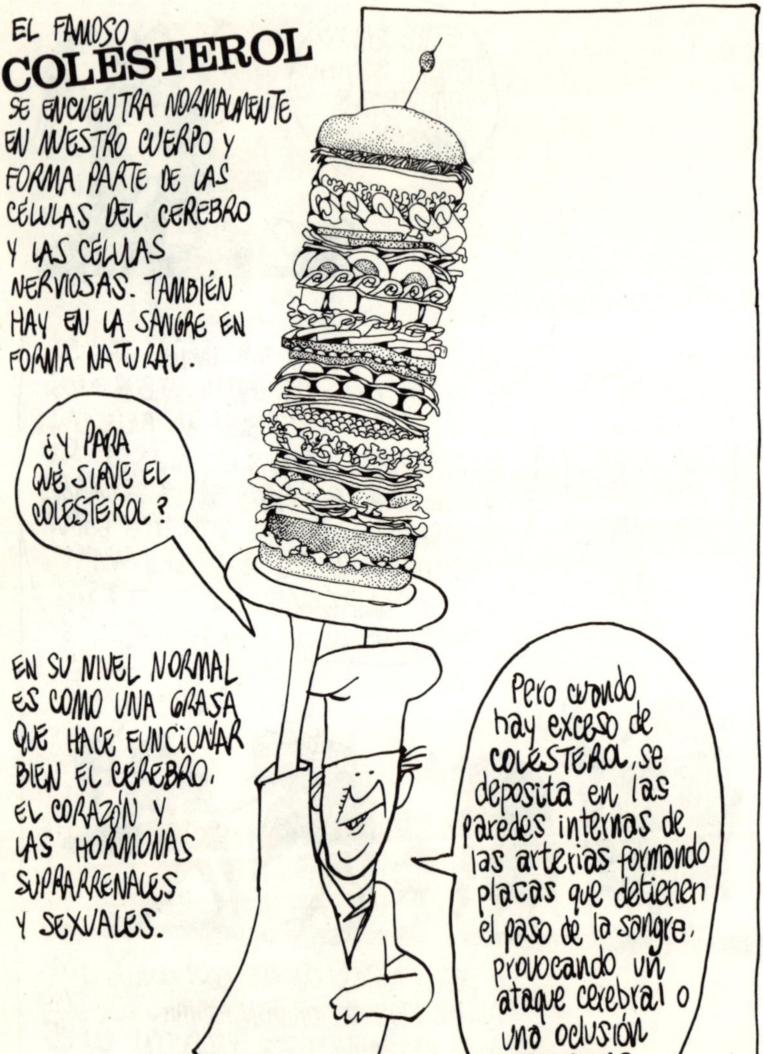
EL FAMOSO
COLESTEROL
SE ENCUENTRA NORMALMENTE EN NUESTRO CUERPO Y FORMA PARTE DE LAS CÉLULAS DEL CEREBRO Y LAS CÉLULAS NERVIOSAS. TAMBIÉN HAY EN LA SANGRE EN FORMA NATURAL.
¿Y PARA QUÉ SIRVE EL COLESTEROL?
EN SU NIVEL NORMAL ES COMO UNA GRASA QUE HACE FUNCIONAR BIEN EL CEREBRO, EL CORAZÓN Y LAS HORMONAS SUPRARRENALES Y SEXUALES.
Pero cuando hay exceso de COLESTEROL, se deposita en las paredes internas de las arterias formando placas que detienen el paso de la sangre, provocando un ataque cerebral o una oclusión coronaria.

"ENTONS LOS ALIMENTOS MÁS GRASOSOS SON... LOS QUE MÁS COLESTEROL CONTIENEN... VEA LA LISTA:"

CONTENIDO DE COLESTEROL POR CADA 100 gramos.
↓

SESOS	2100 mg
CARNITAS de CERDO	1600
CHULETAS 4 (FRITAS)	1500
YEMA DE HUEVO	1480
HUEVO ENTERO	500
HÍGADO DE RES	480
RIÑÓN DE RES	400
ACEITE DE COCO	300
MANTEQUILLA	260
JAMÓN	250
PANQUÉS (harina blanca)	240
OSTIONES	230
LENGUA	210
PAN DE DULCE	200
PANCITA	150
CREMA DULCE	133
CAMARONES	130
CARNE DE PUERCO	105
JAIBA, CANGREJO	100
QUESO T. AMERICANO	96
QUESOS COCIDOS	85
CARNE DE RES	80
SALCHICHAS	75
PESCADO Y CORDERO	70
CARNE DE POLLO	60
QUESO FRESCO	20
HELADOS Y LECHE	14
YOGURTH	6
LECHE DESCREMADA	5
MARGARINA	0

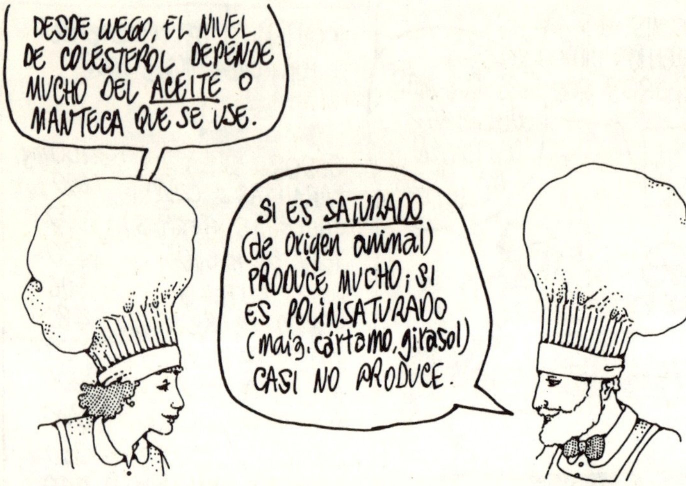
DESDE LUEGO, EL NIVEL DE COLESTEROL DEPENDE MUCHO DEL ACEITE O MANTECA QUE SE USE.
SI ES SATURADO (de origen animal) PRODUCE MUCHO; SI ES POLINSATURADO (maíz, cártamo, girasol) CASI NO PRODUCE.

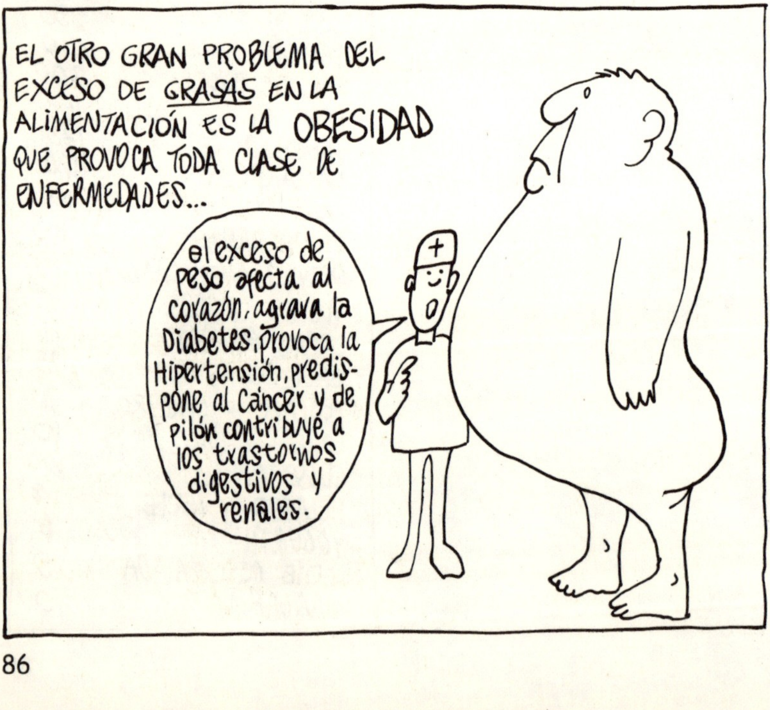
EL OTRO GRAN PROBLEMA DEL EXCESO DE GRASAS EN LA ALIMENTACIÓN ES LA OBESIDAD QUE PROVOCA TODA CLASE DE ENFERMEDADES...
el exceso de peso afecta al corazón, agrava la Diabetes, provoca la Hipertensión, predispone al Cáncer y de pilón contribuye a los trastornos digestivos y renales.

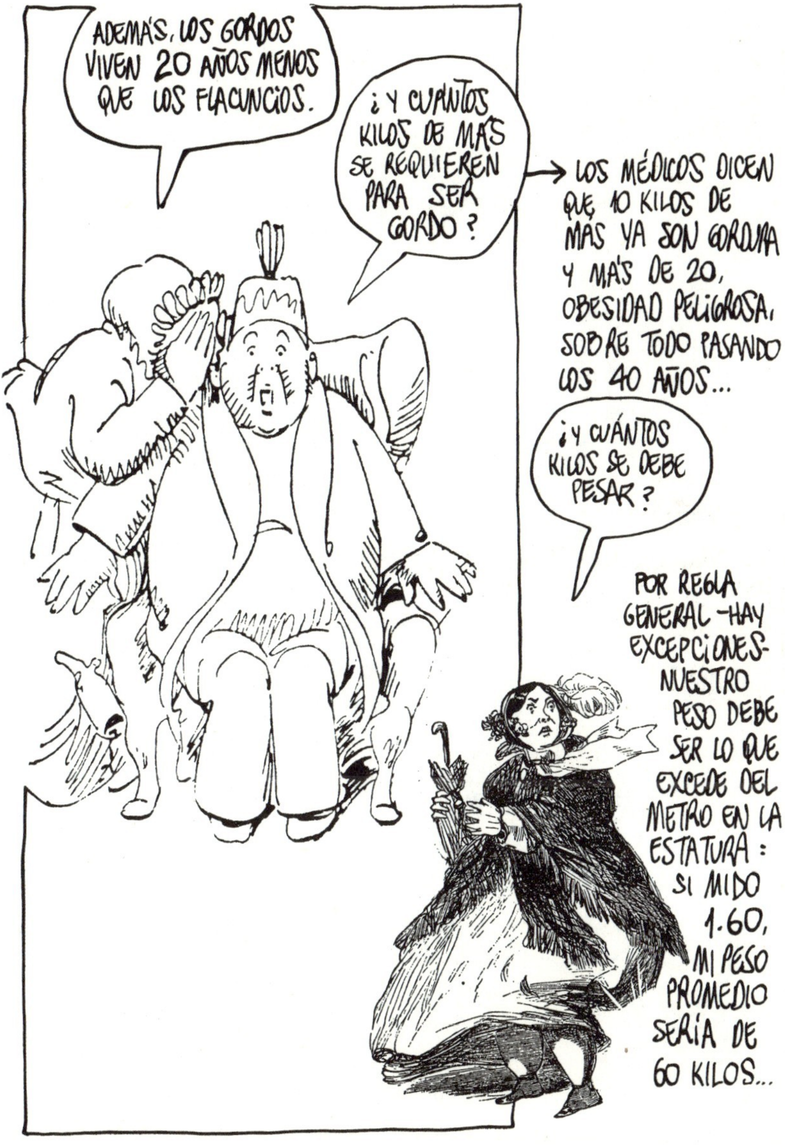
ADEMÁS, LOS GORDOS VIVEN 20 AÑOS MENOS QUE LOS FLACUNCIOS.
¿Y CUÁNTOS KILOS DE MÁS SE REQUIEREN PARA SER GORDO?
LOS MÉDICOS DICEN QUE 10 KILOS DE MÁS YA SON GORDURA Y MÁS DE 20, OBESIDAD PELIGROSA, SOBRE TODO PASANDO LOS 40 AÑOS...
¿Y CUÁNTOS KILOS SE DEBE PESAR?
POR REGLA GENERAL -HAY EXCEPCIONES- NUESTRO PESO DEBE SER LO QUE EXCEDE DEL METRO EN LA ESTATURA: SI MIDO 1.60, MI PESO PROMEDIO SERÍA DE 60 KILOS...

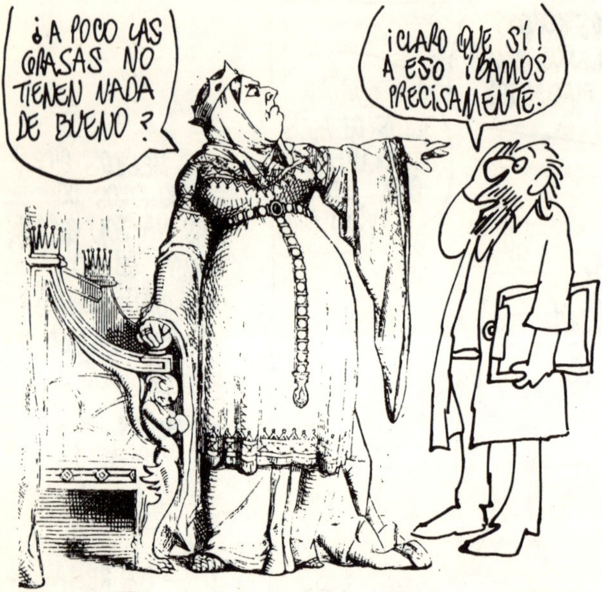
¿A POCO LAS GRASAS NO TIENEN NADA DE BUENO?
¡CLARO QUE SÍ! A ESO ÍBAMOS PRECISAMENTE.

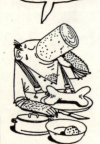

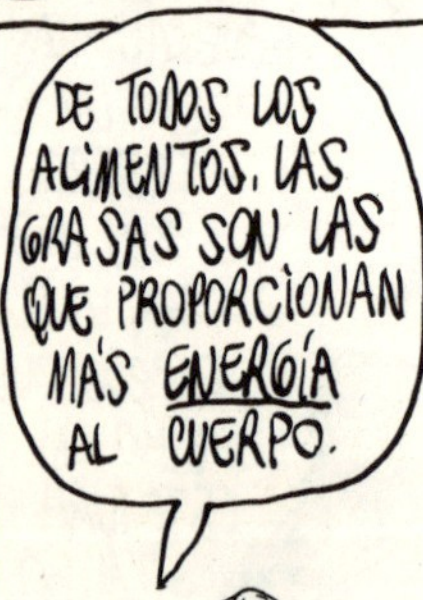
DE TODOS LOS ALIMENTOS, LAS GRASAS SON LAS QUE PROPORCIONAN MÁS ENERGÍA AL CUERPO.

ESA ENERGÍA PROCEDE DE LA COMBUSTIÓN DE LOS ÁCIDOS GRASOS Y SE CONVIERTE EN TEJIDO ADIPOSO COMO UNA RESERVA DE ENERGÍA → ESE TEJIDO ADIPOSO SIRVE COMO AISLANTE DEL FRÍO O EL CALOR.

→ LAS GRASAS SIRVEN TAMBIÉN COMO MATERIA FUNDAMENTAL DEL TEJIDO NERVIOSO RENOVANDO SUS CÉLULAS QUE SE MUEREN MUY RÁPIDO.

→ Y SIRVEN TAMBIÉN COMO DISOLVENTE DE LAS VITAMINAS A, E, D Y K, QUE SÓLO SE ENCUENTRAN EN LAS GRASAS.

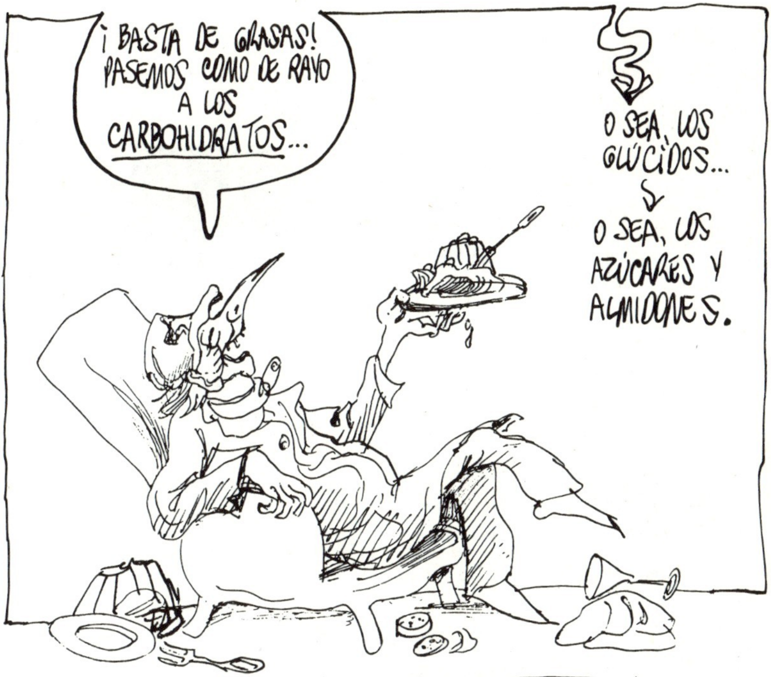
¡BASTA DE GRASAS! PASEMOS COMO DE RAYO A LOS CARBOHIDRATOS...
O SEA, LOS GLÚCIDOS...
O SEA, LOS AZÚCARES Y ALMIDONES.

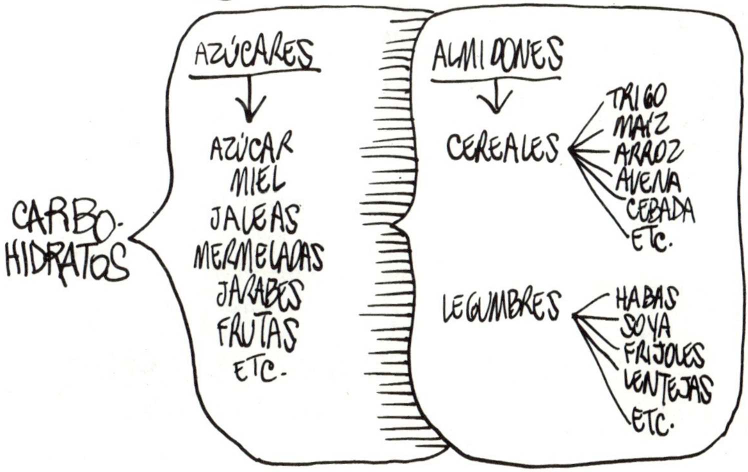
CARBO-HIDRATOS
AZÚCARES
AZÚCAR
MIEL
JALEAS
MERMELADAS
JARABES
FRUTAS
ETC.
ALMIDONES
CEREALES
TRIGO
MAÍZ
ARROZ
AVENA
CEBADA
ETC.
LEGUMBRES
HABAS
SOYA
FRIJOLES
LENTEJAS
ETC.

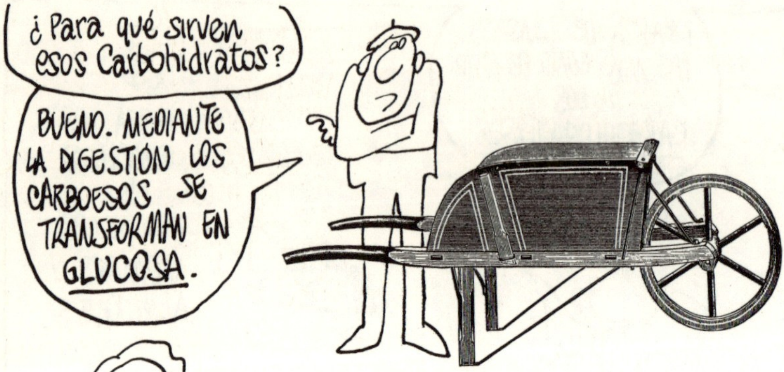
¿Para qué sirven esos Carbohidratos?
BUENO. MEDIANTE LA DIGESTIÓN LOS CARBOESOS SE TRANSFORMAN EN GLUCOSA.

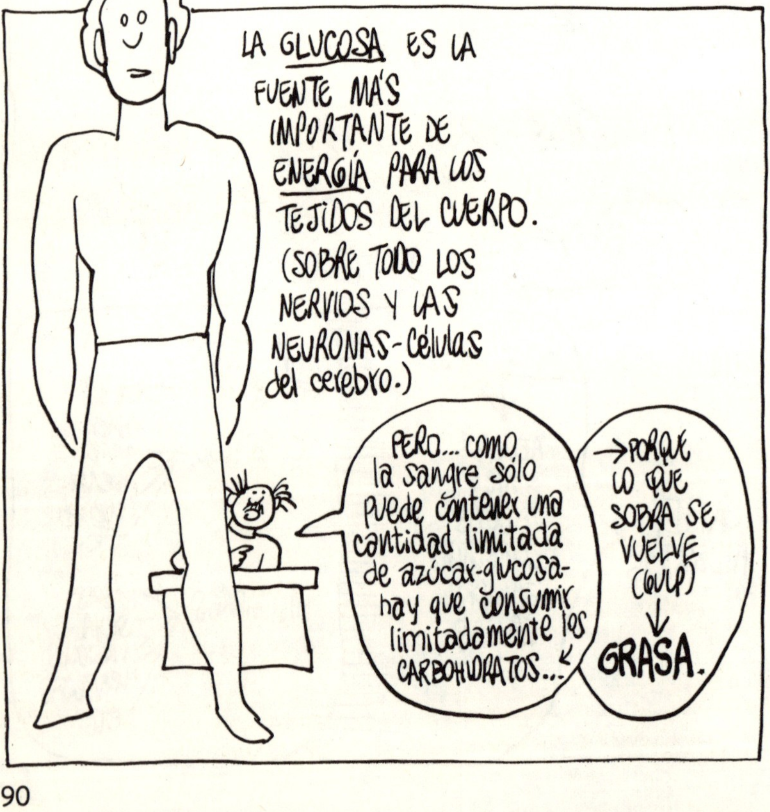
LA GLUCOSA ES LA FUENTE MÁS IMPORTANTE DE ENERGÍA PARA LOS TEJIDOS DEL CUERPO. (SOBRE TODO LOS NERVIOS Y LAS NEURONAS-Células del cerebro.)
PERO... como la sangre sólo puede contener una cantidad limitada de azúcar-glucosa-hay que consumir limitadamente los CARBOHIDRATOS...
→PORQUE LO QUE SOBRA SE VUELVE (GULP) ↓ GRASA.

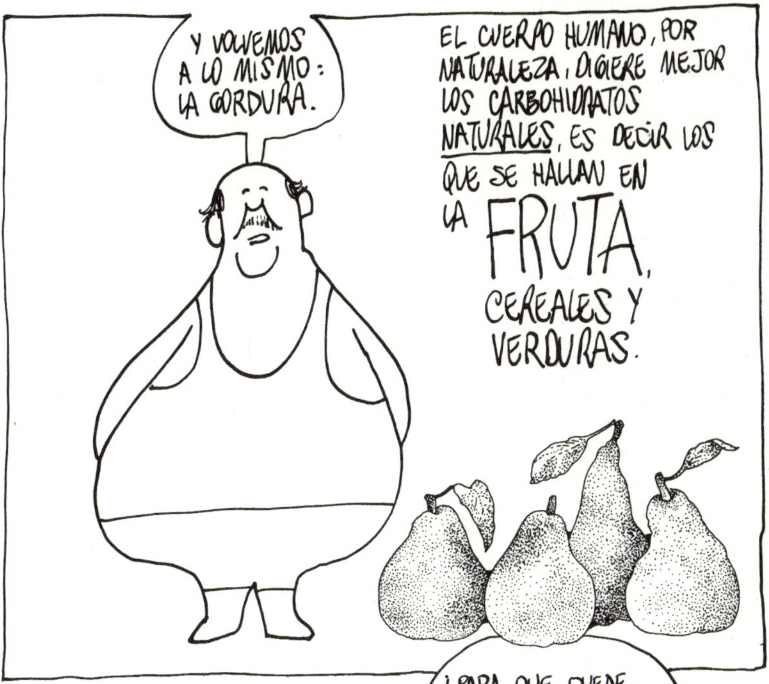
Y VOLVEMOS A LO MISMO: LA GORDURA.
EL CUERPO HUMANO, POR NATURALEZA, DIGIERE MEJOR LOS CARBOHIDRATOS NATURALES, ES DECIR LOS QUE SE HALLAN EN LA FRUTA, CEREALES Y VERDURAS.

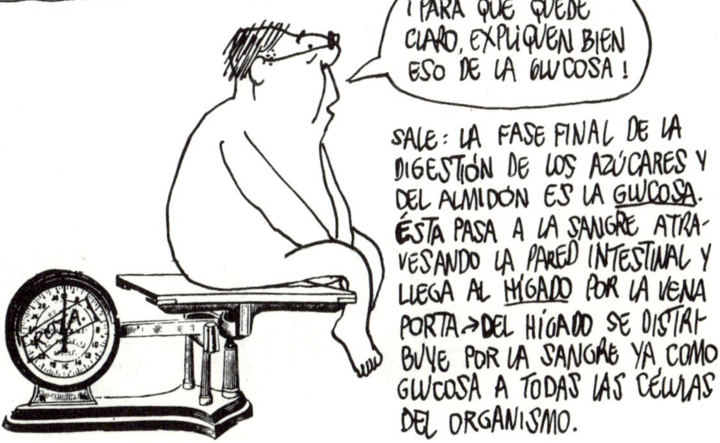
¡PARA QUE QUEDE CLARO, EXPLIQUEN BIEN ESO DE LA GLUCOSA!
SALE: LA FASE FINAL DE LA DIGESTIÓN DE LOS AZÚCARES Y DEL ALMIDÓN ES LA GLUCOSA. ÉSTA PASA A LA SANGRE ATRAVESANDO LA PARED INTESTINAL Y LLEGA AL HÍGADO POR LA VENA PORTA → DEL HÍGADO SE DISTRIBUYE POR LA SANGRE YA COMO GLUCOSA A TODAS LAS CÉLULAS DEL ORGANISMO.

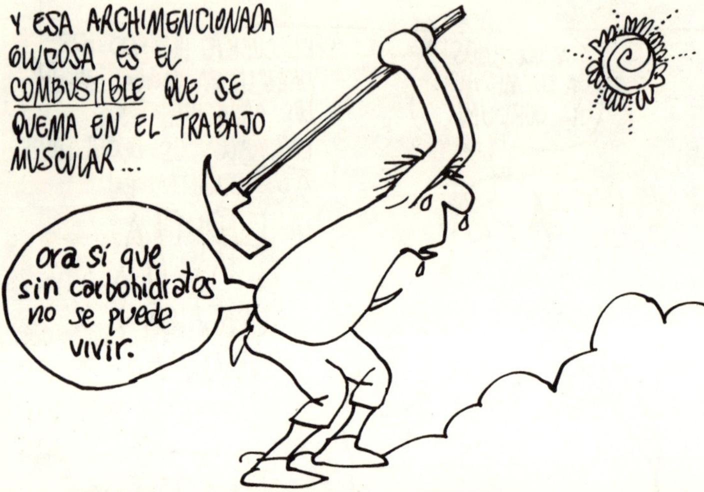
Y ESA ARCHIMENCIONADA GLUCOSA ES EL COMBUSTIBLE QUE SE QUEMA EN EL TRABAJO MUSCULAR...
ora sí que sin carbohidratos no se puede vivir.

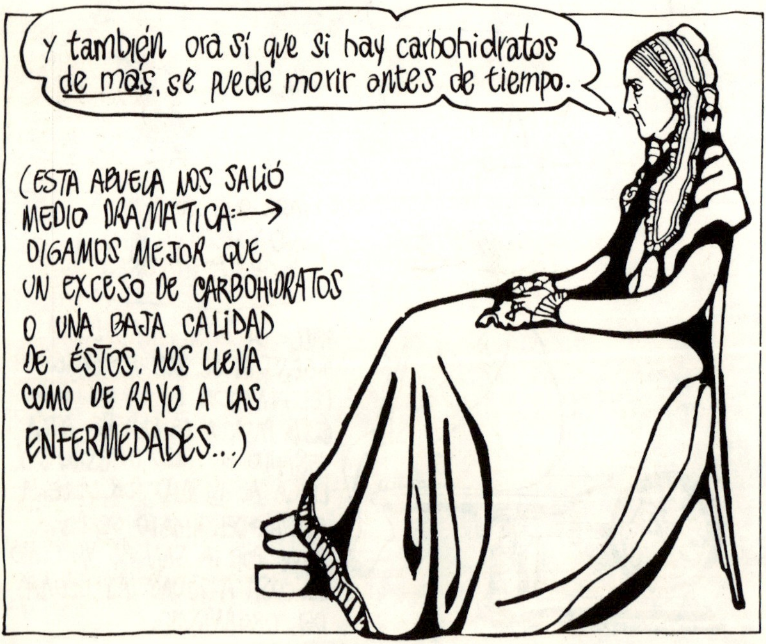
Y también ora sí que si hay carbohidratos de más, se puede morir antes de tiempo.
(ESTA ABUELA NOS SALIÓ MEDIO DRAMATICA:→ DIGAMOS MEJOR QUE UN EXCESO DE CARBOHIDRATOS O UNA BAJA CALIDAD DE ÉSTOS, NOS LLEVA COMO DE RAYO A LAS ENFERMEDADES...)

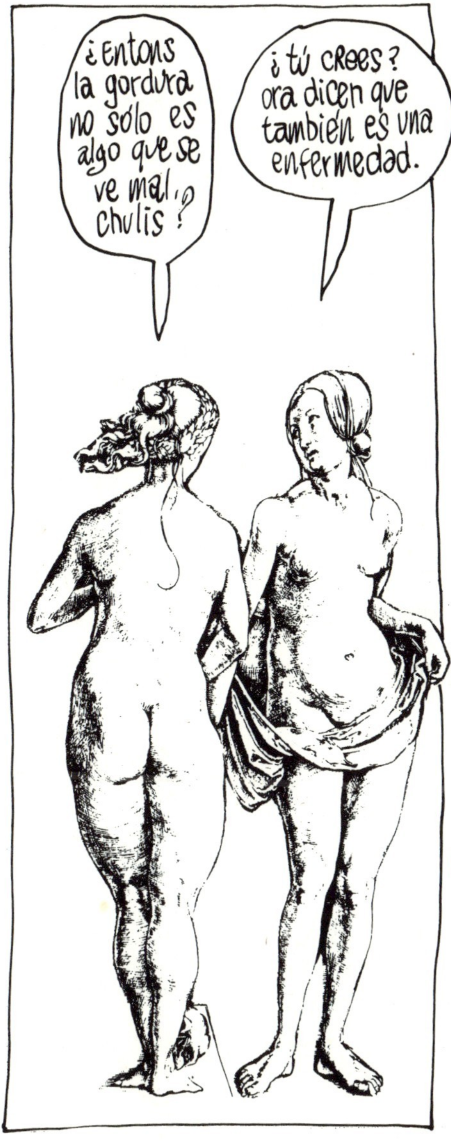
¿entons la gordura no sólo es algo que se ve mal, chulis?
¿tú crees? ora dicen que también es una enfermedad.

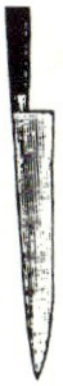

ASÍ ES:
YA VIMOS QUE LO QUE EL ORGANISMO NO CONVIERTE EN GLUCOSA, SE VUELVE GRASA O SE ACUMULA EN LAS PAREDES DEL INTESTINO PROVOCANDO ESTREÑIMIENTOS CRÓNICOS QUE SE VUELVEN CÁNCER.

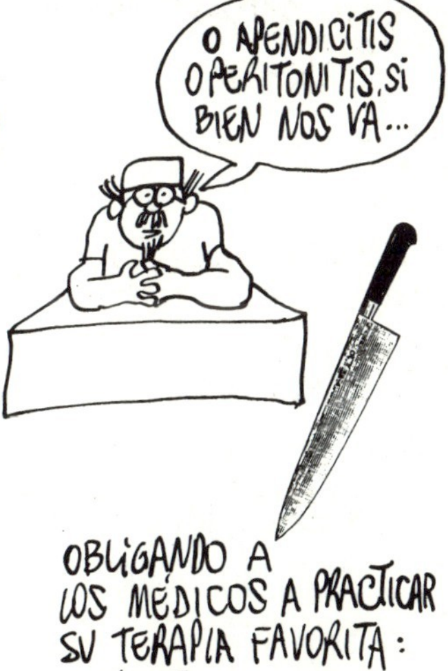
O APENDICITIS O PERITONITIS, SI BIEN NOS VA...

OBLIGANDO A LOS MÉDICOS A PRACTICAR SU TERAPIA FAVORITA: EL SANTO CUCHILLO...

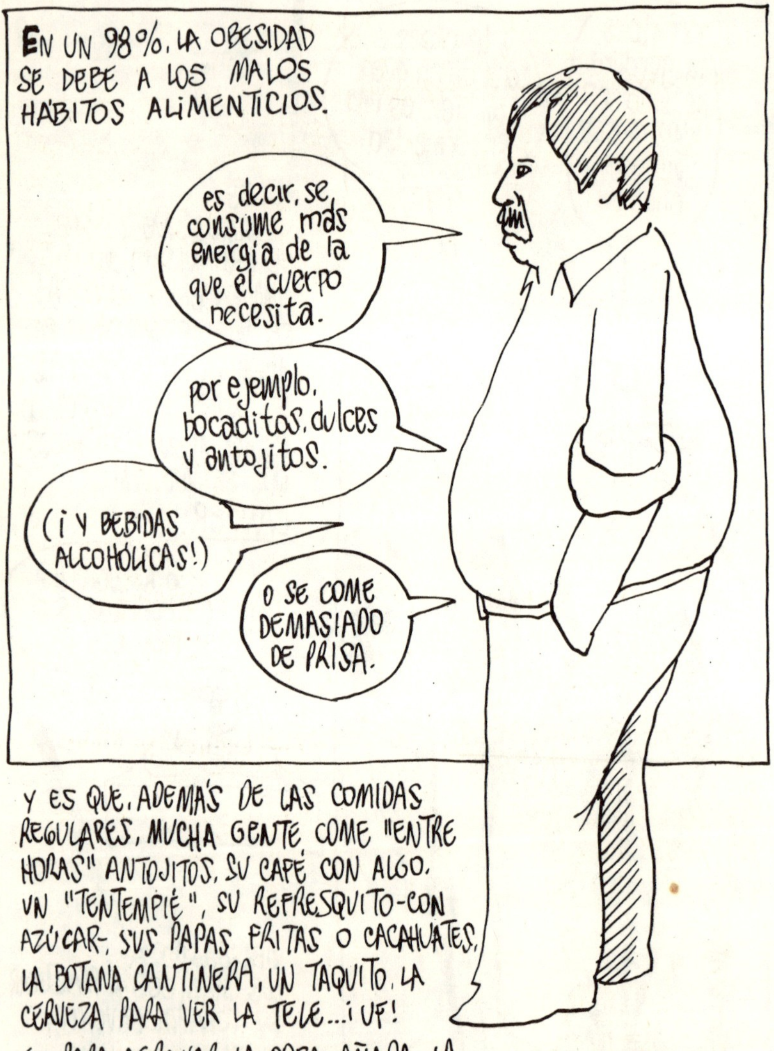
EN UN 98%, LA OBESIDAD SE DEBE A LOS MALOS HÁBITOS ALIMENTICIOS.
es decir, se consume más energía de la que el cuerpo necesita.
por ejemplo, bocaditos, dulces y antojitos.
(¡Y BEBIDAS ALCOHÓLICAS!)
O SE COME DEMASIADO DE PRISA.
Y ES QUE, ADEMÁS DE LAS COMIDAS REGULARES, MUCHA GENTE COME "ENTRE HORAS" ANTOJITOS, SU CAFÉ CON ALGO, UN "TENTEMPIÉ", SU REFRESQUITO-CON AZÚCAR-, SUS PAPAS FRITAS O CACAHUATES, LA BOTANA CANTINERA, UN TAQUITO, LA CERVEZA PARA VER LA TELE... ¡UF!
(Y PARA AGRAVAR LA COSA, AÑADA LA FALTA DE EJERCICIO FÍSICO...)

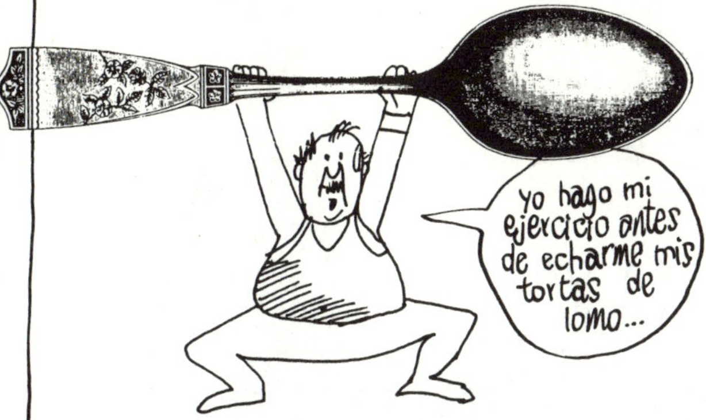
yo hago mi ejercicio antes de echarme mis tortas de lomo...

PARA PODER CONTROLAR EL PESO, TENEMOS QUE CONOCER CON QUÉ CARBOHIDRATOS CONTAMOS Y CON CUÁLES MEJOR NO.

¿CUÁLES SON LOS PEORES CARBOHIDRATOS?

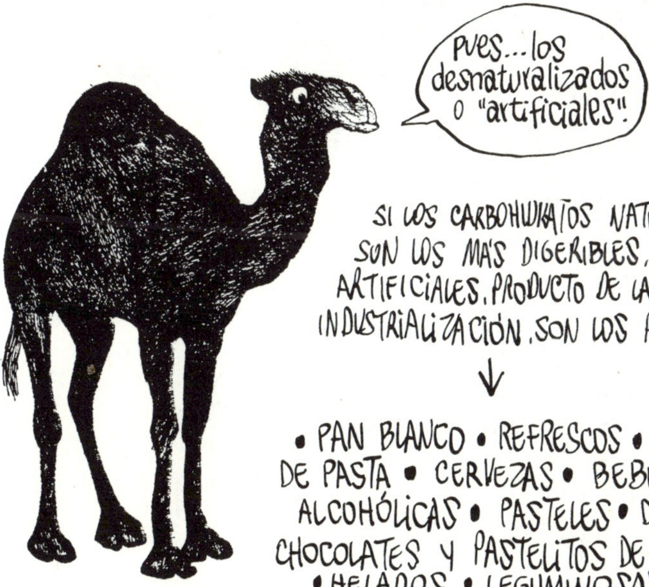
PUES... los desnaturalizados o "artificiales"!

SI LOS CARBOHIDRATOS NATURALES SON LOS MÁS DIGERIBLES, LOS ARTIFICIALES, PRODUCTO DE LA TONTA INDUSTRIALIZACIÓN, SON LOS PEORES:

↓

• PAN BLANCO • REFRESCOS • SOPAS DE PASTA • CERVEZAS • BEBIDAS ALCOHÓLICAS • PASTELES • DULCES, CHOCOLATES Y PASTELITOS DE ÉSOS... • HELADOS • LEGUMINOSAS •

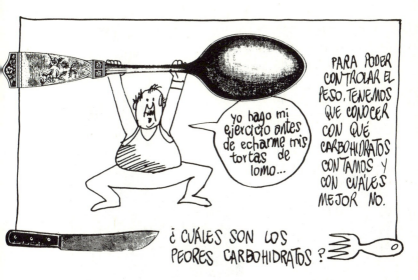

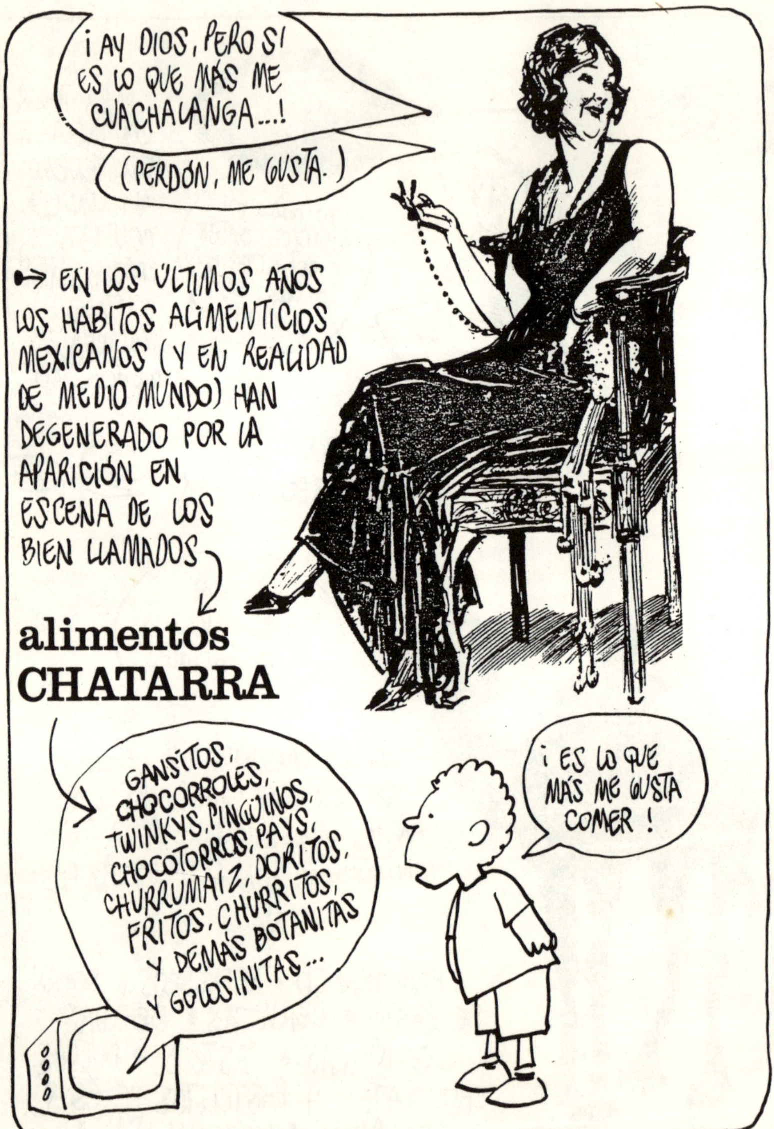
¡AY DIOS, PERO SÍ ES LO QUE MÁS ME CUACHALANGA...!
(PERDÓN, ME GUSTA.)
EN LOS ÚLTIMOS AÑOS LOS HÁBITOS ALIMENTICIOS MEXICANOS (Y EN REALIDAD DE MEDIO MUNDO) HAN DEGENERADO POR LA APARICIÓN EN ESCENA DE LOS BIEN LLAMADOS
alimentos CHATARRA
GANSITOS, CHOCORROLES, TWINKYS, PINGÜINOS, CHOCOTORROS, PAYS, CHURRUMAIZ, DORITOS, FRITOS, CHURRITOS, Y DEMÁS BOTANITAS Y GOLOSINITAS...
¡ES LO QUE MÁS ME GUSTA COMER!

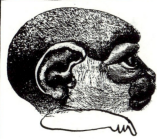

ESTO ES LO QUE NO DICEN EN LA TELE DE LOS PASTELITOS CHATARRA:

que contiene cualquier pan blanco, y en comparación con la tortilla que contiene aproximadamente 6%, ésta supera considerablemente la calidad nutricional de los tales pastelillos. Pero más aún, si comparamos los precios de la proteína que ingerimos en forma de tortilla o pan blanco, la diferencia es dramática. Efectivamente, en las tortillas compramos el gramo de proteína a 54 centavos, en el pan blanco a 85 centavos. Por el contrario, el precio que pagamos por el gramo de proteína en pasteles y pastelillos oscila entre $12.40 y $25.00 o sea entre 25 y 50 veces más caro con respecto al pan o la tortilla. Pero habiendo comprobado que a los consumidores no parece importarles ni el precio ni la nutrición, habría que hacer algunos señalamientos acerca de los ingredientes de estos productos.

Por ejemplo, se emplean para su elaboración generalmente las llamadas grasas saturadas, mismas que se han asociado con numerosos padecimientos, altos niveles de colesterol en la sangre, mayor incidencia de problemas cardiovasculares, etc. Por otra parte los rellenos cremosos no están elaborados con leche sino con aceite de coco hidrogenado o vegetales hidrogenados. Las cubiertas aparentemente de "chocolate" están compuestas con un mínimo de cocoa para darle color y con una sustantiva cantidad de sabores artificiales, agentes químicos, sintéticos y colorantes mismos que suelen producir en muchos niños problemas de conducta tales como la hiperactividad, que les impide a los niños concentrarse en la escuela, atender sus tareas y obligaciones y los lleva a desarrollar una conducta errática, desordenada, propensa a accidentes y en general una mala conducta. A su vez los numerosos agentes conservadores que sirven para limitar el crecimiento de microorganismos también aumenta la dosis percápita ingerida a través de numerosos alimentos industrializados y puede llevar, a largo plazo, a inciertos padecimientos.

Por supuesto, su contenido de vitaminas y minerales prácticamente es nulo, lo que también es importante, ya que tanto niños como adultos acuden al consumo de estos productos en detrimento de los verdaderos alimentos, lo que puede tener incidencia directa en los factores de crecimiento, reparación biológica y desarrollo intelectual.

Por otra parte, como más adelante señalaremos, si la mayoría de los consumidores creen que estos productos son inocuos desde un punto de vista bacteriológico o sanitario, están equivocados ya que nuestros análisis químicos detectaron algunas contaminaciones.

(Guía del Consumidor).

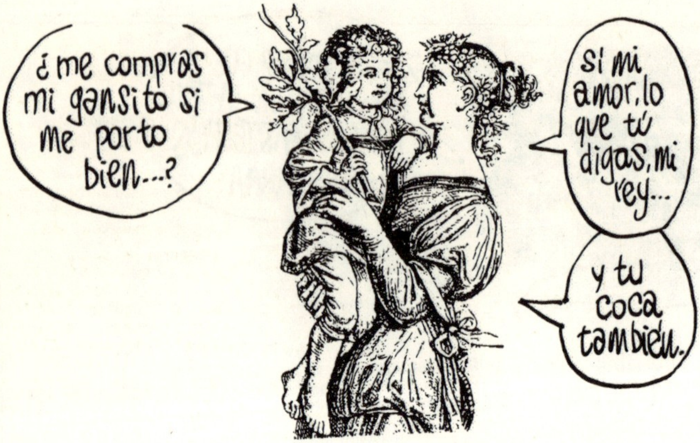
¿me compras mi gansito si me porto bien...?
si mi amor, lo que tú digas, mi rey...
y tu coca también.

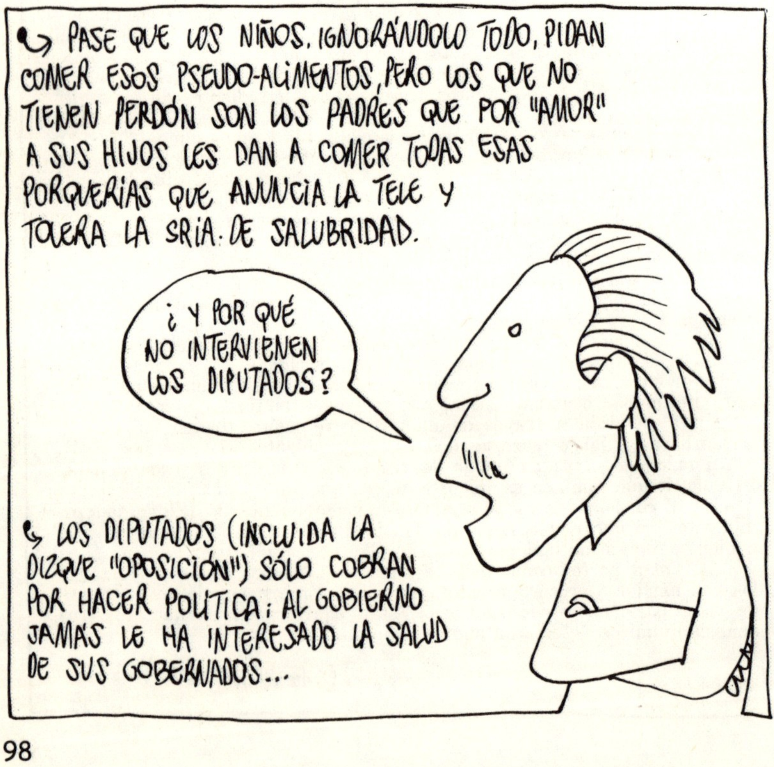
PASE QUE LOS NIÑOS, IGNORÁNDOLO TODO, PIDAN COMER ESOS PSEUDO-ALIMENTOS, PERO LOS QUE NO TIENEN PERDÓN SON LOS PADRES QUE POR "AMOR" A SUS HIJOS LES DAN A COMER TODAS ESAS PORQUERIAS QUE ANUNCIA LA TELE Y TOLERA LA SRIA. DE SALUBRIDAD.
¿Y POR QUÉ NO INTERVIENEN LOS DIPUTADOS?
LOS DIPUTADOS (INCLUIDA LA DIZQUE "OPOSICIÓN") SÓLO COBRAN POR HACER POLITICA; AL GOBIERNO JAMAS LE HA INTERESADO LA SALUD DE SUS GOBERNADOS...

La industrialización ha traído graves daños a la dieta mexicana

Ya no se consumen alimentos frescos, como antaño; urgen cambios alimentarios en América Latina

Es urgente cambiar la dieta de las clases populares, dado que hasta la estatura ha disminuido por el deterioro de la nutrición, no sólo de México, sino de América Latina, aseguró el doctor José María Bengoa, de la Fundación Cavendes de Venezuela.

En el Instituto Nacional de la Nutrición de la SS, durante el Simposio de Nutrición y Alimentos, se hizo evidente que en la ciudad de México se consumen diariamente más de 50 mil toneladas de alimentos, que constituyen la cuarta parte de los productos de este tipo que se comercializan en el país.

No obstante, las estadísticas señalan que el 60 por ciento de la población de la capital de la República se encuentra desnutrida.

Al respecto, la doctora María Durán, investigadora del Politécnico Nacional, agregó que ese porcentaje de población tiene una dieta sustentada a base de carbohidratos refinados (refrescos) y alimentos industrializados, con evidente falta de proteínas, rivoflabina y ácido ascórbico, entre otras carencias nutritivas, lo que provoca enfermedades gastrointestinales y respiratorias.

El doctor Bengoa, al abundar sobre la pobreza, explicó que este fenómeno social tiene dos facetas: la externa, que es la condición socioeconómica, y la interna, que se acentúa ante la ausencia de bienes y servicios y por la falta de un empleo bien remunerado, situación que afecta internamente al sujeto, al grado de colocarlo en un estado de depresión muy grave.

La pobreza, dijo, puede generar en el individuo importantes grados de agresividad, o por el contrario, desencadenar estados de pasividad que le impiden responder a estímulos.

Señaló que antes de la llegada de los españoles, los habitantes del sureste de la República consumían productos acuáticos de río y mar; carnes de venado, manatí y tortuga, junto con maíz, calabaza y frijol.

Disponían de papaya, aguacate, zapote, guayaba, mamey, jícama, camote y yuca. En el altiplano se consumía en aquellos tiempos maíz, mezquite, maguey y nopal, siendo imprescindible la calabaza, el chile y el amaranto; la carne de tlacuache, armadillo, conejo, rata y comadreja, sin olvidar los renacuajos, ajolotes, acosiles y la ahora famosa espirulina.

Los españoles trajeron para enriquecer la dieta, frutas como el higo, la naranja, la uva y legumbres como la zanahoria, cebolla, lechuga, ajo y pepino; también cereales como el arroz, trigo y avena, y leguminosas como garbanza, lenteja y habas.

Los conquistadores iniciaron en el nuevo mundo los cultivos de caña de azúcar y alfalfa, y trajeron vacas, cabras, gallinas, cerdos y patos, hasta entonces desconocidos para los indígenas.

Las amibas en la ...fera causan

La hemodilución, gran alternativa para evitar el peli...

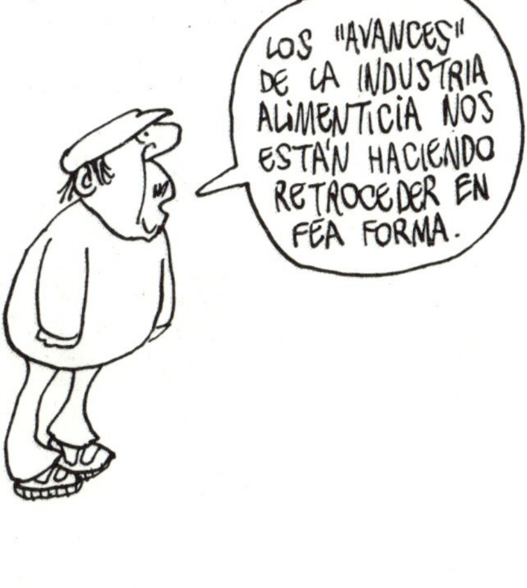
LOS "AVANCES" DE LA INDUSTRIA ALIMENTICIA NOS ESTÁN HACIENDO RETROCEDER EN FEA FORMA.

NUESTRA DIETA, A BASE DE CARBOHIDRATOS REFINADOS (Refrescos, harinas blancas, azúcar refinada) NO NOS ESTÁ ALIMENTANDO SINO DESNUTRIENDO Y ENFERMANDO...

¡COMER SE ESTÁ VOLVIENDO DE LO MÁS PELIGROSO!

Éstos son los "alimentos" más peligrosos para la salud:

→ ACEITES, MANTECAS, GRASAS Y MANTEQUILLA de ORIGEN ANIMAL

→ EL AZÚCAR REFINADA Y LOS DULCES

→ LOS REFRESCOS EMBOTELLADOS (sobre todo la Coca-cola)

→ EL PAN DE DULCE, EL PAN BLANCO, LAS GALLETAS Y PASTELES, Y TODO LO HECHO (gulp) CON HARINA BLANCA

→ LOS CORN-FLAKES Y DEMÁS CEREALES INDUSTRIALIZADOS

→ EL ARROZ PULIDO ← al rato veremos por qué

→ MERMELADAS, FRUTAS ENLATADAS, PASTELITOS, CHOCOLATES (por el azúcar y la química que contienen)

→ SALCHICHAS, SALAMIS Y JAMONES

→ LOS CUBOS DE "CALDO DE POLLO"

o sea, todo lo que es industrializado que contiene colorantes, saborizantes, conservadores, harinas refinadas y azúcar refinada.

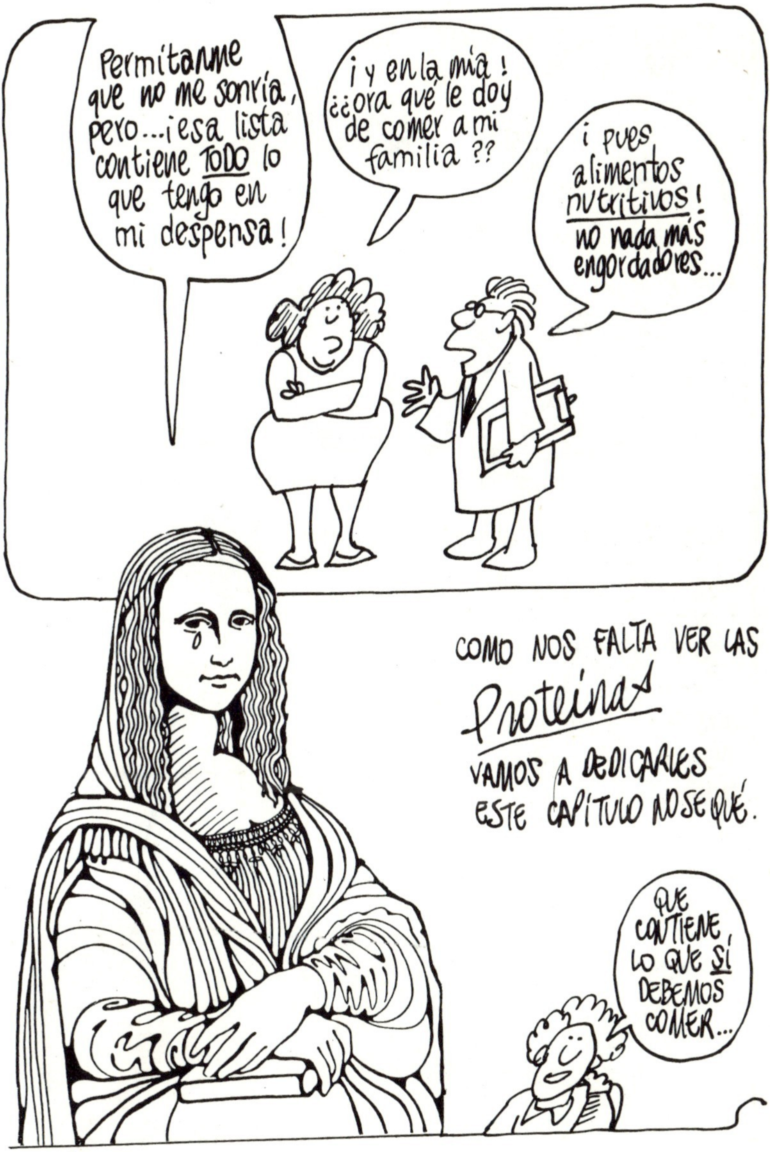
Permitanme que no me sonría, pero... ¡esa lista contiene TODO lo que tengo en mi despensa!
¡y en la mía! ¿¿ora qué le doy de comer a mi familia??
¡pues alimentos nutritivos! no nada más engordadores...
COMO NOS FALTA VER LAS Proteinas VAMOS A DEDICARLES ESTE CAPÍTULO NO SE QUÉ.
QUE CONTIENE LO QUE SÍ DEBEMOS COMER...

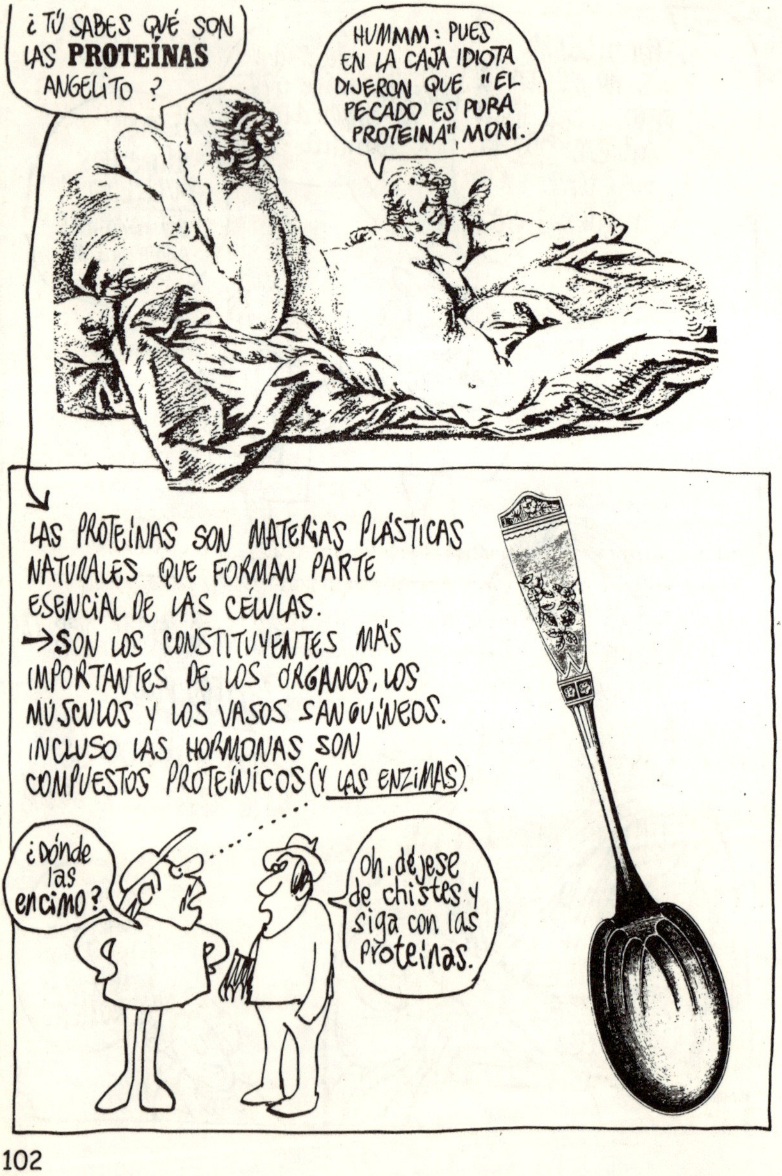
¿TÚ SABES QUÉ SON LAS PROTEÍNAS ANGELITO ?
HUMMM: PUES EN LA CAJA IDIOTA DIJERON QUE "EL PECADO ES PURA PROTEINA", MONI.
LAS PROTEINAS SON MATERIAS PLÁSTICAS NATURALES QUE FORMAN PARTE ESENCIAL DE LAS CÉLULAS.
→SON LOS CONSTITUYENTES MÁS IMPORTANTES DE LOS ÓRGANOS, LOS MÚSCULOS Y LOS VASOS SANGUÍNEOS.
INCLUSO LAS HORMONAS SON COMPUESTOS PROTEÍNICOS (Y LAS ENZIMAS).
¿Dónde las encimo?
Oh, déjese de chistes y siga con las proteínas.

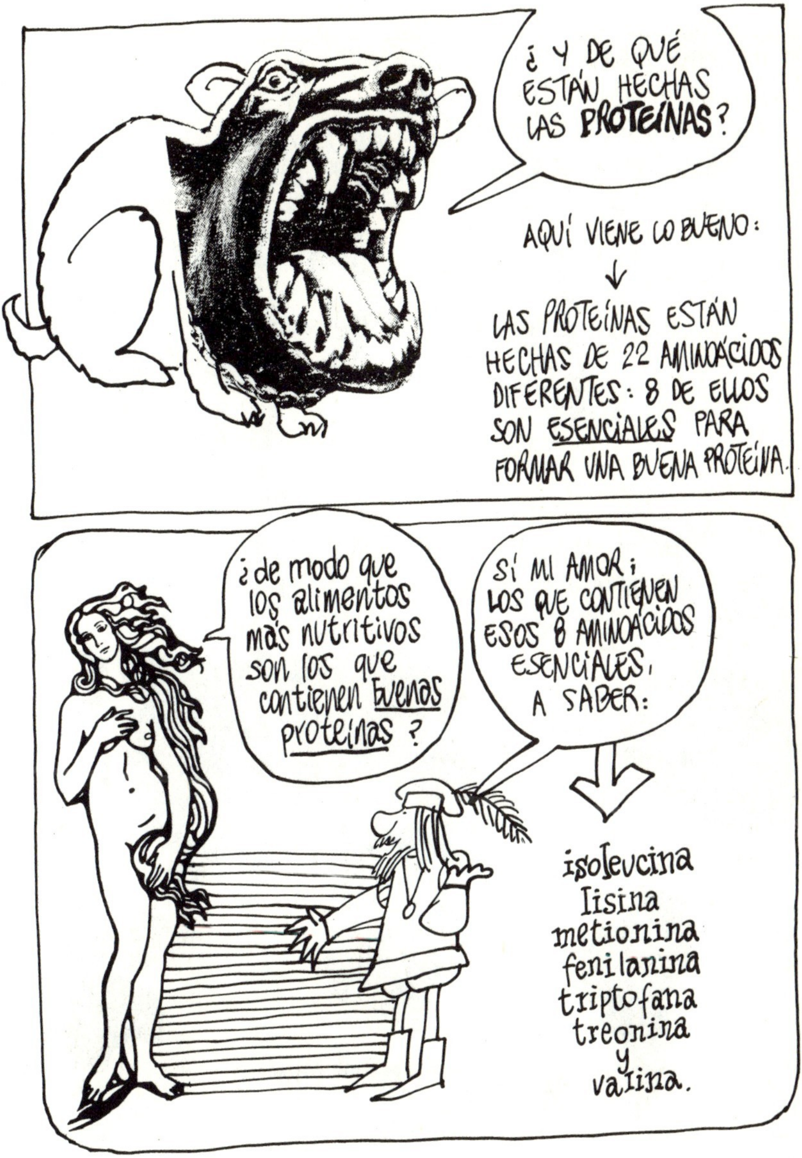
¿Y DE QUÉ ESTÁN HECHAS LAS **PROTEÍNAS**?
AQUÍ VIENE LO BUENO:
LAS PROTEÍNAS ESTÁN HECHAS DE 22 AMINOÁCIDOS DIFERENTES: 8 DE ELLOS SON ESENCIALES PARA FORMAR UNA BUENA PROTEÍNA.
¿de modo que los alimentos más nutritivos son los que contienen buenas proteínas?
SÍ MI AMOR; LOS QUE CONTIENEN ESOS 8 AMINOÁCIDOS ESENCIALES, A SABER:
isoleucina
lisina
metionina
fenilanina
triptofana
treonina
y
valina.

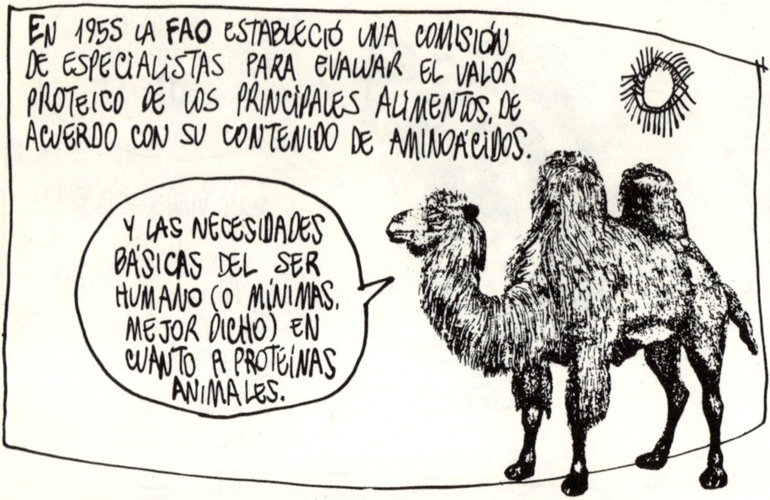
EN 1955 LA FAO ESTABLECIÓ UNA COMISIÓN DE ESPECIALISTAS PARA EVALUAR EL VALOR PROTEICO DE LOS PRINCIPALES ALIMENTOS, DE ACUERDO CON SU CONTENIDO DE AMINOÁCIDOS.
Y LAS NECESIDADES BÁSICAS DEL SER HUMANO (O MÍNIMAS, MEJOR DICHO) EN CUANTO A PROTEÍNAS ANIMALES.

ENTRE OTRAS IMPORTANTES CONCLUSIONES, LA FAO ELABORÓ UNA "GEOGRAFÍA DEL HAMBRE", UN MAPA EN EL CUAL SE PUEDEN VER LAS ZONAS "BIEN ALIMENTADAS" Y LAS QUE NO:

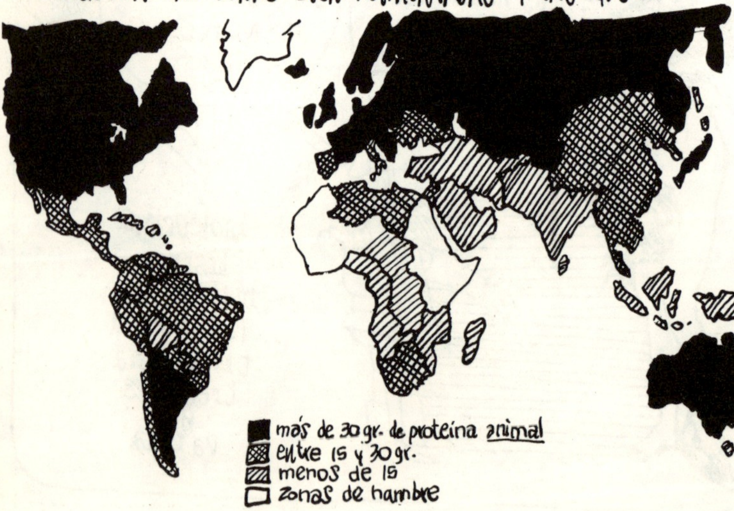
más de 30 gr. de proteína animal
entre 15 y 30 gr.
menos de 15
zonas de hambre

COMO LA MISMA **FAO** FIJÓ COMO CONSUMO MINIMO NECESARIO LA CANTIDAD DE 45 gramos DIARIOS DE PROTEINA (QUE SEGÚN LA FAO EQUIVALE A 75gr. de CARNE* SIN GRASA, UN HUEVO Y UN VASO DE LECHE), SE PUEDE VER FÁCILMENTE QUE TODO EL MUNDO ESTÁ POR DEBAJO DE ESE NIVEL. CON SUS EXCEPCIONES...

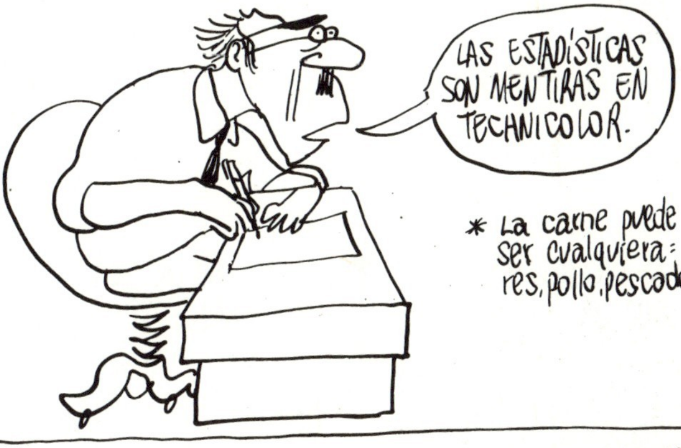
LAS ESTADÍSTICAS SON MENTIRAS EN TECHNICOLOR.

* La carne puede ser cualquiera: res, pollo, pescado.

LAS ESTADÍSTICAS SON DEMASIADO TRAMPOSAS Y SE BASAN EN INFORMES OFICIALES, QUE POR LO GENERAL NO SON NADA CONFIABLES NI SEGUROS.

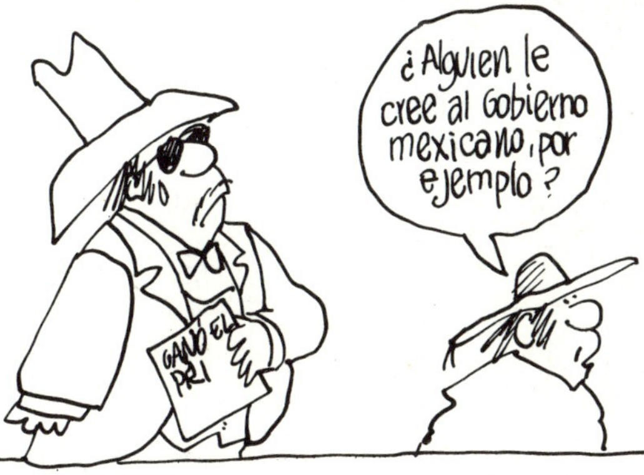
GANÓ EL PRI
¿Alguien le cree al Gobierno mexicano, por ejemplo?

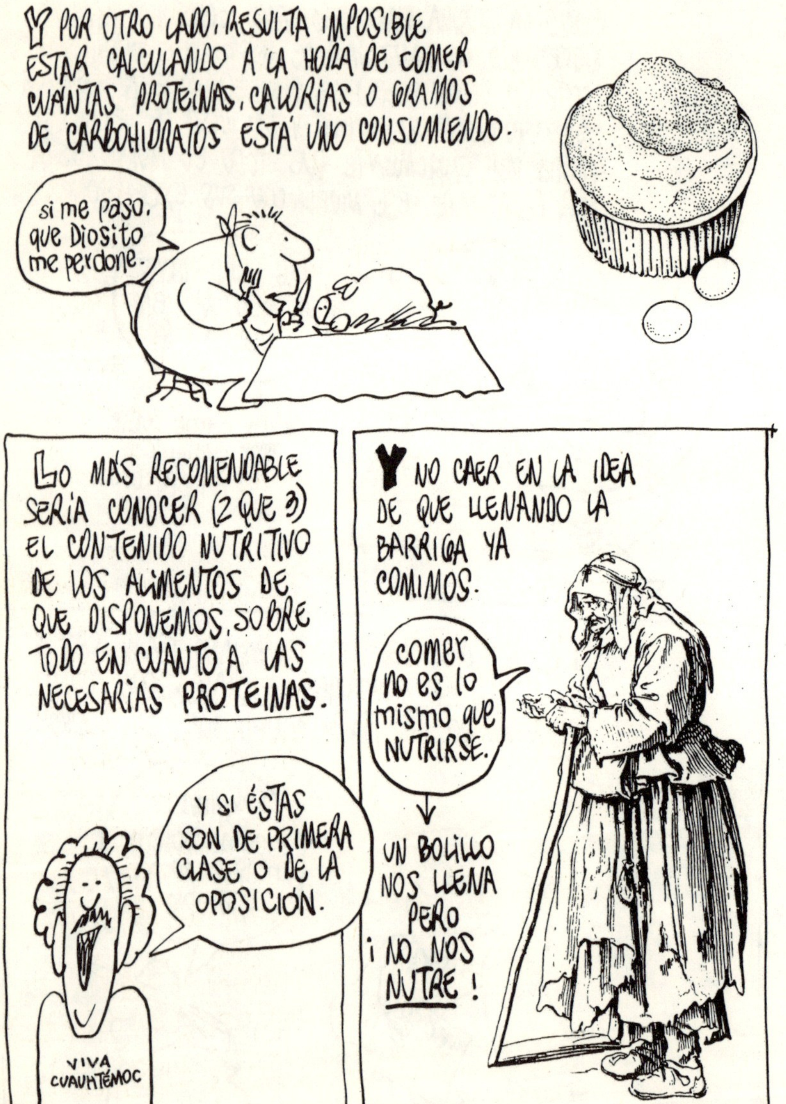
Y POR OTRO LADO, RESULTA IMPOSIBLE ESTAR CALCULANDO A LA HORA DE COMER CUÁNTAS PROTEÍNAS, CALORÍAS O GRAMOS DE CARBOHIDRATOS ESTÁ UNO CONSUMIENDO.
si me paso, que Diosito me perdone.
LO MÁS RECOMENDABLE SERÍA CONOCER (2 QUE 3) EL CONTENIDO NUTRITIVO DE LOS ALIMENTOS DE QUE DISPONEMOS, SOBRE TODO EN CUANTO A LAS NECESARIAS PROTEÍNAS.
Y SI ÉSTAS SON DE PRIMERA CLASE O DE LA OPOSICIÓN.
VIVA CUAUHTÉMOC
Y NO CAER EN LA IDEA DE QUE LLENANDO LA BARRIGA YA COMIMOS.
comer no es lo mismo que NUTRIRSE.
UN BOLILLO NOS LLENA PERO ¡NO NOS NUTRE!

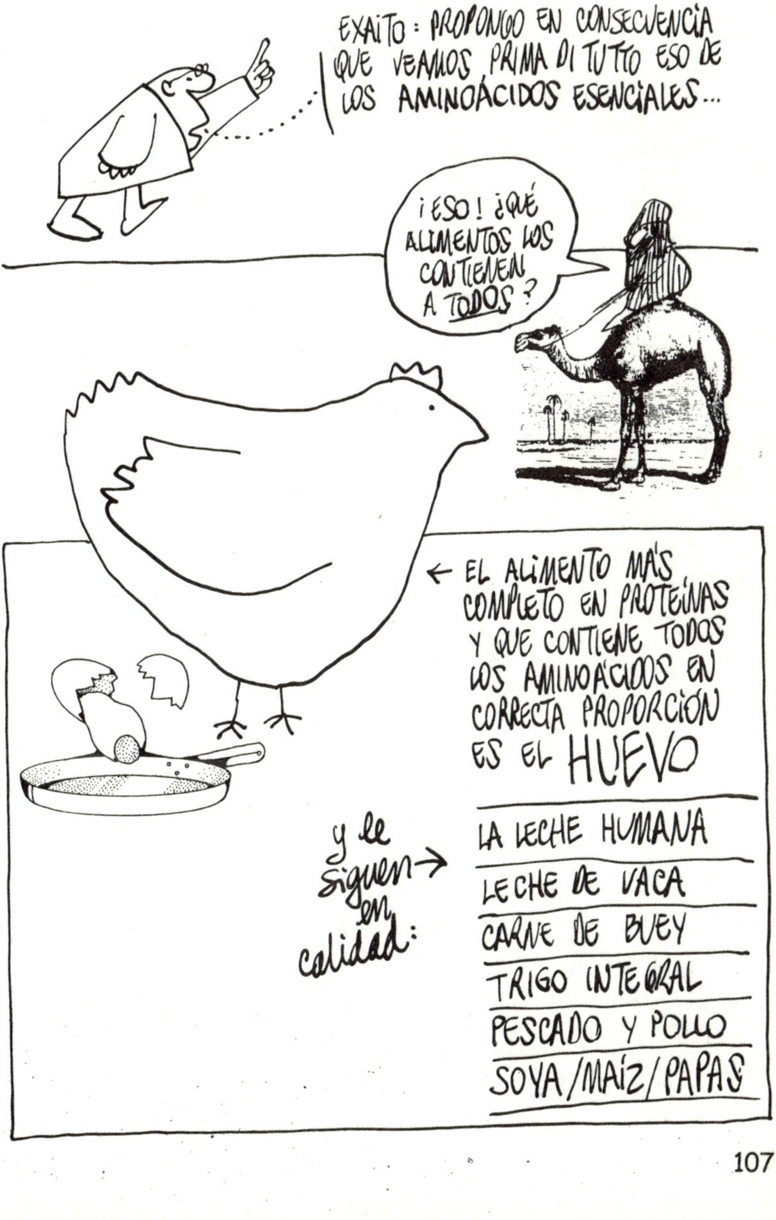
EXAITO: PROPONGO EN CONSECUENCIA QUE VEAMOS PRIMA DI TUTTO ESO DE LOS AMINOÁCIDOS ESENCIALES...
¡ESO! ¿QUÉ ALIMENTOS LOS CONTIENEN A TODOS?
← EL ALIMENTO MÁS COMPLETO EN PROTEÍNAS Y QUE CONTIENE TODOS LOS AMINOÁCIDOS EN CORRECTA PROPORCIÓN ES EL HUEVO
y le siguen en calidad:
LA LECHE HUMANA
LECHE DE VACA
CARNE DE BUEY
TRIGO INTEGRAL
PESCADO Y POLLO
SOYA/MAÍZ/PAPAS

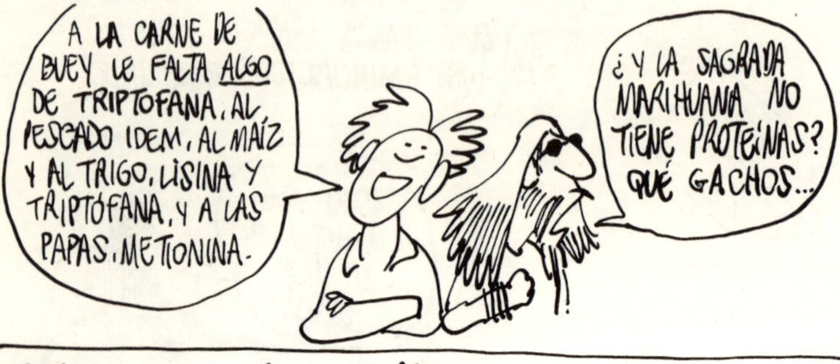
A LA CARNE DE BUEY LE FALTA ALGO DE TRIPTOFANA. AL PESCADO IDEM. AL MAÍZ Y AL TRIGO, LISINA Y TRIPTÓFANA, Y A LAS PAPAS, METIONINA.
¿Y LA SAGRADA MARIHUANA NO TIENE PROTEÍNAS? QUÉ GACHOS...

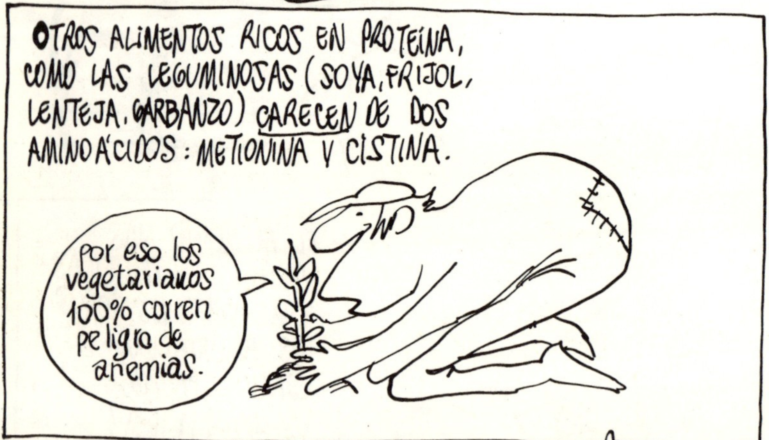
OTROS ALIMENTOS RICOS EN PROTEÍNA, COMO LAS LEGUMINOSAS (SOYA, FRIJOL, LENTEJA, GARBANZO) CARECEN DE DOS AMINOÁCIDOS: METIONINA Y CISTINA.
por eso los vegetarianos 100% corren peligro de anemias.

EL RÉGIMEN IDEAL (NO POLÍTICO, PLIS) DEBE SER COMBINADO: PROTEÍNAS DE ORIGEN ANIMAL CON PROTEÍNAS DE ORIGEN VEGETAL. ACTUALMENTE SE PUEDE LLEVAR UNA ALIMENTACIÓN VEGETARIANA AÑADIENDO A LA DIETA PEQUEÑAS CANTIDADES DE PRODUCTOS DE ORIGEN ANIMAL (HUEVO, LÁCTEOS) Y NUTRIRSE MARAVILLOSAMENTE BIEN.

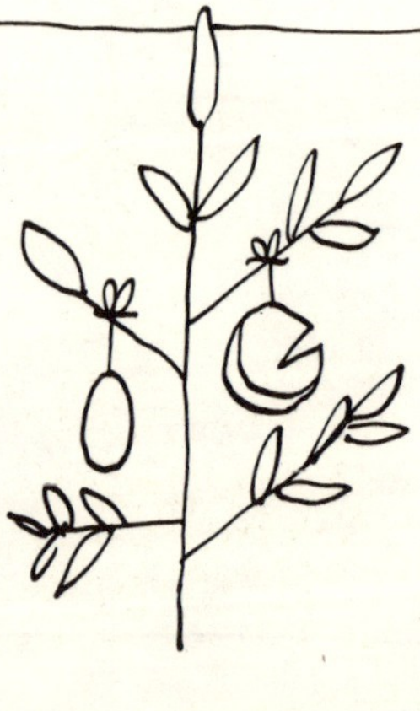

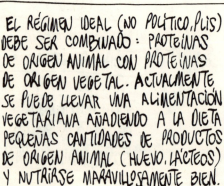

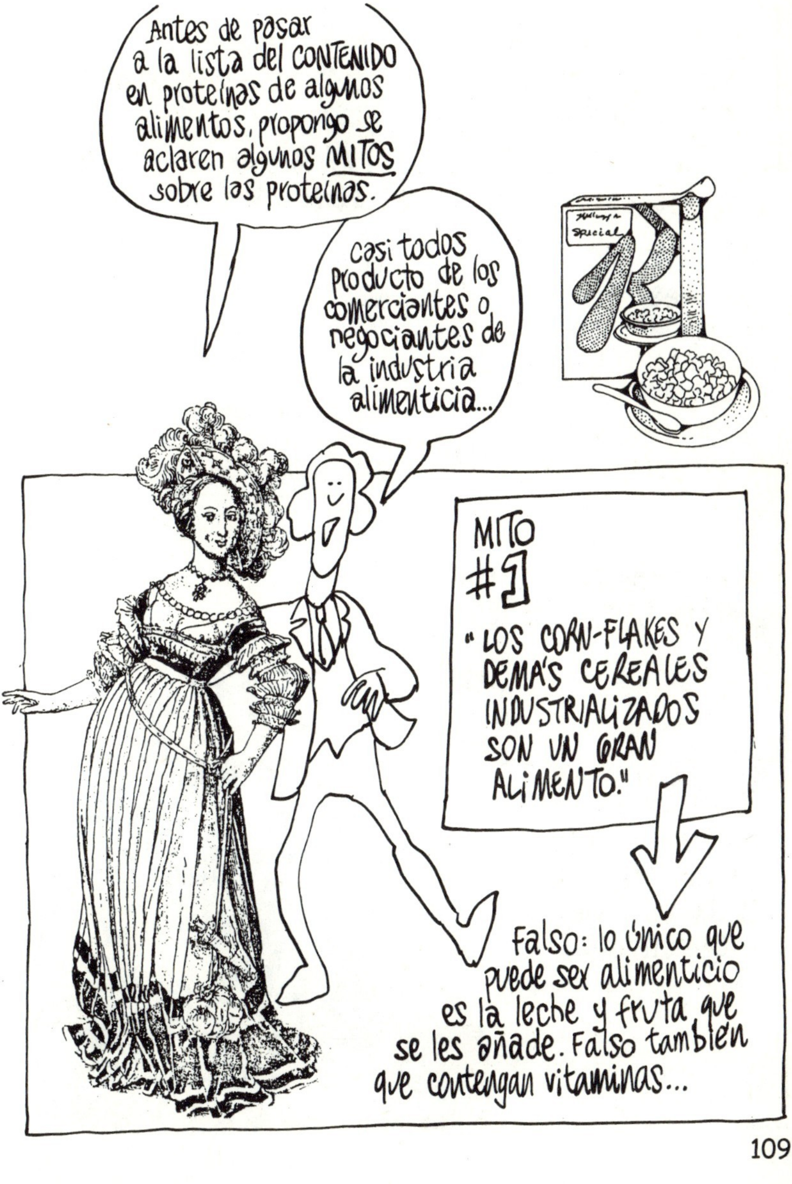
Antes de pasar a la lista del CONTENIDO en proteínas de algunos alimentos, propongo se aclaren algunos MITOS sobre las proteínas.
casi todos producto de los comerciantes o negociantes de la industria alimenticia...
Special
MITO #1
"LOS CORN-FLAKES Y DEMÁS CEREALES INDUSTRIALIZADOS SON UN GRAN ALIMENTO."
Falso: lo único que puede ser alimenticio es la leche y fruta que se les añade. Falso tambien que contengan vitaminas...

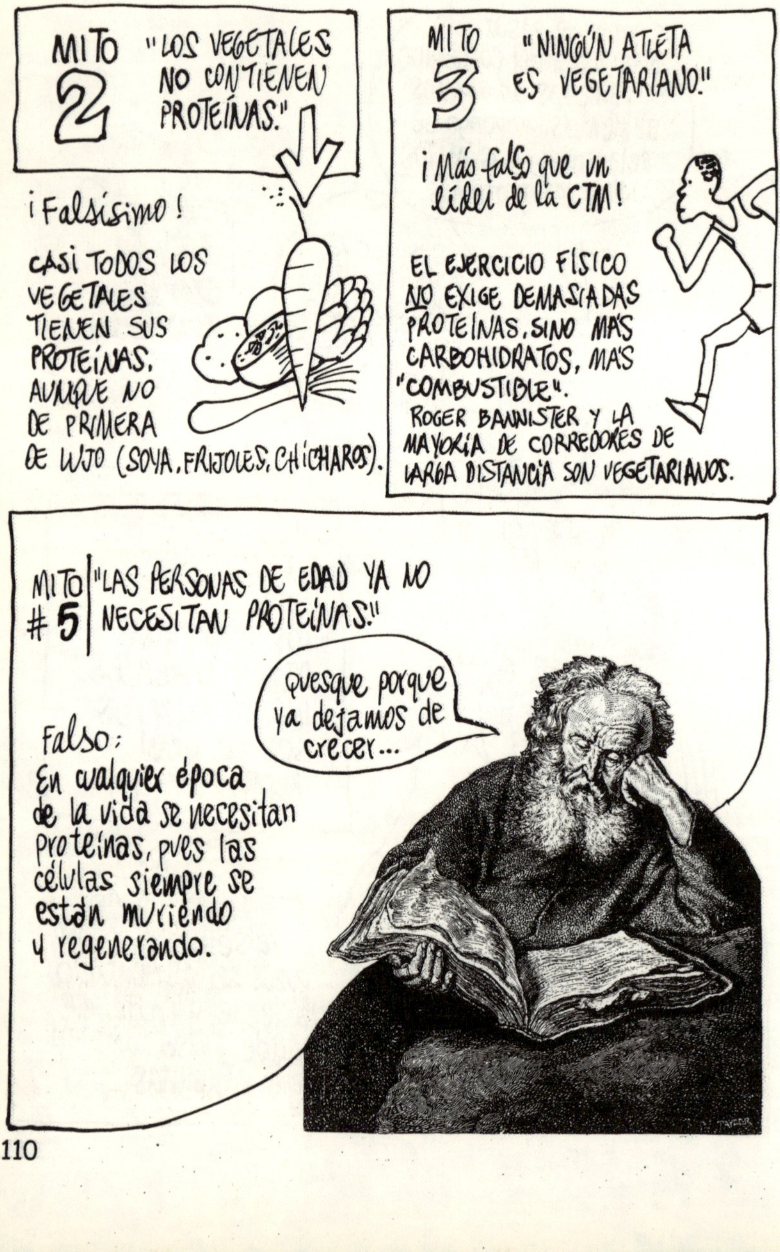
MITO 2
"LOS VEGETALES NO CONTIENEN PROTEÍNAS."
¡Falsísimo!
CASI TODOS LOS VEGETALES TIENEN SUS PROTEÍNAS, AUNQUE NO DE PRIMERA DE LUJO (SOYA, FRIJOLES, CHÍCHAROS).
MITO 3
"NINGÚN ATLETA ES VEGETARIANO."
¡Más falso que un líder de la CTM!
EL EJERCICIO FÍSICO NO EXIGE DEMASIADAS PROTEINAS, SINO MÁS CARBOHIDRATOS, MÁS "COMBUSTIBLE".
ROGER BANNISTER Y LA MAYORÍA DE CORREDORES DE LARGA DISTANCIA SON VEGETARIANOS.
MITO # 5
"LAS PERSONAS DE EDAD YA NO NECESITAN PROTEÍNAS."
Quesque porque ya dejamos de crecer...
Falso:
En cualquier época de la vida se necesitan proteínas, pues las células siempre se están muriendo y regenerando.

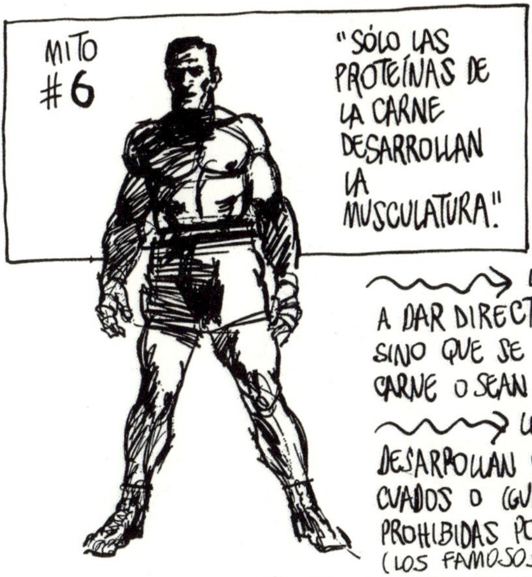
MITO #6
"SÓLO LAS PROTEÍNAS DE LA CARNE DESARROLLAN LA MUSCULATURA."

¡Falsísimo!

→ LAS PROTEINAS NO VAN A DAR DIRECTAMENTE A LOS MÚSCULOS SINO QUE SE METABOLIZAN, SEAN DE CARNE O SEAN DE FRIJOLES.

→ LOS MÚSCULOS SÓLO SE DESARROLLAN CON EJERCICIOS ADECUADOS O (GULP) CON DROGAS YA PROHIBIDAS POR DAÑINAS A LA SALUD (LOS FAMOSOS ANABÓLICOS).

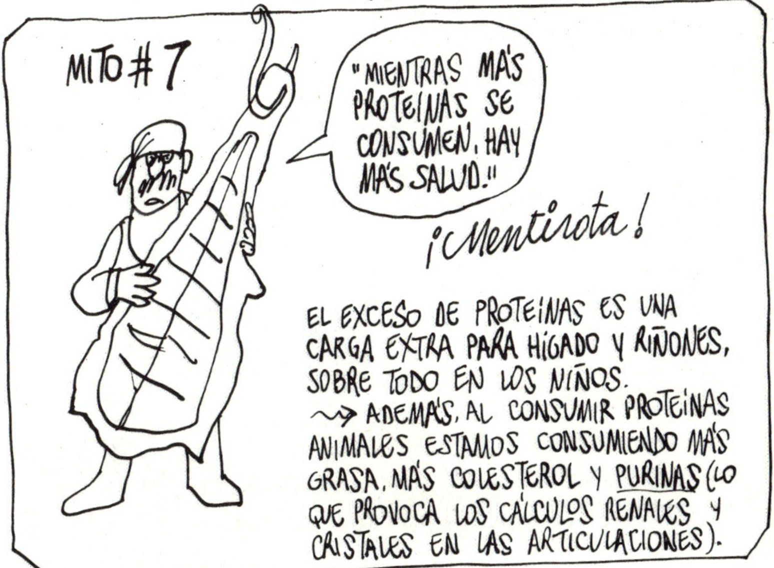
MITO #7
"MIENTRAS MÁS PROTEINAS SE CONSUMEN, HAY MÁS SALUD."
¡Mentirota!
EL EXCESO DE PROTEINAS ES UNA CARGA EXTRA PARA HÍGADO Y RIÑONES, SOBRE TODO EN LOS NIÑOS.
→ ADEMÁS, AL CONSUMIR PROTEINAS ANIMALES ESTAMOS CONSUMIENDO MÁS GRASA, MÁS COLESTEROL Y PURINAS (LO QUE PROVOCA LOS CÁLCULOS RENALES Y CRISTALES EN LAS ARTICULACIONES).

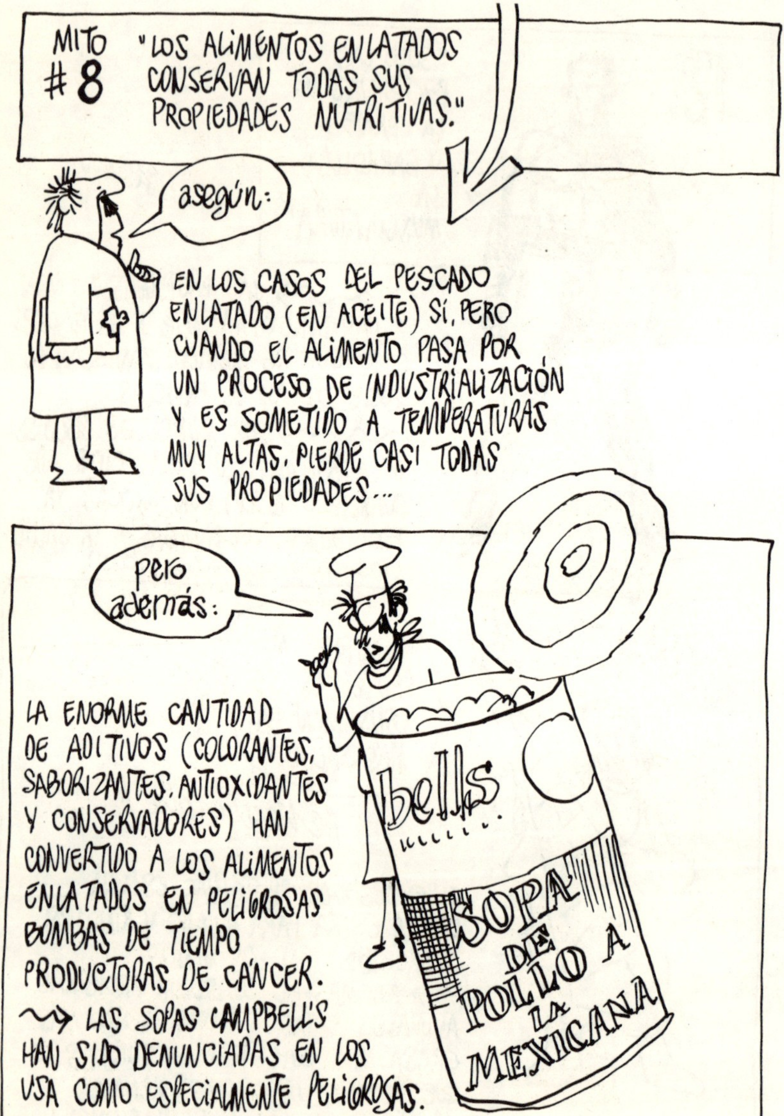
MITO #8
"LOS ALIMENTOS ENLATADOS CONSERVAN TODAS SUS PROPIEDADES NUTRITIVAS."
asegún:
EN LOS CASOS DEL PESCADO ENLATADO (EN ACEITE) SÍ, PERO CUANDO EL ALIMENTO PASA POR UN PROCESO DE INDUSTRIALIZACIÓN Y ES SOMETIDO A TEMPERATURAS MUY ALTAS, PIERDE CASI TODAS SUS PROPIEDADES...
pero además:
LA ENORME CANTIDAD DE ADITIVOS (COLORANTES, SABORIZANTES, ANTIOXIDANTES Y CONSERVADORES) HAN CONVERTIDO A LOS ALIMENTOS ENLATADOS EN PELIGROSAS BOMBAS DE TIEMPO PRODUCTORAS DE CÁNCER.
→ LAS SOPAS CAMPBELL'S HAN SIDO DENUNCIADAS EN LOS USA COMO ESPECIALMENTE PELIGROSAS.
bells
SOPA DE POLLO A LA MEXICANA

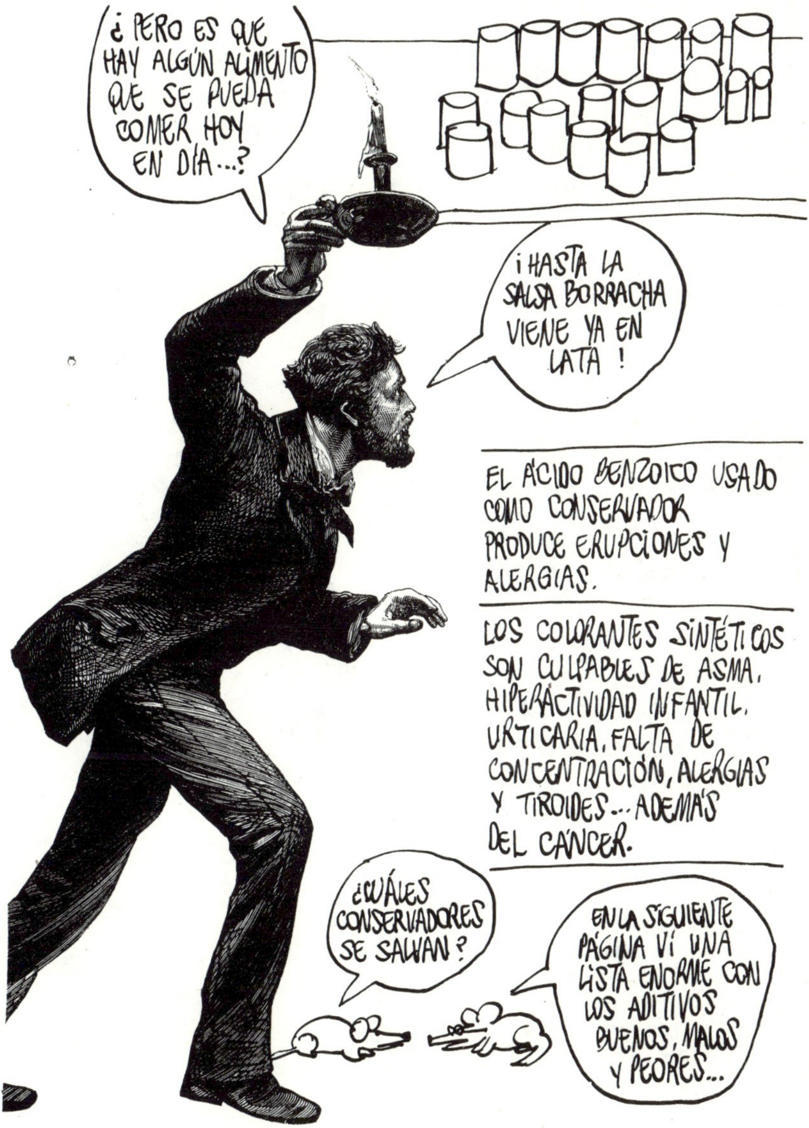
¿PERO ES QUE HAY ALGÚN ALIMENTO QUE SE PUEDA COMER HOY EN DÍA...?
¡HASTA LA SALSA BORRACHA VIENE YA EN LATA!
EL ÁCIDO BENZOICO USADO COMO CONSERVADOR PRODUCE ERUPCIONES Y ALERGIAS.
LOS COLORANTES SINTÉTICOS SON CULPABLES DE ASMA, HIPERACTIVIDAD INFANTIL, URTICARIA, FALTA DE CONCENTRACIÓN, ALERGIAS Y TIROIDES... ADEMÁS DEL CÁNCER.
¿CUÁLES CONSERVADORES SE SALVAN?
EN LA SIGUIENTE PÁGINA VI UNA LISTA ENORME CON LOS ADITIVOS BUENOS, MALOS Y PEORES...

COLORANTES PELIGROSOS

↓

TARTRACINA (amarillo limón)
QUINOLEINA (amarillo)
AZORUBINA (rojo)
ERITROCINA (rosa)
AZUL PATENTE (azul)
INDIGOTINA (azul)
NEGRO BRILLANTE (negro)
BIXINA (anaranjado)
CARMIN (rojo, de la cochinilla)
AMARANTO (rojo cereza)

COLORANTES INOCUOS

↓

LACTOFLAVINA (amarillo)
RIBOFLAVINA (amarillo)
CLOROFILA (verde)
CARAMELO (marrón)
CAROTENO (naranja)
XANTÓFILA (naranja)
BETANINA (rojo)
ANTOCIANAS (azul-rojo)
DIÓXIDO DE TITANIO (blanco)

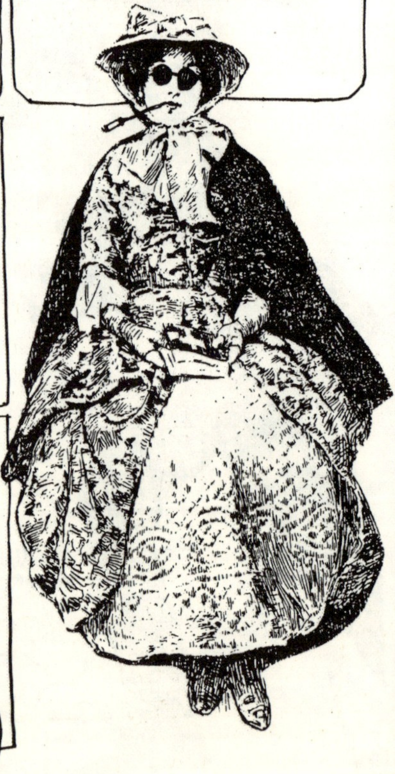

CONSERVADORES PELIGROSOS (Y SU USO)

↓

ACIDO BENZOICO Y BENZOATOS → en mayonesas
DIÓXIDO DE AZUFRE (en vino y frutas)
NITRITO SÓDICO (en carnes)
NITRATO DE POTASIO (en sopas)
NITRATO SÓDICO (quesos, jamones)

CONSERVADORES NECESARIOS (E INOCUOS)

↓

ACIDO FÓRMICO (en escabeches)
ACIDO SÓRBICO (en margarinas)
ÉSTER DE PHB (en escabeches)

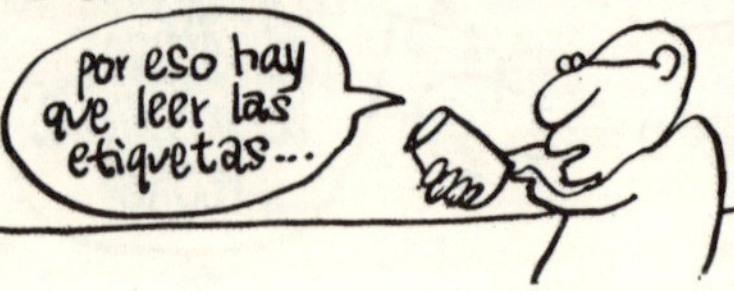
por eso hay que leer las etiquetas...

ASÍ, LA HONORABLE INDUSTRIA ALIMENTICIA "MEXICANA" HA LOGRADO LO QUE SE CREÍA IMPOSIBLE:

FABRICAR "ALIMENTOS" QUE NO ALIMENTAN.

ALIMENTOS TOTALMENTE ARTIFICIALES, A BASE DE ADITIVOS DE TODAS CLASES:

→ AROMATIZANTES → ALISADORES → ANTIESPUMANTES → ACIDULANTES → ANTIOXIDANTES → ASTRINGENTES → AMARGANTES → ANTIEXUDANTES → → ANTIHIGROSCÓPICOS → CONSERVADORES → COLORANTES SINTÉTICOS → DILUYENTES → EDULCORANTES → ESPESIFICANTES → EMULSIFICANTES → → ENDURECEDORES → CLARIFICANTES → ANTICOAGULANTES → PRESERVATIVOS (de otros) → GELIFICANTES → DISPERSANTES → HUMECTANTES Y ÉSTOS QUE PARECEN CHISTE: SECUESTRANTES Y DESNATURALIZADORES... (Y LOS IMPRESCINDIBLES SABORIZANTES Y SALADORES, GULP.)

Es decir, QUÍMICA nada más...

← SUSTANCIAS TOTALMENTE AJENAS AL ORGANISMO HUMANO...

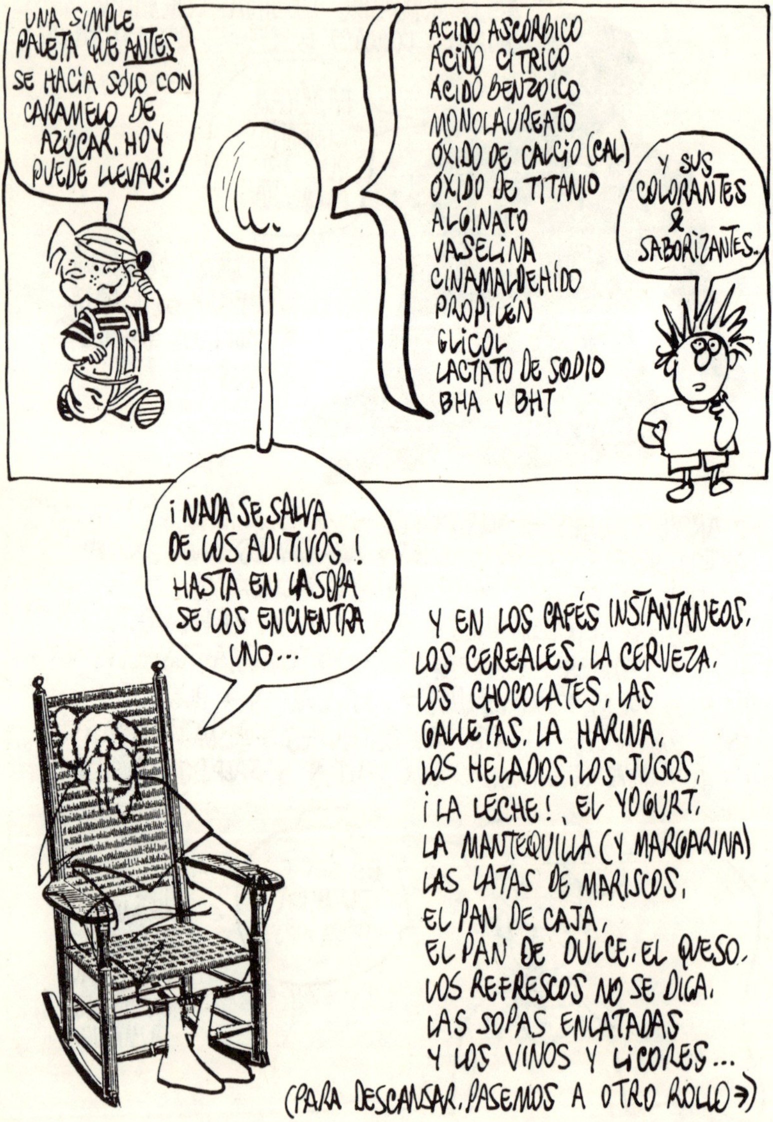
UNA SIMPLE PALETA QUE ANTES SE HACÍA SÓLO CON CARAMELO DE AZÚCAR. HOY PUEDE LLEVAR:
ÁCIDO ASCÓRBICO
ÁCIDO CÍTRICO
ÁCIDO BENZOICO
MONOLAUREATO
ÓXIDO DE CALCIO (CAL)
ÓXIDO DE TITANIO
ALGINATO
VASELINA
CINAMALDEHÍDO
PROPILÉN
GLICOL
LACTATO DE SODIO
BHA Y BHT
Y SUS COLORANTES & SABORIZANTES.
¡NADA SE SALVA DE LOS ADITIVOS! HASTA EN LA SOPA SE LOS ENCUENTRA UNO...
Y EN LOS CAFÉS INSTANTÁNEOS, LOS CEREALES, LA CERVEZA, LOS CHOCOLATES, LAS GALLETAS, LA HARINA, LOS HELADOS, LOS JUGOS, ¡LA LECHE!, EL YOGURT, LA MANTEQUILLA (Y MARGARINA) LAS LATAS DE MARISCOS, EL PAN DE CAJA, EL PAN DE DULCE, EL QUESO, LOS REFRESCOS NO SE DIGA, LAS SOPAS ENLATADAS Y LOS VINOS Y LICORES...
(PARA DESCANSAR, PASEMOS A OTRO ROLLO →)

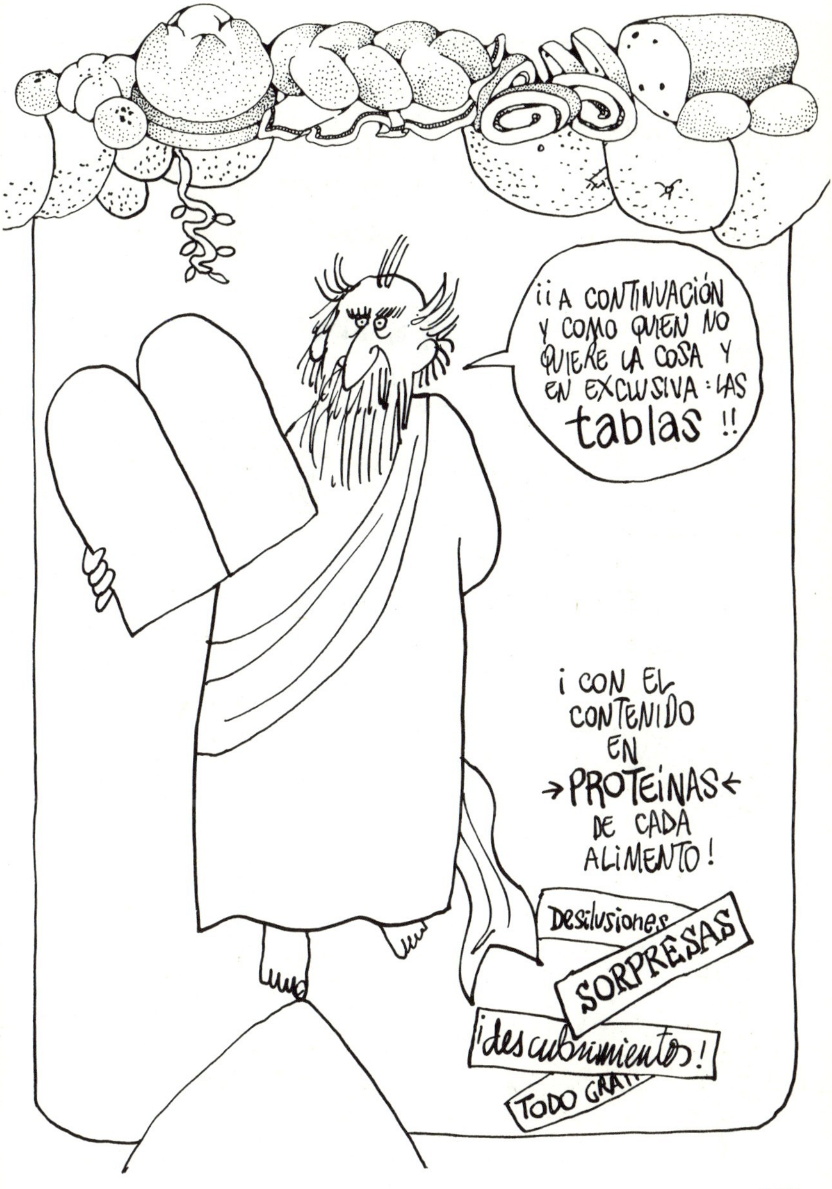

¡¡A CONTINUACIÓN Y COMO QUIEN NO QUIERE LA COSA Y EN EXCLUSIVA: LAS tablas !!
¡CON EL CONTENIDO EN →PROTEINAS← DE CADA ALIMENTO!
Desilusiones
SORPRESAS
¡descubrimientos!
TODO GRA

CARNES (100 gramos)

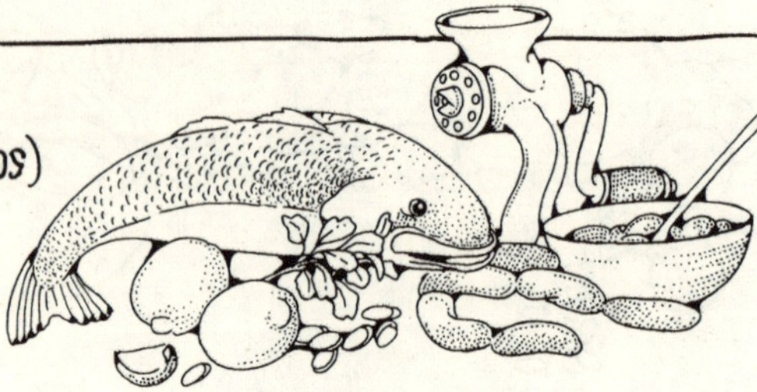

CARNERO ...	16 gr.
CONEJO ...	21
CORDERO ...	10.4
GALLINA ...	18
PATO	16
PAVO	22 ←
PICHÓN	22
POLLO	21
PUERCO	16
RES	20
TERNERA ..	19

PESCADOS Y MARISCOS

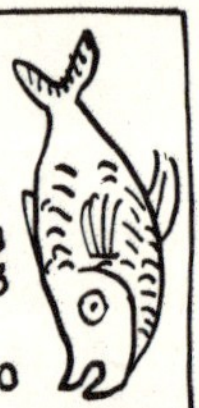

ARENQUE FRESCO	17
ARENQUE AHUMADO	22
ATÚN FRESCO	27 ←
ATÚN EN ACEITE	25
CALAMARES	16.5
CAMARONES	20
JAIBA, CANGREJO ..	16
OSTIONES	10
SARDINAS FRESCA	20
SARDINA EN ACEITE	23
TRUCHA, ROBALO, HUAUCHINANGO	20

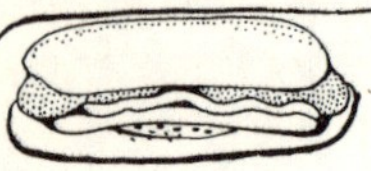

EMBUTIDOS

JAMÓN AHUMADO	17 gr.
JAMÓN COCIDO	21
JAMÓN SERRANO	15
MORCILLA	19
MORONGA	24 ←
PATÉ DE HÍGADO	7
SALAMI	15
SALCHICHAS	15

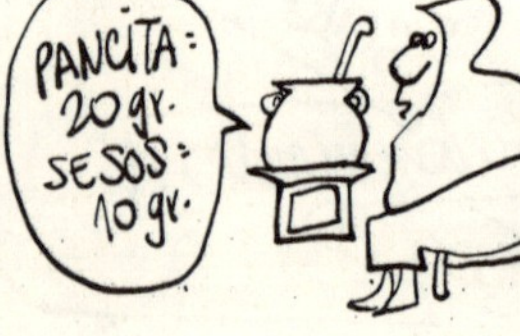
PANCITA: 20 gr. SESOS: 10 gr.

QUESOS

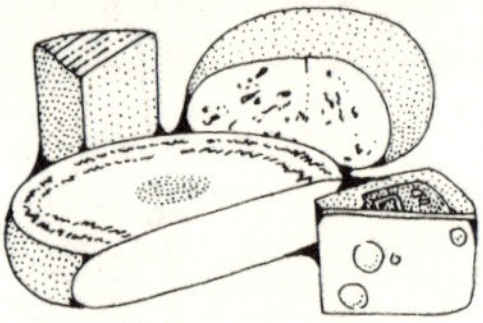

FRESCO	10 gr.	(Panelas)
FUNDIDO	15	(Chihuahua, Manchego)
GRASO	25	(Doble crema)
AZUL	24	
BRIE	17	
DE CABRA	27	
CAMEMBERT	18	
CUAJADA	18	(Requesón)
EDAM	27	
EMMENTHAL ...	28	
GOUDA	24	
PARMESANO	36 ←	
ROQUEFORT ...	23	

CEREALES

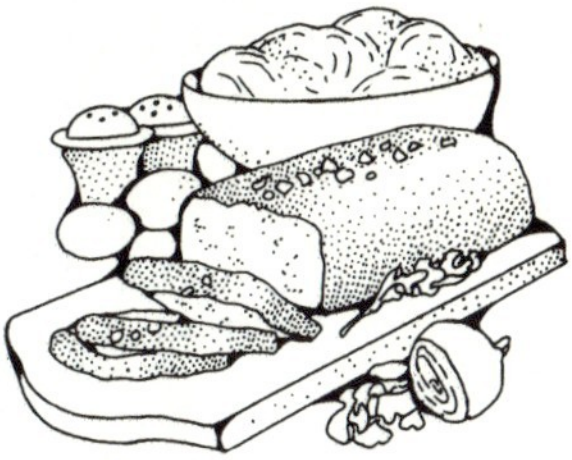

ARROZ PULIDO	7 gr.
ARROZ ENTERO	7.5
AVENA ENTERA	14
CEBADA PERLA	8.5
CENTENO	9
MAIZ ENTERO	9.5
MAIZ EN TORTILLA	5.6
TRIGO (GERMEN)	25. ←
TRIGO (PAN BLANCO)	7
TRIGO (PAN INTEGRAL)	8.5
PASTA PARA SOPA	13
PAN VIENÉS	8

LEGUMBRES

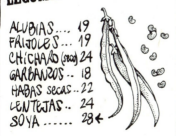

ALUBIAS	19
FRIJOLES	19
CHÍCHARO (seco)	24
GARBANZOS	18
HABAS secas	22
LENTEJAS	24
SOYA	28 ←

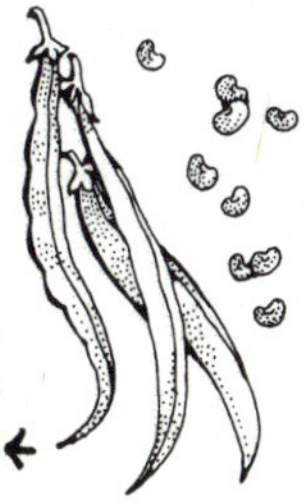

FRUTAS

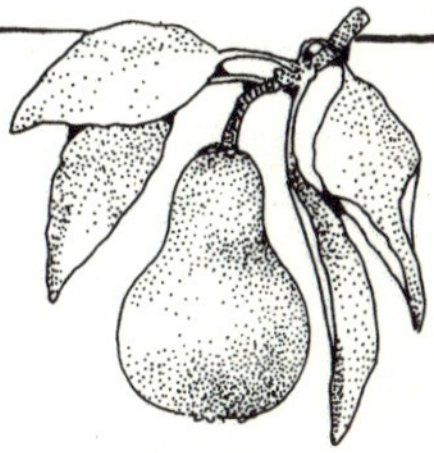

CIRUELAS	0.8 gr.
CHABACANOS	0.8
CHICOZAPOTE	0.5
DURAZNO	0.5
FRAMBUESAS	1
FRESAS	0.7
GUANÁBANA	0.4
HIGOS	1
LIMONES	0.7
MANDARINA	0.8
MANGO	0.4
MANZANA	0.5
MELÓN	1
NARANJA	0.7
PAPAYA	0.6
PERA	0.6
PLÁTANO	1.5 ←
SANDÍA	0.5
TORONJA	0.7
UVAS	1
ZARZAMORAS	1

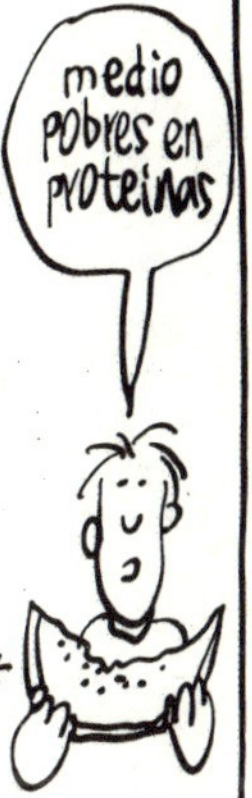
medio pobres en proteínas

FRUTA SECA

CIRUELA PASA	2.3
OREJON DE CHABACANO	4
DÁTILES	2.2
HIGO SECO	4.2
PASITAS	3
• NUECES	20
• ALMENDRAS	20

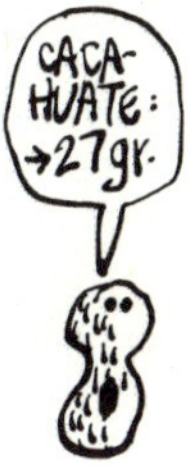
CACAHUATE: →27gr.

BEBIDAS

AGUA GASEOSA ..... 0 gr.
AGUA QUINADA 0
AGUARDIENTES 0
CACAO S/AZÚCAR ... 25 ←
CERVEZA 0.6
COCA-COLA 0
REFRESCOS 0
RON 0.5
CAFÉ 0
VINOS 0.1
WHISKEY 0

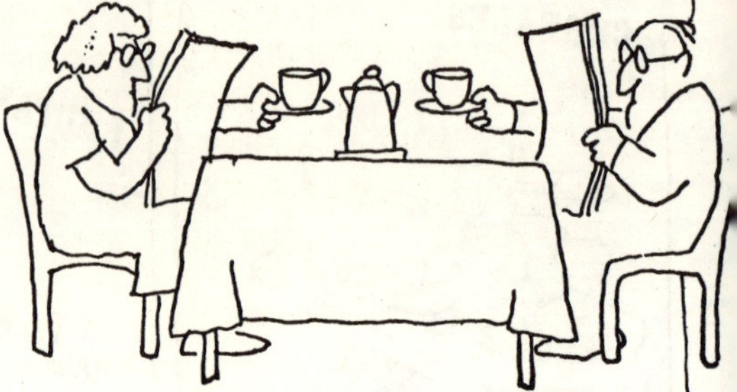

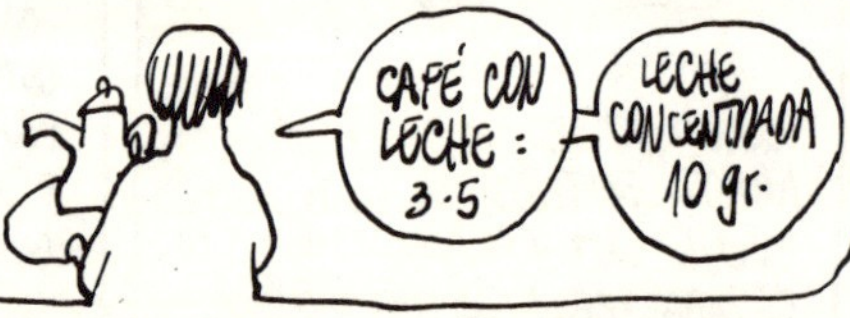
CAFÉ CON LECHE: 3.5
LECHE CONCENTRADA 10 gr.

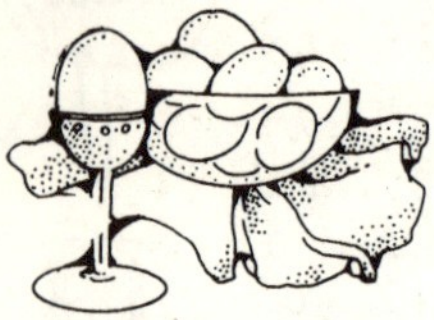

SU MAJESTAD EL HUEVO:

ENTERO 12.8
CLARA 11
YEMA 16

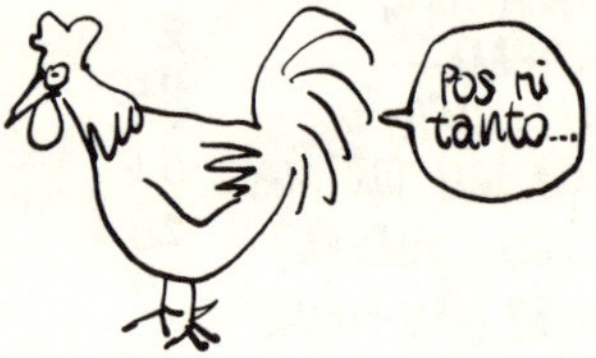
Pos ni tanto...

DULCES Y DEMÁS

ATES DE FRUTAS 0
AZÚCAR BLANCA 0
AZÚCAR MASCABADA ... 2
CARAMELOS 0
FRUTA CRISTALIZADA ... 0.1
MERMELADAS 0.3
MIEL DE ABEJA 0.3
NIEVES .... 15 ←
TURRONES 3
MERENGUES 1.7
PASTELITOS (chatarra) .. 0

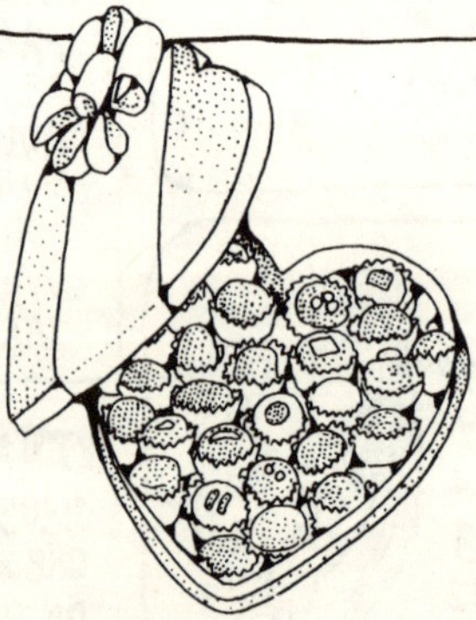

CHOCOLATES .... 6 (macizos)
RELLENOS 2
CON ALMENDRA, NUEZ. 7

VERDURAS →

AJOS	3.5
ACELGAS	2 gr.
AGUACATE	1.7
ALCACHOFAS	2
APIO	1.3
BERENJENAS	1.3
BERROS	1.7
BETABEL	0.6
BRÓCOLI	2.5
CALABACITAS	1.3
CALABAZA	1.7
CEBOLLAS	1.5
COL	1.4
COLIFLOR	2.4
COL DE BRUSELAS	4.0
CHAMPIÑONES	3.0
CHÍCHARO FRESCO	6.0
EJOTES	4.0
ELOTES	8.0 ←
ESPÁRRAGOS	1.8
ESPINACAS	2.1
FLOR DE CALABAZA	1.4
HABAS FRESCAS	5.4 ←
LECHUGA	1.5
NABOS	1.1
PAPAS	2
PEPINOS	0.7
PEREJIL	3.7
PIMIENTO MORRÓN	1.2
PORO	2
RÁBANOS	1.1
JITOMATES	1
ZANAHORIA	1.1

¡se les pasó el CHILE!

VA A LA VUELTA, ¡TÓMELO CON TEIKIRISY!

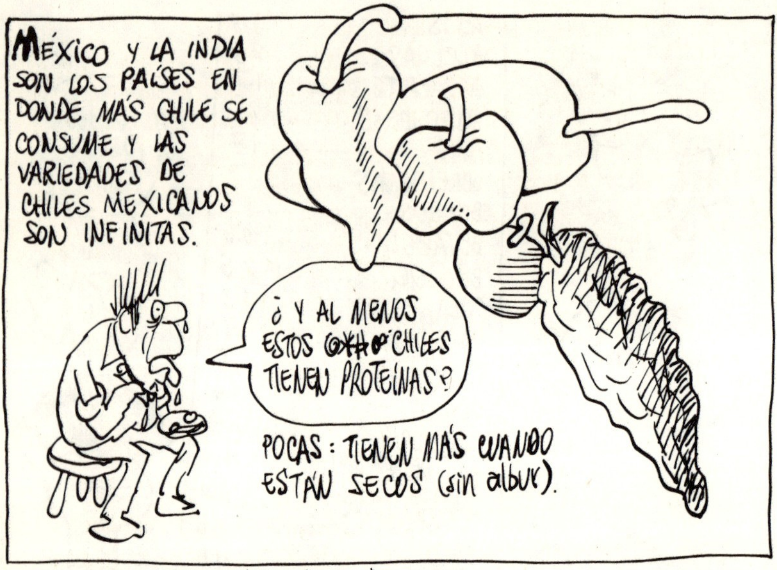
MÉXICO Y LA INDIA SON LOS PAÍSES EN DONDE MÁS CHILE SE CONSUME Y LAS VARIEDADES DE CHILES MEXICANOS SON INFINITAS.
¿Y AL MENOS ESTOS CHILES TIENEN PROTEÍNAS?
POCAS: TIENEN MÁS CUANDO ESTÁN SECOS (sin albur).

CHILES (contenido proteínico)

ANCHO (seco)	11.5
CASCABEL (seco)	12.9 ←
CRISTALINO	1.7
CHILACA	1.5
CHILPOCLE	14.1 ←
GUAJILLO (seco)	11.6
HABANERO	2.2
JALAPEÑO	1.2
LARGO	2.7
MORITA (seco)	13.2 ←
MULATO (seco)	9.6
PASILLA (seco)	12.7
PIQUÍN (seco)	14.4 ←
POBLANO (para rellenar)	2.6
SERRANO	2.3

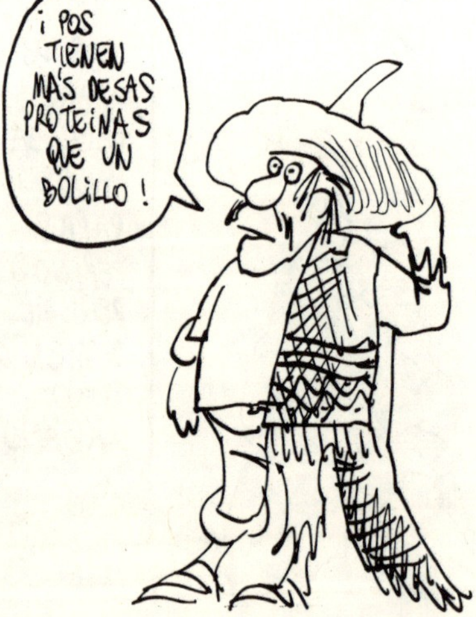
¡POS TIENEN MÁS DESAS PROTEÍNAS QUE UN BOLILLO!

COMO ESTE LIBRO (ESPERO) VA A IR A DAR A OTROS PAÍSES DE HABLA HISPANA, ESTE SEGMENTO CONTIENE SÓLO LAS FRUTAS Y VERDURAS <u>MEXICANAS</u>, QUE SI BIEN PUEDEN DARSE EN OTROS PAÍSES HERMANOS, TIENEN OTROS NOMBRES.

MEXICAN CURIOS

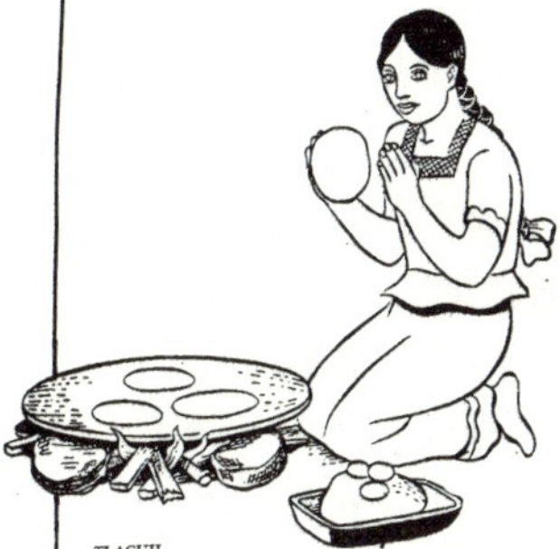

TLACUIL

MAÍZ CACAHUAZINTLE	11.7 gr.
FRIJOL AYOCOTE	15.0 ←
CILANTRO	2.6
CHAYOTE (con o sin espinas)	1.0
CHIPILÍN	6.9
CHILACAYOTE	1.2
FLOR DE GARAMBULLO	0.8
FLOR DE MAGUEY	0.9
FLOR DE YUCA	2.6
GUAJE (semilla)	8.7
CHAYA (hojas)	7.2
PAPALOQUELITE	4.8
HUAUZONTLE (amaranto)	4.6
HUITLACOCHE	1.6
NOPALES	1.7
QUELITES, QUINTONILES	3.5
ROMERITOS	3.6
SALSIFÍ	1.4
VERDOLAGAS	2.3
XOCONOSTLE	0.1
CHINCHAYOTE (raíz de chayote)	2.0
AGUAMIEL	0.3
<u>PULQUE</u>	0.4

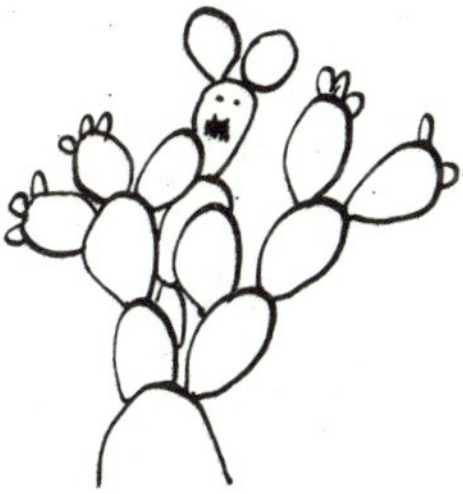

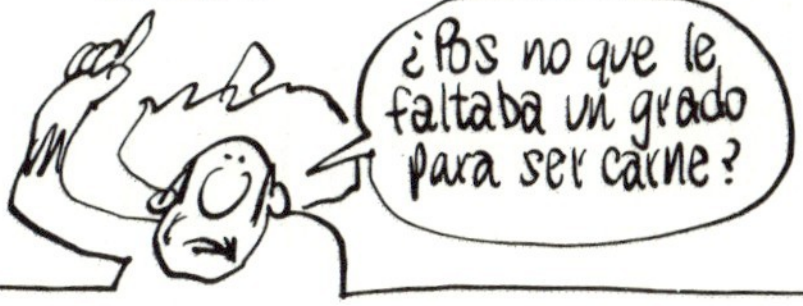
¿Pos no que le faltaba un grado para ser carne?

MEXICAN FRUTAS

ANONA	2.3
CAPULÍN	1.5
CAIMITO MORADO	1.3
CHABACANO	0.6
CHIRIMOYA	2.4
CHICO ZAPOTE	0.7
GARAMBULLO	2.1
GUANÁBANA	0.4
GUAYABA	1.1
GRANADA (China)	2.8 ←
GRANADA ROJA	1.0
JÍCAMA	1.1
MANGO	0.9
MAMEY	1.7
MEMBRILLO	0.4
NANCHE	1.1
PAPAYA	0.5
PLÁTANO MORADO	1.9
PITAHAYA	1.6
TAMARINDO	5.9 ←
TEJOCOTE	0.8
TUNA (cardona)	0.6
TUNA	0.3
ZAPOTE AMARILLO	1.2
ZAPOTE BLANCO	1.7
ZAPOTE NEGRO	0.8
ZARZAMORA	1.2

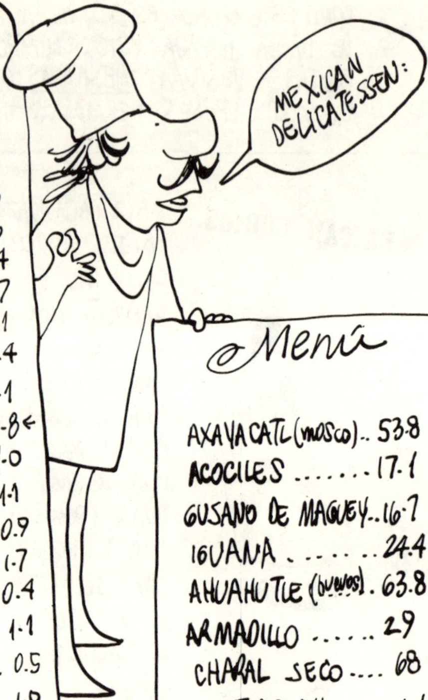
MEXICAN DELICATESSEN:

Menú

AXAYACATL (mosco)	53.8
ACOCILES	17.1
GUSANO DE MAGUEY	16.7
IGUANA	24.4
AHUAHUTLE (huevos)	63.8 ←
ARMADILLO	29
CHARAL SECO	68 ←
HUITLACOCHE	1.6
PINOLE (sin azúcar)	10.7
JUMILES	32.2
ESCAMOLES	65.0 ←

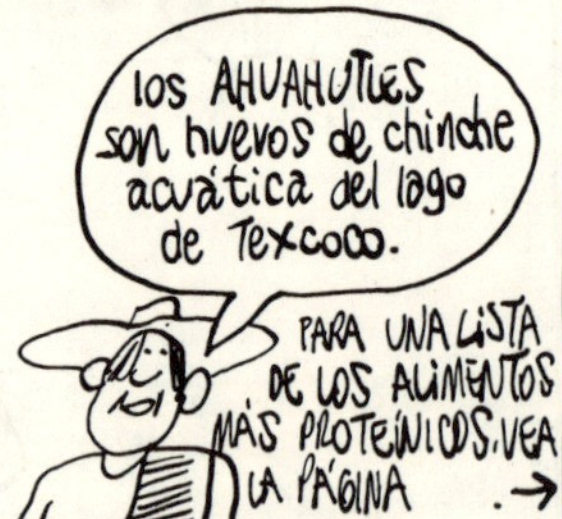
los AHUAHUTLES son huevos de chinche acuática del lago de Texcoco.
PARA UNA LISTA DE LOS ALIMENTOS MÁS PROTEÍNICOS, VEA LA PÁGINA →

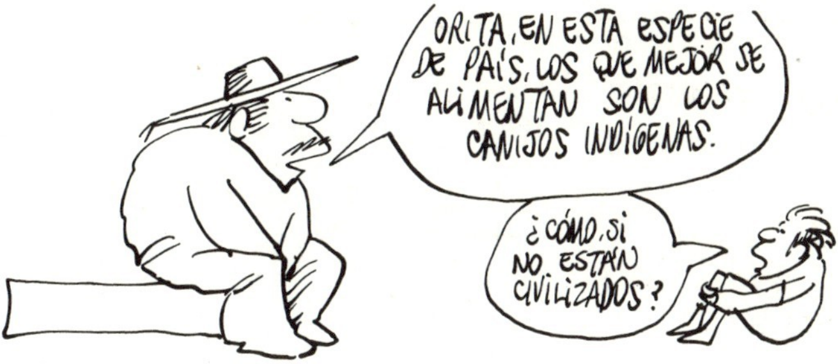
ORITA, EN ESTA ESPECIE DE PAÍS, LOS QUE MEJOR SE ALIMENTAN SON LOS CANIJOS INDÍGENAS.
¿CÓMO, SI NO ESTÁN CIVILIZADOS?

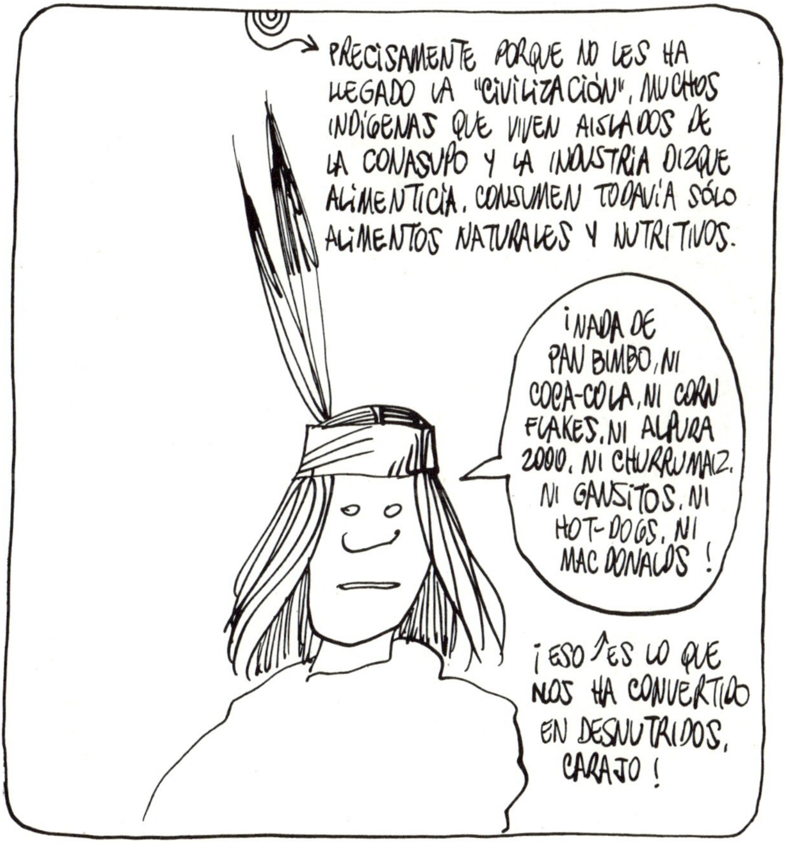
PRECISAMENTE PORQUE NO LES HA LLEGADO LA "CIVILIZACIÓN", MUCHOS INDÍGENAS QUE VIVEN AISLADOS DE LA CONASUPO Y LA INDUSTRIA DIZQUE ALIMENTICIA, CONSUMEN TODAVÍA SÓLO ALIMENTOS NATURALES Y NUTRITIVOS.
¡NADA DE PAN BIMBO, NI COCA-COLA, NI CORN FLAKES, NI ALPURA 2000, NI CHURRUMAIZ, NI GANSITOS, NI HOT-DOGS, NI MAC DONALDS!
¡ESO ES LO QUE NOS HA CONVERTIDO EN DESNUTRIDOS, CARAJO!

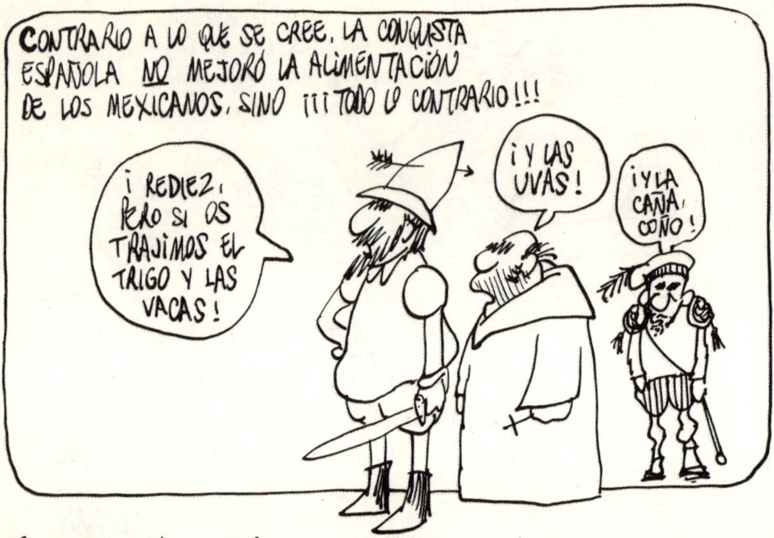
CONTRARIO A LO QUE SE CREE, LA CONQUISTA ESPAÑOLA NO MEJORÓ LA ALIMENTACIÓN DE LOS MEXICANOS, SINO ¡¡¡TODO LO CONTRARIO!!!
¡REDIEZ, PERO SI OS TRAJIMOS EL TRIGO Y LAS VACAS!
¡Y LAS UVAS!
¡Y LA CAÑA, COÑO!

LA APORTACIÓN EUROPEA FUE POSITIVA EN CUANTO A QUE CONOCIMOS NUEVOS PRODUCTOS, PERO FUE NEGATIVA POR LA FORMA COMO NOS IMPUSIERON UNA DIETA AJENA A NUESTRAS COSTUMBRES Y ALTAMENTE DESNUTRITIVA...

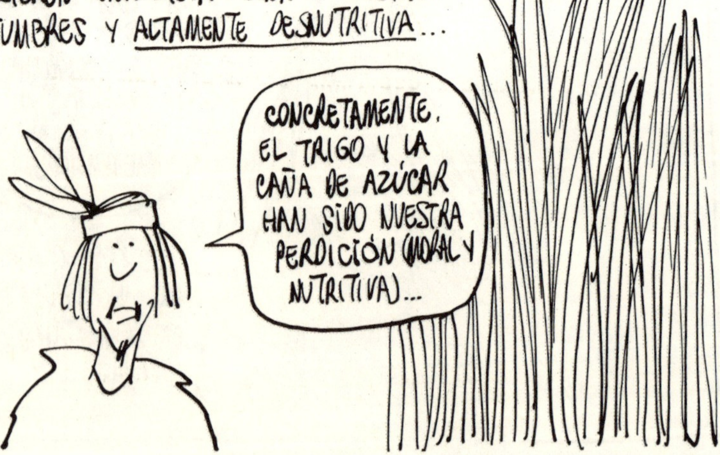
CONCRETAMENTE, EL TRIGO Y LA CAÑA DE AZÚCAR HAN SIDO NUESTRA PERDICIÓN (MORAL Y NUTRITIVA)...

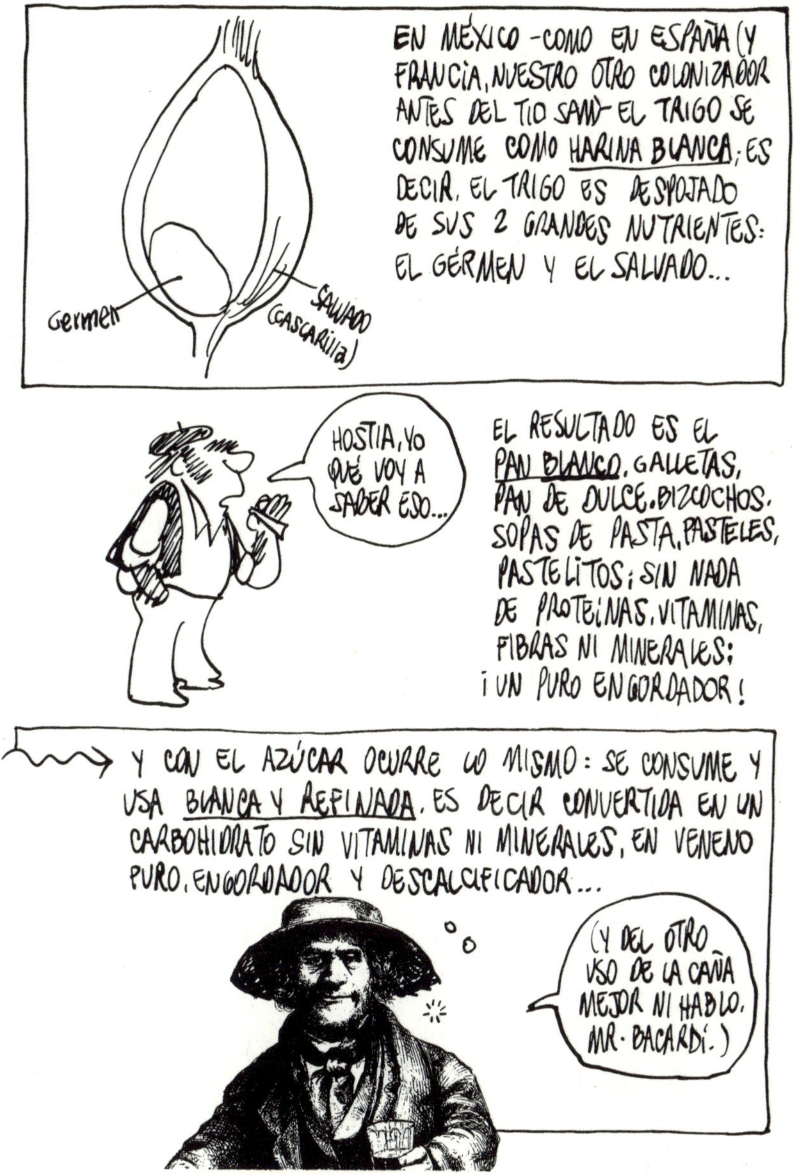
EN MÉXICO -COMO EN ESPAÑA (Y FRANCIA, NUESTRO OTRO COLONIZADOR ANTES DEL TIO SAM)- EL TRIGO SE CONSUME COMO HARINA BLANCA; ES DECIR, EL TRIGO ES DESPOJADO DE SUS 2 GRANDES NUTRIENTES: EL GÉRMEN Y EL SALVADO...
Germen
SALVADO (CASCARILLA)
HOSTIA, YO QUÉ VOY A SABER ESO...
EL RESULTADO ES EL PAN BLANCO, GALLETAS, PAN DE DULCE, BIZCOCHOS, SOPAS DE PASTA, PASTELES, PASTELITOS; SIN NADA DE PROTEINAS, VITAMINAS, FIBRAS NI MINERALES: ¡UN PURO ENGORDADOR!
Y CON EL AZÚCAR OCURRE LO MISMO: SE CONSUME Y USA BLANCA Y REFINADA, ES DECIR CONVERTIDA EN UN CARBOHIDRATO SIN VITAMINAS NI MINERALES, EN VENENO PURO, ENGORDADOR Y DESCALCIFICADOR...
(Y DEL OTRO USO DE LA CAÑA MEJOR NI HABLO, MR. BACARDÍ.)

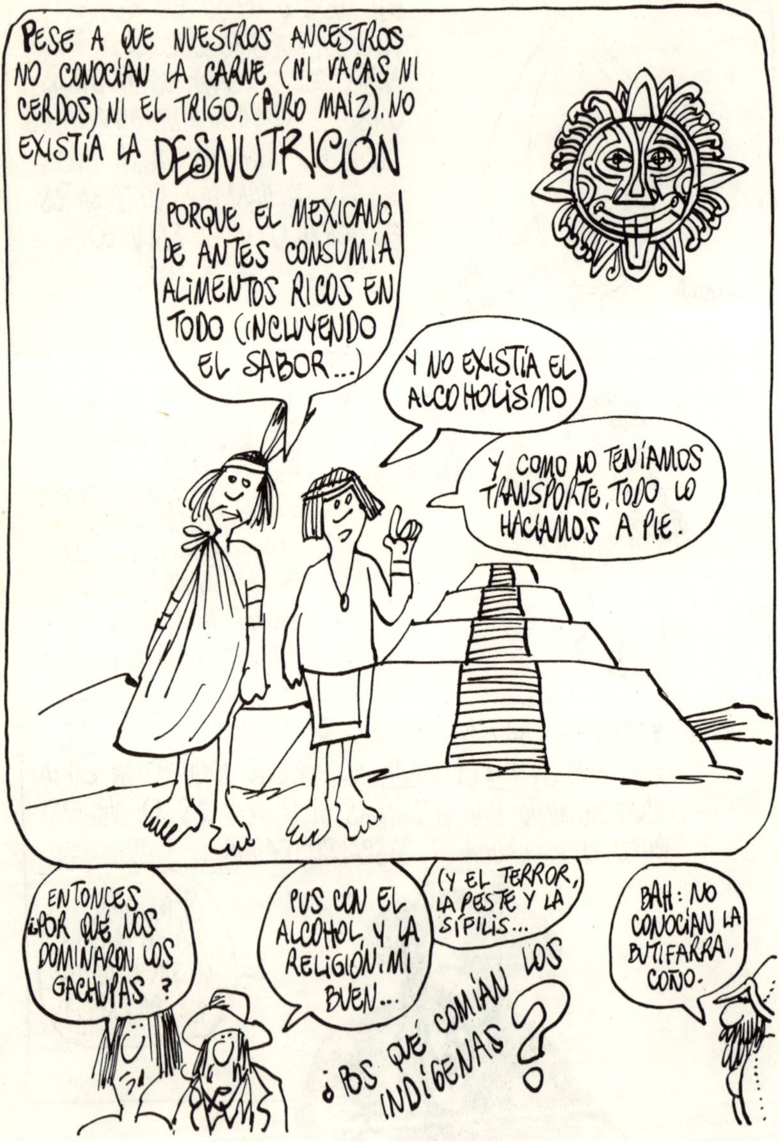
PESE A QUE NUESTROS ANCESTROS NO CONOCÍAN LA CARNE (NI VACAS NI CERDOS) NI EL TRIGO, (PURO MAÍZ), NO EXISTÍA LA DESNUTRICIÓN
PORQUE EL MEXICANO DE ANTES CONSUMÍA ALIMENTOS RICOS EN TODO (¡INCLUYENDO EL SABOR...)
Y NO EXISTÍA EL ALCOHOLISMO
Y COMO NO TENÍAMOS TRANSPORTE, TODO LO HACÍAMOS A PIE.
ENTONCES ¿POR QUÉ NOS DOMINARON LOS GACHUPAS?
PUS CON EL ALCOHOL Y LA RELIGIÓN, MI BUEN...
(Y EL TERROR, LA PESTE Y LA SÍFILIS...
¿PS QUÉ COMÍAN LOS INDÍGENAS?
BAH: NO CONOCÍAN LA BUTIFARRA, COÑO.

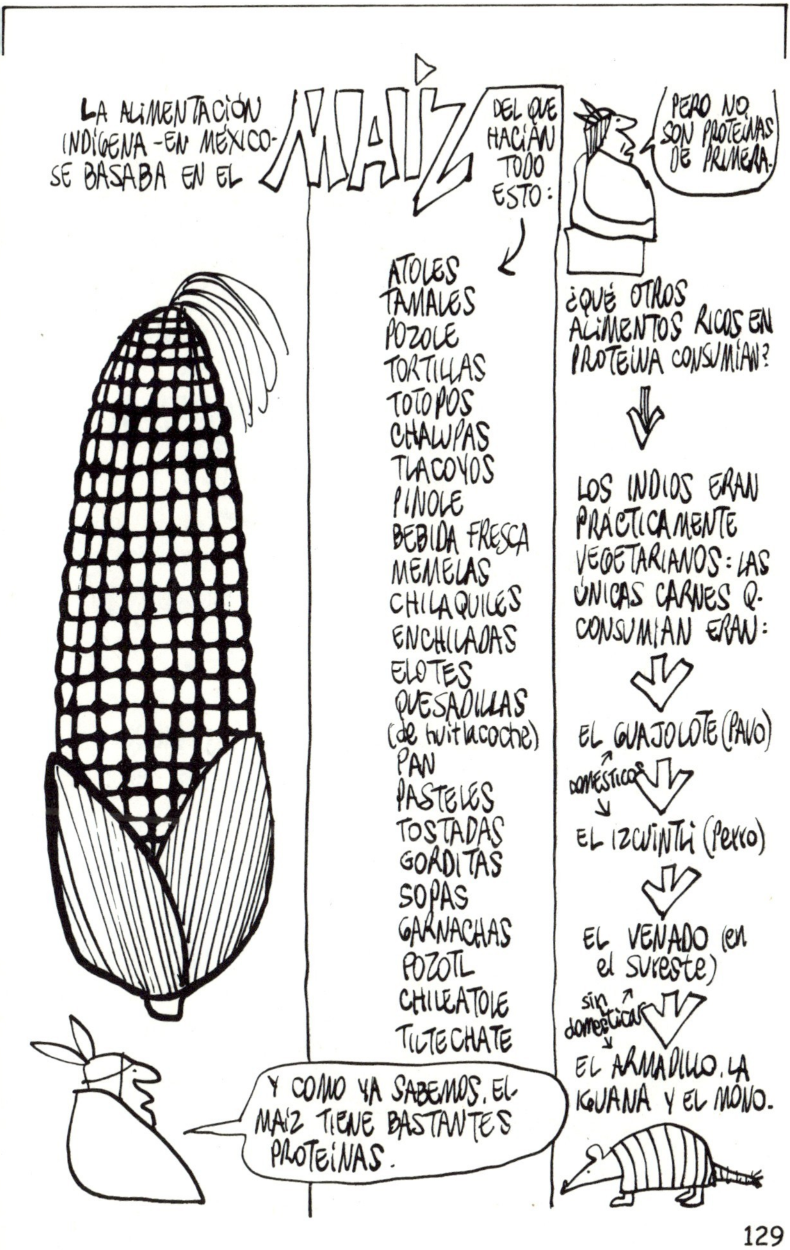

LA ALIMENTACIÓN INDÍGENA -EN MÉXICO- SE BASABA EN EL
MAÍZ
DEL QUE HACÍAN TODO ESTO:
PERO NO SON PROTEINAS DE PRIMERA.
ATOLES
TAMALES
POZOLE
TORTILLAS
TOTOPOS
CHALUPAS
TLACOYOS
PINOLE
BEBIDA FRESCA
MEMELAS
CHILAQUILES
ENCHILADAS
ELOTES
QUESADILLAS (de huitlacoche)
PAN
PASTELES
TOSTADAS
GORDITAS
SOPAS
GARNACHAS
POZOTL
CHILEATOLE
TILTECHATE
¿QUÉ OTROS ALIMENTOS RICOS EN PROTEINA CONSUMÍAN?
LOS INDIOS ERAN PRÁCTICAMENTE VEGETARIANOS: LAS ÚNICAS CARNES Q. CONSUMÍAN ERAN:
EL GUAJOLOTE (PAVO)
DOMESTICOS
EL IZCUINTLI (Perro)
EL VENADO (en el sureste)
sin domesticar
EL ARMADILLO, LA IGUANA Y EL MONO.
Y COMO YA SABEMOS, EL MAÍZ TIENE BASTANTES PROTEINAS.

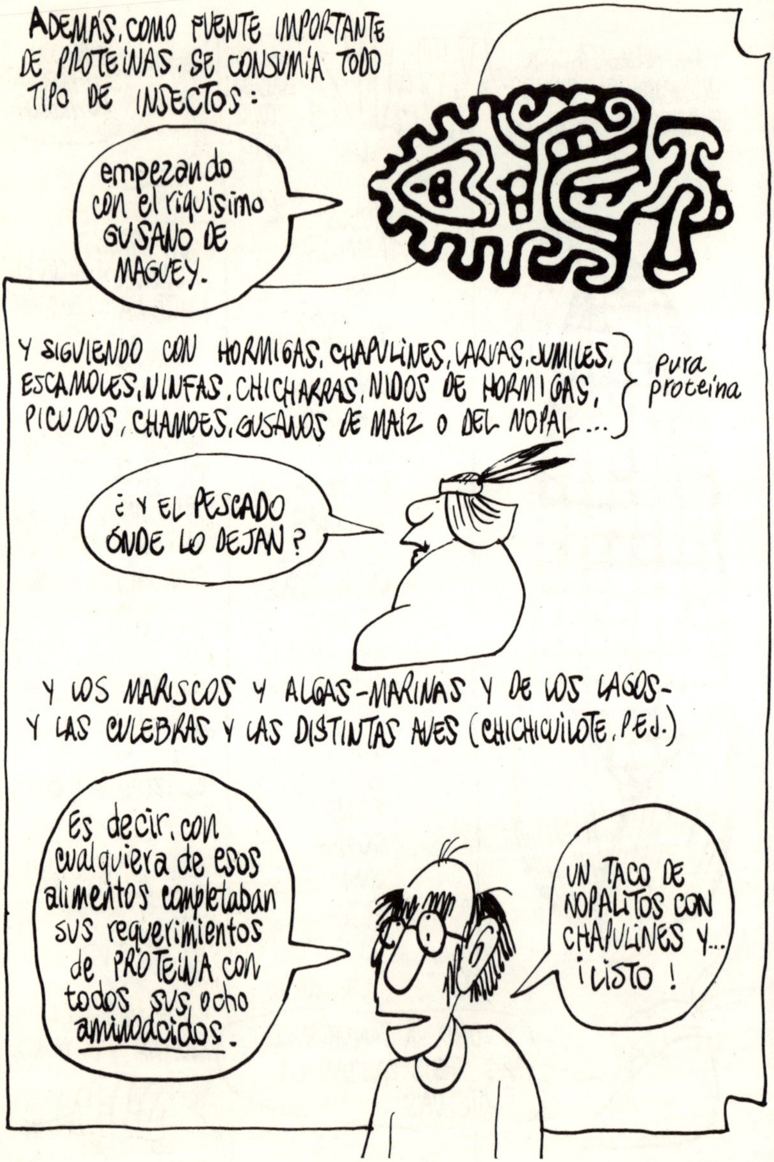
ADEMÁS, COMO FUENTE IMPORTANTE DE PROTEINAS, SE CONSUMÍA TODO TIPO DE INSECTOS:
empezando con el riquísimo GUSANO DE MAGUEY.
Y SIGUIENDO CON HORMIGAS, CHAPULINES, LARVAS, JUMILES, ESCAMOLES, NINFAS, CHICHARRAS, NIDOS DE HORMIGAS, PICUDOS, CHAMOES, GUSANOS DE MAÍZ O DEL NOPAL...
Pura proteína
¿Y EL PESCADO ÓNDE LO DEJAN?
Y LOS MARISCOS Y ALGAS-MARINAS Y DE LOS LAGOS- Y LAS CULEBRAS Y LAS DISTINTAS AVES (CHICHICUILOTE, P.EJ.)
Es decir, con cualquiera de esos alimentos completaban sus requerimientos de PROTEINA con todos sus ocho aminoácidos.
UN TACO DE NOPALITOS CON CHAPULINES Y... ¡LISTO!

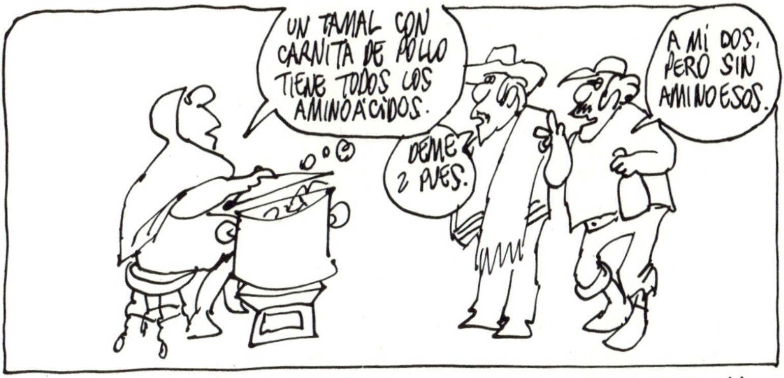
UN TAMAL CON CARNITA DE POLLO TIENE TODOS LOS AMINOÁCIDOS.
DEME 2 PUES.
A MÍ DOS. PERO SIN AMINOESOS.

LAS CONQUISTAS DE MÉXICO, SOBRE TODO LA ÚLTIMA VÍA WASHINGTON, POR LA QUE LAS TRASNACIONALES SE HAN APODERADO DE TODA LA INDUSTRIA ALIMENTICIA NACIONAL, HAN CONTRIBUIDO AL AUMENTO DE LA DESNUTRICIÓN...

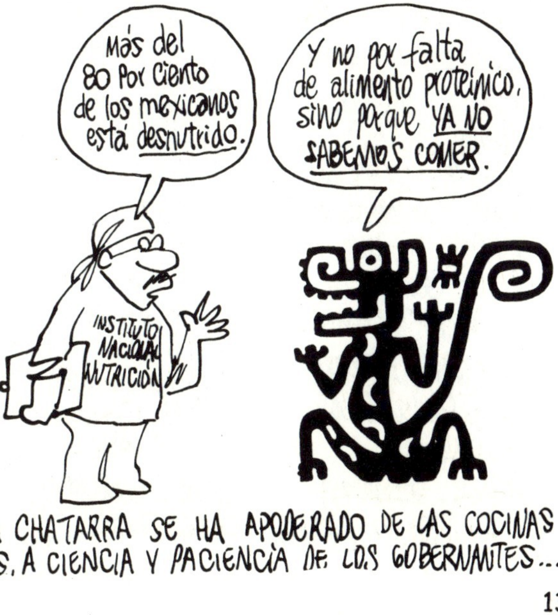
Más del 80 por ciento de los mexicanos está desnutrido.
Y no por falta de alimento proteínico, sino porque YA NO SABEMOS COMER.
INSTITUTO NACIONAL NUTRICIÓN

LA DIETA CHATARRA SE HA APODERADO DE LAS COCINAS DEL PAÍS, A CIENCIA Y PACIENCIA DE LOS GOBERNANTES...

ÉSTA ES UNA INCOMPLETÍSIMA LISTA DE LAS EMPRESAS <u>EXTRANJERAS</u> DE "NUESTRA" INDUSTRIA ALIMENTICIA:

BARCEL (botanas)
HEINZ (conservas)
JELL-O (gelatinas)
BIMBO (pan)
GERBER (alimentos infantiles)
YBARRA (conservas)
CAMPBELL'S (sopas)
HERDEZ (conservas)
CLAVEL (leche)
NABISCO (galletas)
DEL MONTE (conservas)
GENERAL FOODS (conservas)
KNORR-SUIZA (consomés)
NESTLÉ (lácteos)
DANONE (lácteos)
CLEMENTE JACQUES (conservas)
KRAFT (mayonesas, etc.)
BORDEN (lácteos)
PRONTO (gelatinas)
CORN PRODUCTS (cereales)
HOLANDA (helados)
ANDERSON-CLAYTON
MAC DONALDS
FRENCH (sazonadores)
Mc CORMICK (mayonesas)

TANG ("jugos")
DEL FUERTE (conservas)
ROYAL (gelatinas)
LARA (galletas)
ZWANN (embutidos)
YUS (jugos)
NIDO (lácteos)
CHAMBOURCY (lácteos)
PRIMAVERA (margarinas)
REX (pastas)
MARINELA (chatarra)
WONDER (pastelitos)
TIA ROSA (pan)
HELLMAN'S (mayonesas)
CORN-FLAKES (cereales)
PINEROLO (pastas)
WELCH'S (jugos)
SABRITAS (chatarra)
CHOCO-MILK (lácteos)
BUFALO (conservas)
TECNO FOODS (conservas)
DEL VALLE (jugos)
ROWEN (conservas)
MAFER (botanas)
PRONTO (harinas)
MAGGI (Sopas)

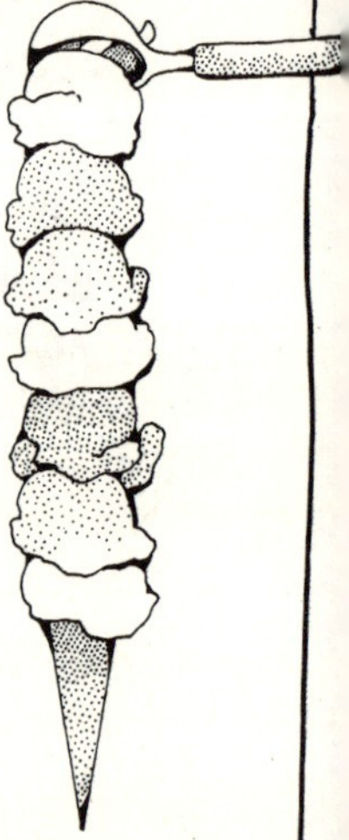

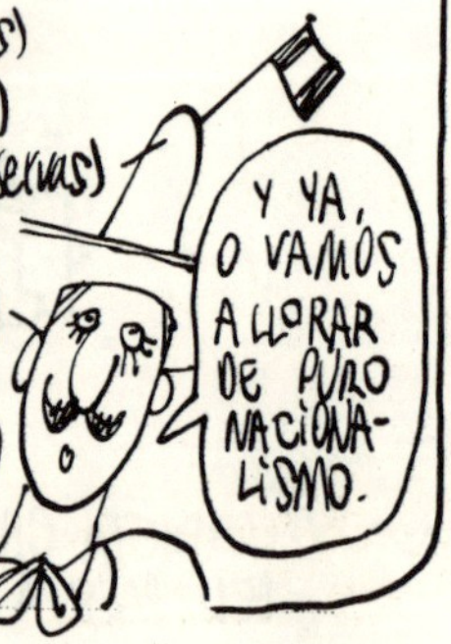
Y YA, O VAMOS A LLORAR DE PURO NACIONALISMO.

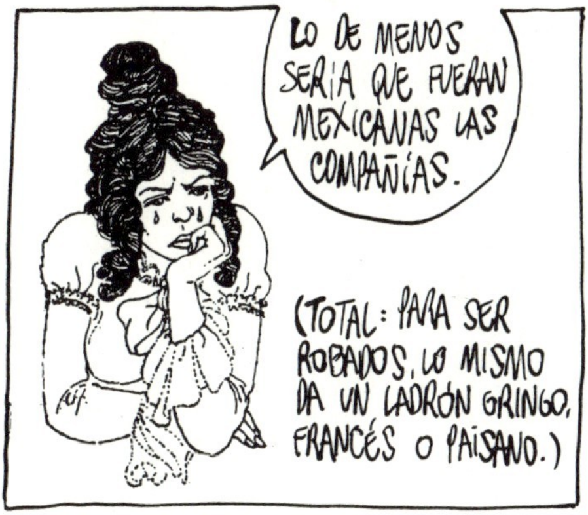
LO DE MENOS SERÍA QUE FUERAN MEXICANAS LAS COMPAÑÍAS.
(TOTAL: PARA SER ROBADOS, LO MISMO DA UN LADRÓN GRINGO, FRANCÉS O PAISANO.)

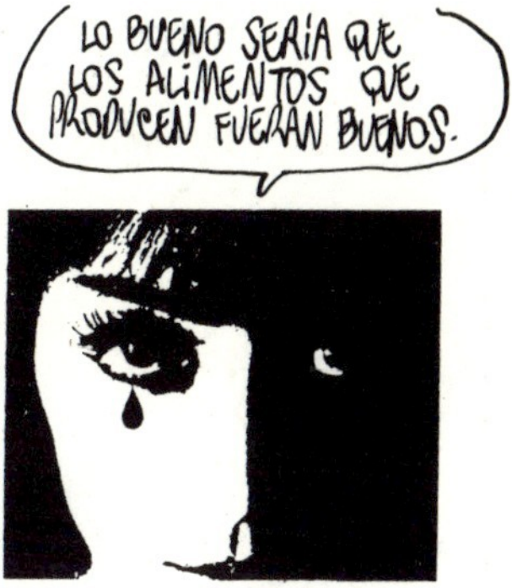
LO BUENO SERÍA QUE LOS ALIMENTOS QUE PRODUCEN FUERAN BUENOS.

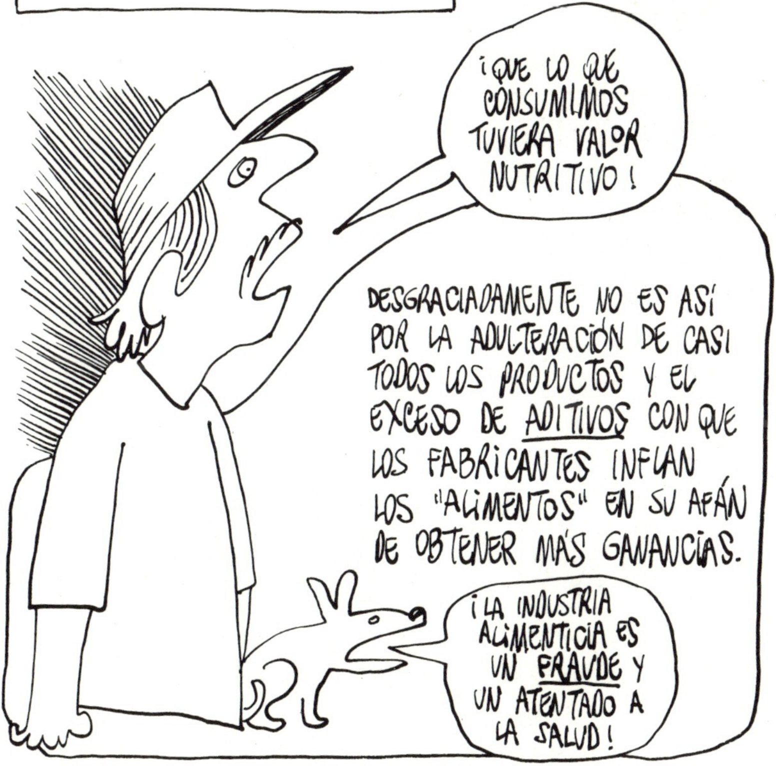
¡QUE LO QUE CONSUMIMOS TUVIERA VALOR NUTRITIVO!
DESGRACIADAMENTE NO ES ASÍ POR LA ADULTERACIÓN DE CASI TODOS LOS PRODUCTOS Y EL EXCESO DE ADITIVOS CON QUE LOS FABRICANTES INFLAN LOS "ALIMENTOS" EN SU AFÁN DE OBTENER MÁS GANANCIAS.
¡LA INDUSTRIA ALIMENTICIA ES UN FRAUDE Y UN ATENTADO A LA SALUD!

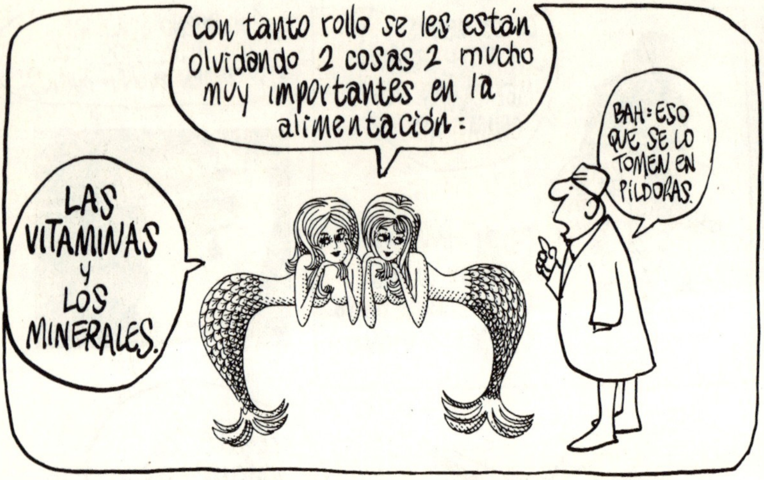
con tanto rollo se les están olvidando 2 cosas 2 mucho muy importantes en la alimentación:
LAS VITAMINAS Y LOS MINERALES.
BAH: ESO QUE SE LO TOMEN EN PÍLDORAS.

LA MALDITA INDUSTRIALIZACIÓN DE NUESTRA ALIMENTACIÓN HA HECHO QUE LA GENTE SE CREA EL CUENTO DE LA CHARLATANERÍA FARMACÉUTICA QUE PREGONA EL MITO DE QUE:

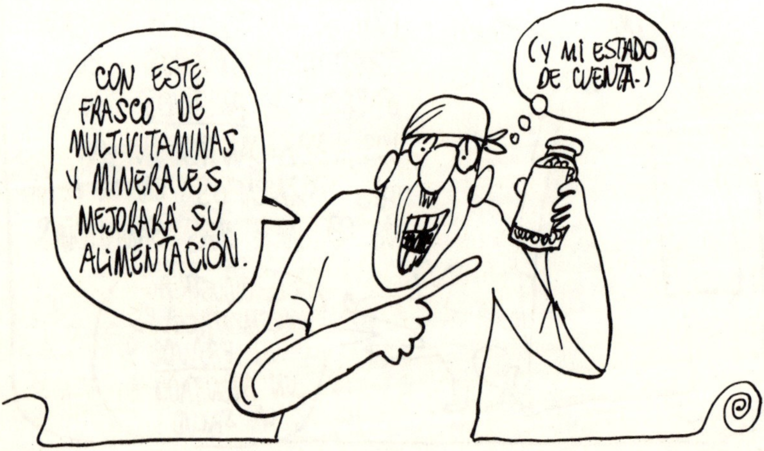
CON ESTE FRASCO DE MULTIVITAMINAS Y MINERALES MEJORARÁ SU ALIMENTACIÓN.
(Y MI ESTADO DE CUENTA.)

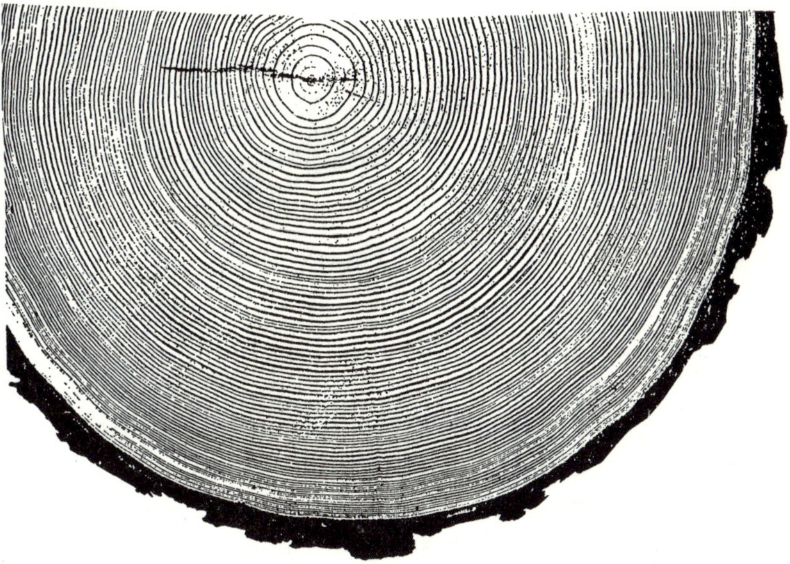

CAPÍTULO DONDE SE HABLA -BREVEMENTE O SERÍA LA ABURRICIÓN- DE vitaminas & minerales & TAMBIÉN complementos alimenticios

PARA QUE NO LE DIGAN,
PARA QUE NO LE CUENTEN......

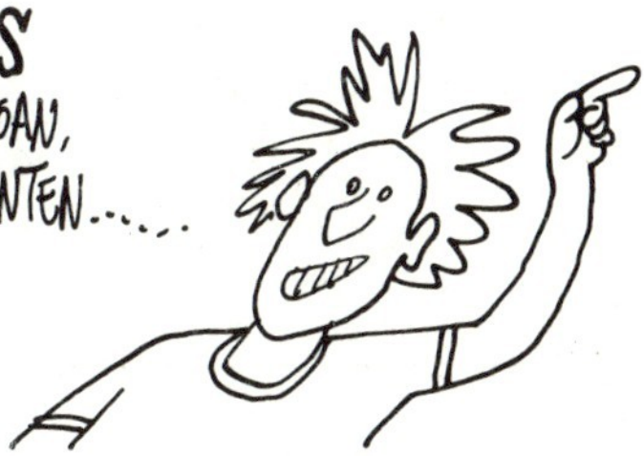

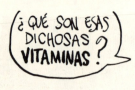

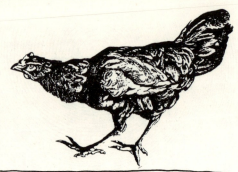

¿QUÉ SON ESAS DICHOSAS VITAMINAS?

AHI LES VA UN ROLLO CIENTÍFICO

Las vitaminas son compuestos orgánicos formados por <u>carbono</u>, pero además contienen hidrógeno, oxigeno y a veces nitrógeno. Se utilizan en muy pequeñas cantidades y son indispensables para vivir y desarrollarnos normalmente.

¿CÓMO ACTÚAN LAS VITAMINAS?

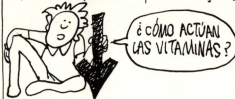

→ Participan en la formación de glóbulos rojos, de las hormonas y del material genético; ayudan a la regulación del sistema nervioso y defienden al organismo de las enfermedades. y contribuyen al crecimiento.

AH, ENTONS SÍ SE NECESITAN...
¡VOY A COMPRAR 6 KILOS ORITA MISMO!

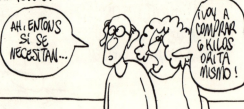

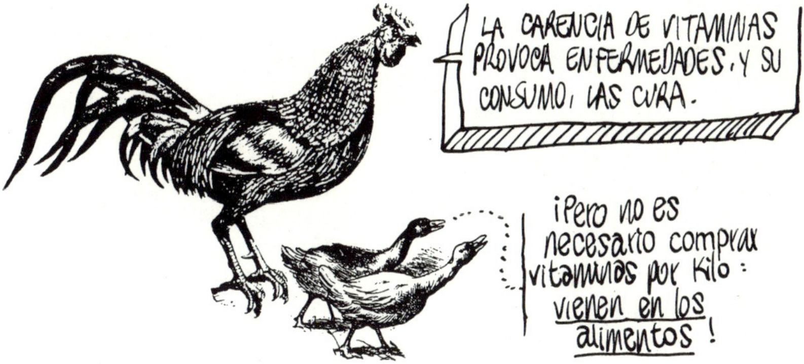
LA CARENCIA DE VITAMINAS PROVOCA ENFERMEDADES, Y SU CONSUMO, LAS CURA.
¡Pero no es necesario comprar vitaminas por kilo: vienen en los alimentos!

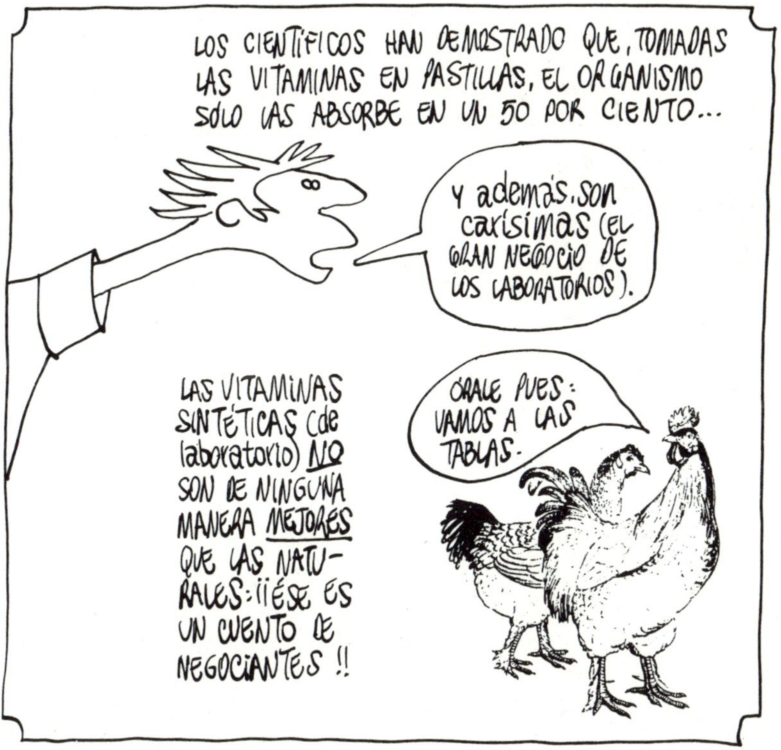
LOS CIENTÍFICOS HAN DEMOSTRADO QUE, TOMADAS LAS VITAMINAS EN PASTILLAS, EL ORGANISMO SOLO LAS ABSORBE EN UN 50 POR CIENTO...
Y además, son carísimas (EL GRAN NEGOCIO DE LOS LABORATORIOS).
LAS VITAMINAS SINTÉTICAS (de laboratorio) NO SON DE NINGUNA MANERA MEJORES QUE LAS NATURALES: ¡¡ÉSE ES UN CUENTO DE NEGOCIANTES!!
ÓRALE PUES: VAMOS A LAS TABLAS.

NOMBRE	FUNCIONES	DOMICILIO
A RETINOL Y CAROTENO	→ INDISPENSABLE PARA FORMAL LA RETINA DEL OJO (SU CARENCIA PROVOCA MIOPÍA Y CEGUERA NOCTURNA) AYUDA A LA PIEL, AL CABELLO Y AL OLFATO. SU FALTA PROVOCA LAS CARIES DENTALES.	SE LE ENCUENTRA SOBRE TODO EN: YEMA DE HUEVO HÍGADO DE TERNERA ACEITE DE HÍGADO DE PESCADO ZANAHORIA, JITOMATE, MELÓN, MANGO, CAMOTE AMARILLO, ESPINACA, BRÓCOLI, PIMIENTO.
B1 TIAMINA	LA FALTA DE VITAMINA B1 PROVOCA EL BERIBERI, ESPECIE DE ANEMIA CUYOS SÍNTOMAS SON: APATÍA, CONFUSIÓN MENTAL, DEBILIDAD MUSCULAR Y EDEMA CARDIACO. LOS ALCOHÓLICOS TIENDEN A ESTOS MALES.	GERMEN DE TRIGO SOYA - ARROZ ENTERO LEVADURA DE CERVEZA JAMÓN SERRANO - HÍGADO. CHÍCHAROS - LENTEJAS - FRIJOLES.
B2 RIBOFLAVINA	SU CARENCIA PROVOCA MALA VISIÓN, ÚLCERAS EN LA BOCA Y LA LENGUA, CALAMBRES Y ARDORES EN LA PLANTA DE LOS PIES. EN LOS NIÑOS, RETRASA EL CRECIMIENTO.	HÍGADO DE TERNERA HUEVOS • LECHE ESPINACAS • COLIFLOR SOYA • FRIJOLES CHAMPIÑONES • LEVADURA TRIGO ENTERO • NUECES.
B3 NIACINA	ACTÚA SOBRE LAS CÉLULAS. SU CARENCIA PROVOCA LA PELAGRA - ENFERMEDADES DE LA PIEL E IRRITABILIDAD.	GERMEN DE TRIGO • PAN NEGRO HÍGADO DE TERNERA LEVADURA DE CERVEZA ATÚN • NUECES • CACAHUATES
B6 PIRIDOXINA	INTERVIENE EN LA ABSORCIÓN DE PROTEÍNAS Y FORMACIÓN DE GLÓBULOS ROJOS. CUANDO FALTA HAY ANEMIA, MAREOS, CÁLCULOS RENALES, ACNÉ.	GERMEN DE TRIGO • PAN NEGRO AGUACATE • ESPINACAS • EJOTES HÍGADO • CARNE MAGRA PLÁTANOS • SEMILLAS DE GIRASOL
B12 COBALAMINA	SU DEFICIENCIA PROVOCA LA ANEMIA PERNICIOSA	RIÑONES • HÍGADO • PESCADO HUEVOS • LECHE • MARISCOS

Vitamina	Función	Fuente
C ÁCIDO ASCÓRBICO	Actúa sobre huesos, dientes y vasos sanguíneos. Su falla provoca dientes flojos, encías sangrantes, resfriados, piel reseca y degenere muscular.	Vitamina vegetariana: cítricos, fresas, jitomate, pimientos y chiles verdes, grosella, papas, acelgas.
D CALCIFEROL	Esencial para el crecimiento y fortalecimiento óseo. Si no, hay raquitismo, huesos frágiles, espasmos musculares.	Leche y quesos, yema de huevo, germen de trigo • avena, atún • salmón.
E TOCOFEROL	Actúa sobre las células de la sangre previniendo la formación de colesterol.	Germen de trigo, aceites vegetales, alfalfa • lechuga • berro, hígado • frijoles.
K	Antihemorrágica. Su falta provoca hemorragias, sobre todo en recién nacidos.	Alfalfa • col y coliflor, leche • yema de huevo, algas • espinacas.
ÁCIDO PANTOTÉNICO	Interviene en el metabolismo de grasas y carbohidratos. Su carencia provoca insomnio, dolores abdominales, fatiga.	Hígado • nueces, pan negro y germen, levadura • jalea real, nueces • espinacas.
ÁCIDO FÓLICO (FOLACINA)	En la formación de glóbulos rojos. Si se carece habrá anemia y diarreas.	Germen de trigo • soya, levadura de cerveza, hígado • riñones, papas • hongos • frijoles.
H BIOTINA	Su carencia provoca fatiga, depresión, náuseas, pérdida de apetito y dolores raros.	Yema de huevo, jalea real, ejotes • espinacas, hígado & riñones.
PAB ÁCIDO PARA-AMINOBENZOICO	Parece influir en el funcionamiento de glándulas endocrinas y prevenir la esterilidad.	Germen de trigo, levadura de cerveza, miel y jalea real.

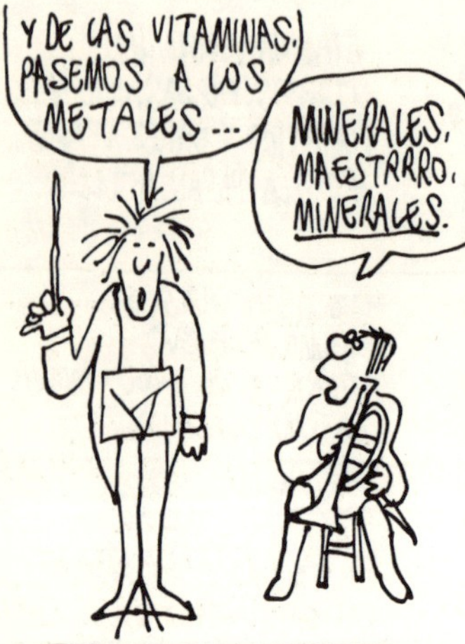
Y DE LAS VITAMINAS. PASEMOS A LOS METALES ...
MINERALES, MAESTRRRO, MINERALES.

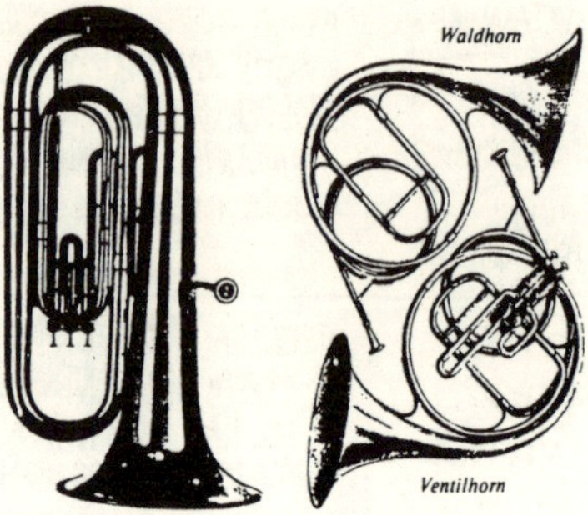
Waldhorn
Ventilhorn

LOS MINERALES TAMBIÉN ESTÁN EN LA NATURALEZA, NO EN LA INDUSTRIA FARMACÉUTICA.

¿PARA QUÉ SIRVEN LOS MINERALES?

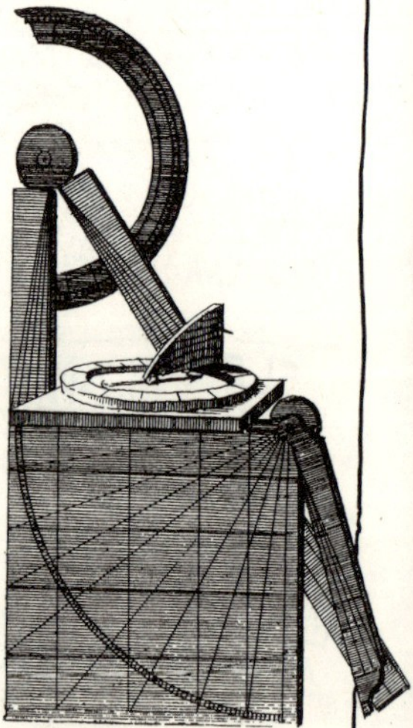

LAS SALES MINERALES SON TAN IMPORTANTES EN LA ALIMENTACIÓN COMO LAS PROTEÍNAS Y AMINOÁCIDOS; NO SON NUTRIENTES QUE PROPORCIONEN ENERGÍA, PERO SON INDISPENSABLES PARA EL CRECIMIENTO Y EL BUEN FUNCIONAMIENTO DE NUESTRO (Y VUESTRO) CUERPO.

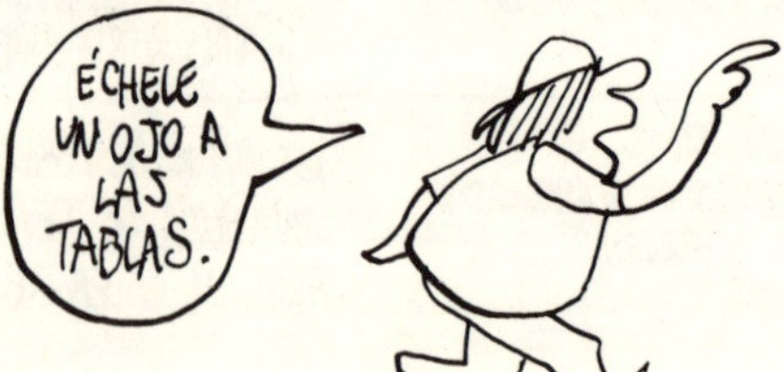
ÉCHELE UN OJO A LAS TABLAS.

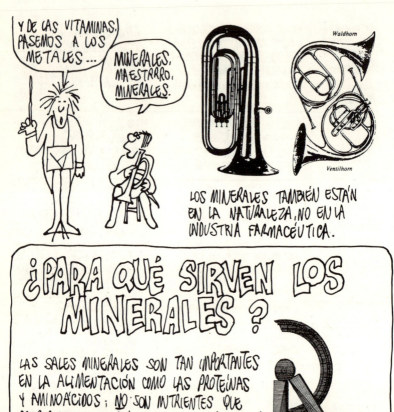

Mineral:	Funciones y carencias:	En qué alimentos viven:
CALCIO	Para huesos y dientes. Si no hay, provócase raquitismo y osteoporosis, principalmente.	LECHE • QUESOS BERRO • PEREJIL • PESCADO
FÓSFORO	Huesos y dientes. Si falta, se pierde el calcio.	LECHE • QUESO • CARNE • TRIGO • LEGUMBRES • FRUTA SECA.
MAGNESIO	Sintetiza las proteínas y activa enzimas (Debilidad)	PAN INTEGRAL • ESPINACAS • ACELGAS • LECHE • FRIJOLES
SODIO (sal)	Equilibra el agua en el cuerpo. Su carencia da calambres.	HUEVO • LECHE • ESPINACAS • AVENA Y SAL ← LA MENOS POSIBLE
POTASIO	Si falta se provoca la debilidad muscular y parálisis.	CARNE • LECHE • HUEVO PAPAS • FRIJOLES • ESPÁRRAGOS
HIERRO	componente de la sangre, su carencia provoca ANEMIA CRÓNICA con debilidades.	LECHE • HÍGADO • CARNE MAGRA CEREALES ENTEROS • VERDURAS PILONCILLO • ESPINACAS • EJOTES • YEMA DE HUEVO
YODO	componente de la tiroides; si falla da hipotiroidismo.	PESCADOS Y MARISCOS • AJOS LECHE Y QUESO • ALCACHOFAS • BERRO • ESPÁRRAGOS • EJOTES

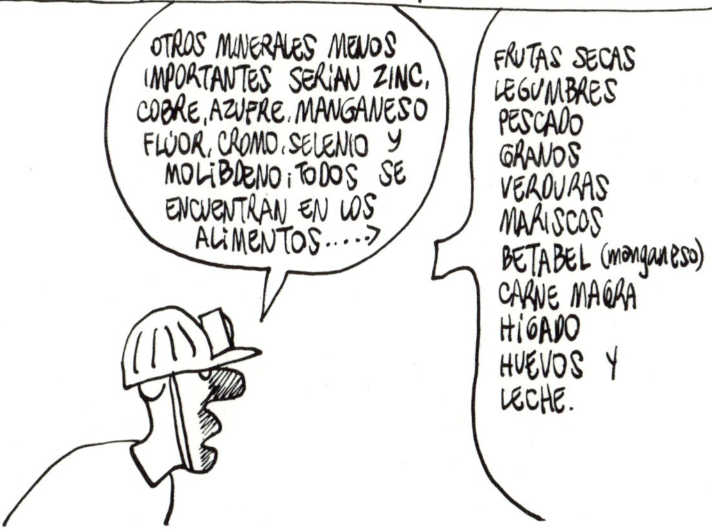
OTROS MINERALES MENOS IMPORTANTES SERÍAN ZINC, COBRE, AZUFRE, MANGANESO FLÚOR, CROMO, SELENIO Y MOLIBDENO; TODOS SE ENCUENTRAN EN LOS ALIMENTOS....>
FRUTAS SECAS LEGUMBRES PESCADO GRANOS VERDURAS MARISCOS BETABEL (manganeso) CARNE MAGRA HÍGADO HUEVOS Y LECHE.

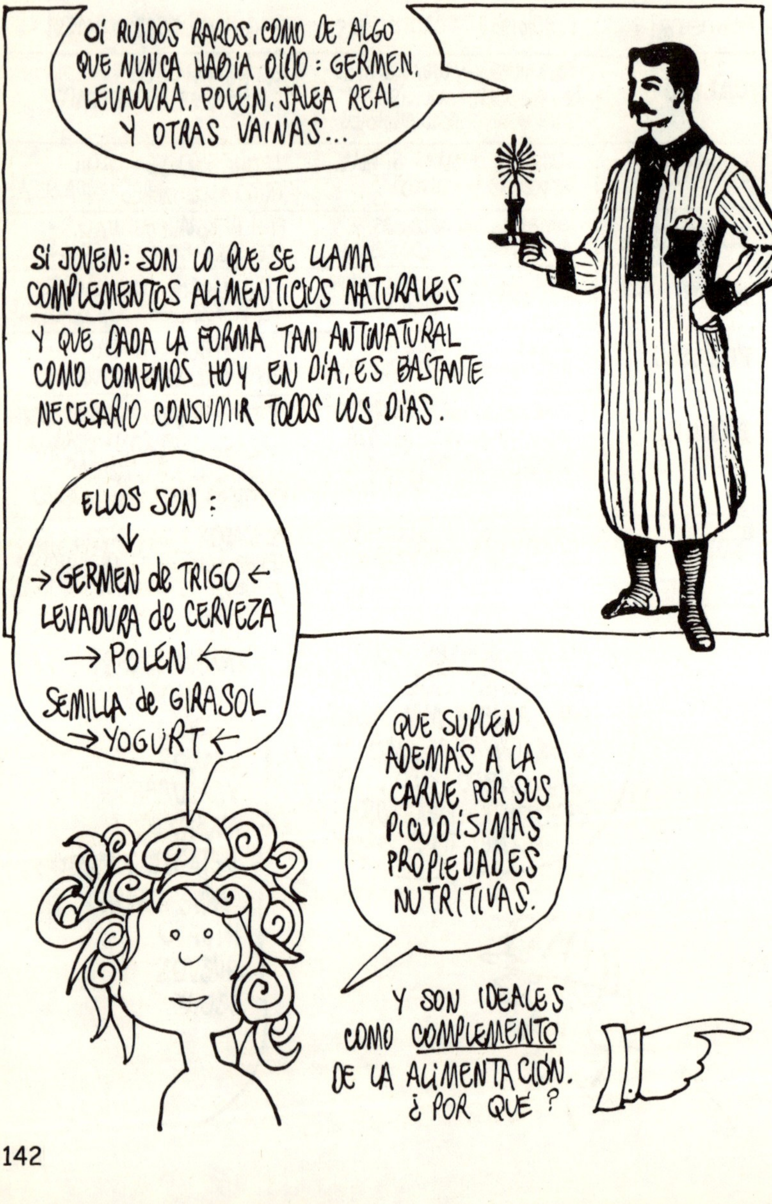

OÍ RUIDOS RAROS, COMO DE ALGO QUE NUNCA HABÍA OÍDO: GERMEN, LEVADURA, POLEN, JALEA REAL Y OTRAS VAINAS...
SÍ JOVEN: SON LO QUE SE LLAMA COMPLEMENTOS ALIMENTICIOS NATURALES Y QUE DADA LA FORMA TAN ANTINATURAL COMO COMEMOS HOY EN DÍA, ES BASTANTE NECESARIO CONSUMIR TODOS LOS DÍAS.
ELLOS SON:
→ GERMEN de TRIGO ←
LEVADURA de CERVEZA
→ POLEN ←
SEMILLA de GIRASOL
→ YOGURT ←
QUE SUPLEN ADEMÁS A LA CARNE POR SUS PICUDÍSIMAS PROPIEDADES NUTRITIVAS.
Y SON IDEALES COMO COMPLEMENTO DE LA ALIMENTACIÓN. ¿POR QUÉ?

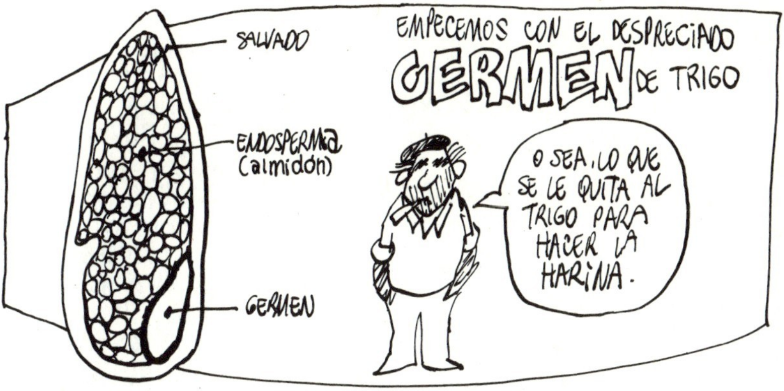
EMPECEMOS CON EL DESPRECIADO
GERMEN DE TRIGO
SALVADO
ENDOSPERMA (almidón)
GERMEN
O SEA, LO QUE SE LE QUITA AL TRIGO PARA HACER LA HARINA.

YA HEMOS DICHO HASTA EL CANSANCIO CÓMO, AL DESPOJAR AL TRIGO DEL SALVADO (la cascarilla) Y EL GERMEN, PIERDE CASI TODAS SUS VIRTUDES NUTRITIVAS. VÉALO POR USTED MISMO:

	CALORIAS	CARBOH.	GRASAS	PROTEÍNA	VIT. A	VIT. E	VIT. C	VIT. B	CALCIO	HIERRO	NIACINA	MAGN.
TRIGO SIN GERMEN	363	76.1	1	**10**	—	—	—	0.05	16	1	0.6	20
TRIGO CON GERMEN	390	60	2	**26**	—	3.2	—	28.	84	8	4.6	170
FILETE DE RES	158	—	7.4	21.3	0.02	0.30	—	0.07	12	3	12	17

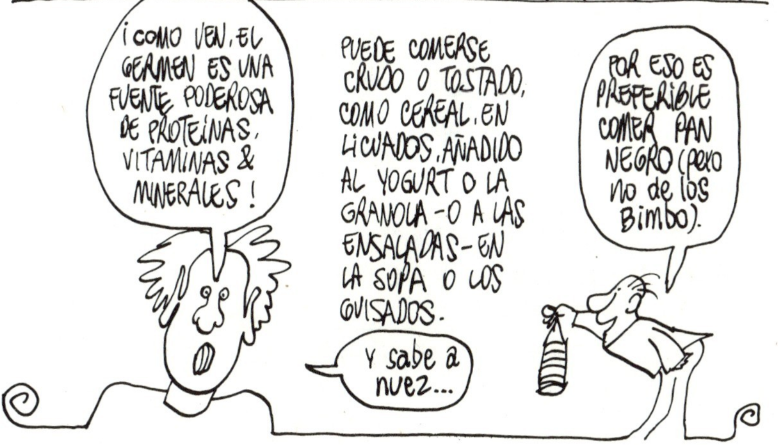
¡COMO VEN, EL GERMEN ES UNA FUENTE PODEROSA DE PROTEÍNAS, VITAMINAS & MINERALES!
PUEDE COMERSE CRUDO O TOSTADO, COMO CEREAL, EN LICUADOS, AÑADIDO AL YOGURT O LA GRANOLA –O A LAS ENSALADAS– EN LA SOPA O LOS GUISADOS.
Y sabe a nuez...
POR ESO ES PREFERIBLE COMER PAN NEGRO (pero no de los Bimbo).

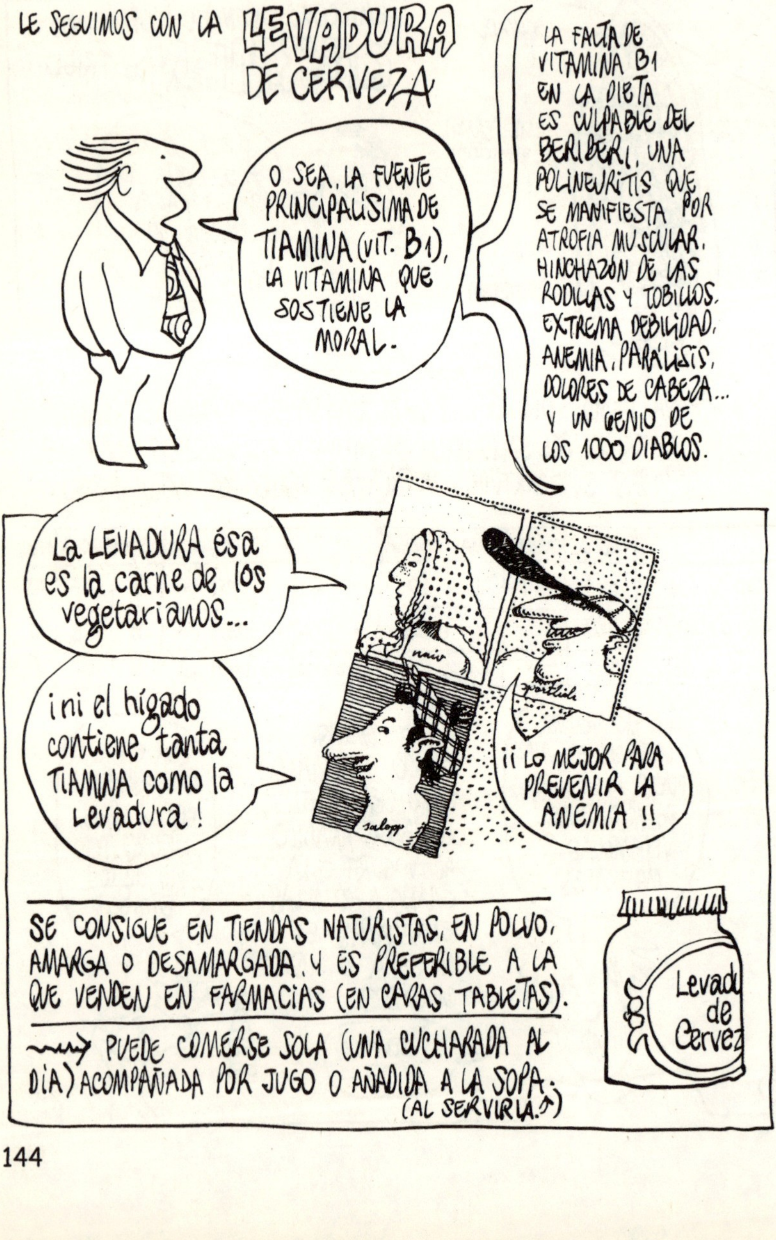
LE SEGUIMOS CON LA LEVADURA DE CERVEZA
O SEA, LA FUENTE PRINCIPALÍSIMA DE TIAMINA (VIT. B1), LA VITAMINA QUE SOSTIENE LA MORAL.
LA FALTA DE VITAMINA B1 EN LA DIETA ES CULPABLE DEL BERIBERI, UNA POLINEURITIS QUE SE MANIFIESTA POR ATROFIA MUSCULAR, HINCHAZÓN DE LAS RODILLAS Y TOBILLOS, EXTREMA DEBILIDAD, ANEMIA, PARÁLISIS, DOLORES DE CABEZA... Y UN GENIO DE LOS 1000 DIABLOS.
La LEVADURA ésa es la carne de los vegetarianos...
¡ni el hígado contiene tanta TIAMINA como la Levadura!
¡¡LO MEJOR PARA PREVENIR LA ANEMIA!!
naiv
sportlich
salopp
SE CONSIGUE EN TIENDAS NATURISTAS, EN POLVO, AMARGA O DESAMARGADA, Y ES PREFERIBLE A LA QUE VENDEN EN FARMACIAS (EN CARAS TABLETAS).
PUEDE COMERSE SOLA (UNA CUCHARADA AL DÍA) ACOMPAÑADA POR JUGO O AÑADIDA A LA SOPA. (AL SERVIRLA.)
Levadu de Cervez

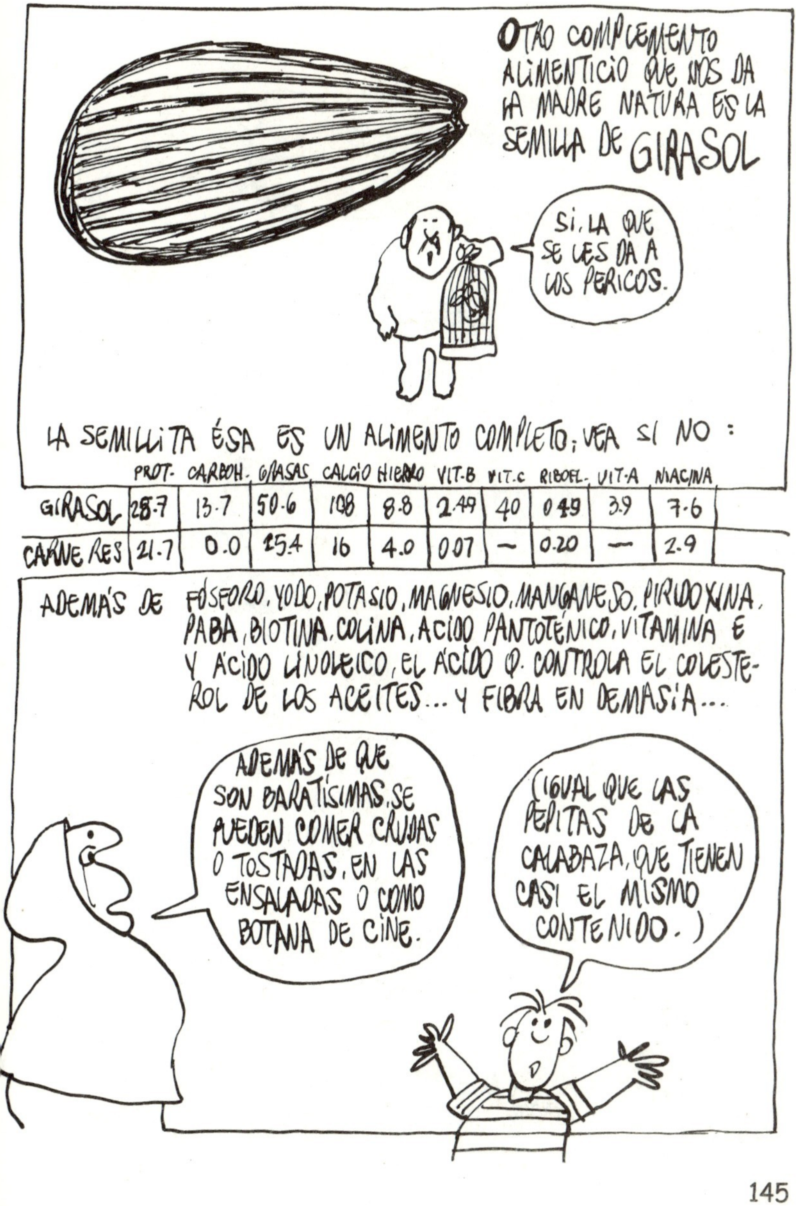
OTRO COMPLEMENTO ALIMENTICIO QUE NOS DA LA MADRE NATURA ES LA SEMILLA DE GIRASOL
SI, LA QUE SE LES DA A LOS PERICOS.
LA SEMILLITA ÉSA ES UN ALIMENTO COMPLETO; VEA SI NO:
ADEMÁS DE FÓSFORO, YODO, POTASIO, MAGNESIO, MANGANESO, PIRIDOXINA, PABA, BIOTINA, COLINA, ÁCIDO PANTOTÉNICO, VITAMINA E Y ÁCIDO LINOLEICO, EL ÁCIDO Q. CONTROLA EL COLESTEROL DE LOS ACEITES... Y FIBRA EN DEMASÍA...
ADEMÁS DE QUE SON BARATÍSIMAS, SE PUEDEN COMER CRUDAS O TOSTADAS, EN LAS ENSALADAS O COMO BOTANA DE CINE.
(IGUAL QUE LAS PEPITAS DE LA CALABAZA, QUE TIENEN CASI EL MISMO CONTENIDO.)

	PROT.	CARBOH.	GRASAS	CALCIO	HIERRO	VIT. B	VIT. C	RIBOFL.	VIT. A	NIACINA
GIRASOL	28.7	13.7	50.6	108	8.8	2.49	40	0.49	3.9	7.6
CARNE RES	21.7	0.0	25.4	16	4.0	0.07	—	0.20	—	2.9

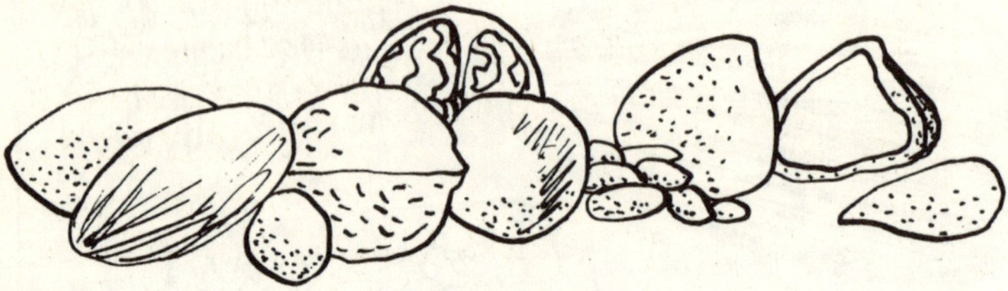

NO HAY QUE OLVIDAR COMO COMPLEMENTO ALIMENTICIO CONDENSADO AL IGUAL QUE LAS SEMILLAS OLEAGINOSAS, A LAS NUECES, FRUTOS RICOS EN PROTEÍNAS, VITAMINAS Y MINERALES (Y GRASAS, POR LO QUE HAY QUE CONSUMIRLAS CON DISCRECIÓN).

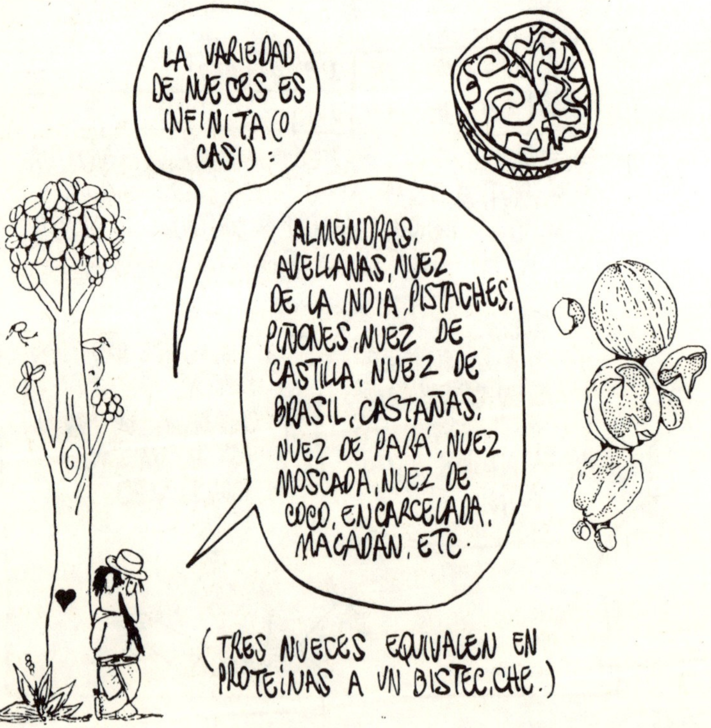
LA VARIEDAD DE NUECES ES INFINITA (O CASI):
ALMENDRAS, AVELLANAS, NUEZ DE LA INDIA, PISTACHES, PIÑONES, NUEZ DE CASTILLA, NUEZ DE BRASIL, CASTAÑAS, NUEZ DE PARÁ, NUEZ MOSCADA, NUEZ DE COCO, ENCARCELADA, MACADÁN, ETC.
(TRES NUECES EQUIVALEN EN PROTEÍNAS A UN BISTEC, CHE.)

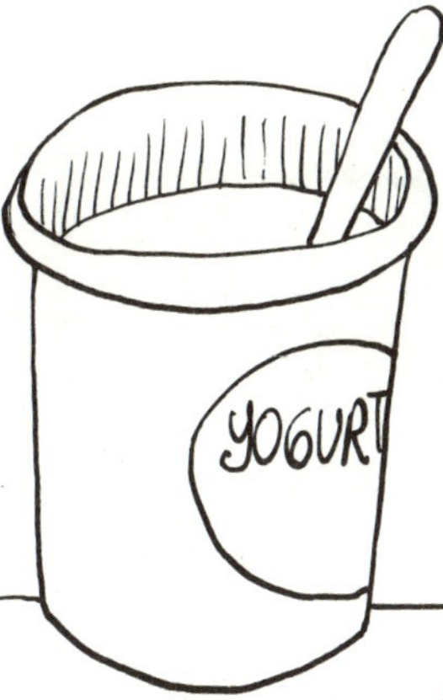
YOGURT

EL YOGURT ES UNO DE LOS MÁS ANTIGUOS ALIMENTOS QUE TENEMOS.

GALENO, EL FAMOSO MÉDICO DE LA ANTIGUA GRECIA, LO RECOMENDABA COMO "UN GRAN ELEMENTO PURIFICADOR DEL ESTÓMAGO, MÁS ESTIMABLE QUE LA LECHE" Y CON LAS MISMAS PROPIEDADES NUTRITIVAS...

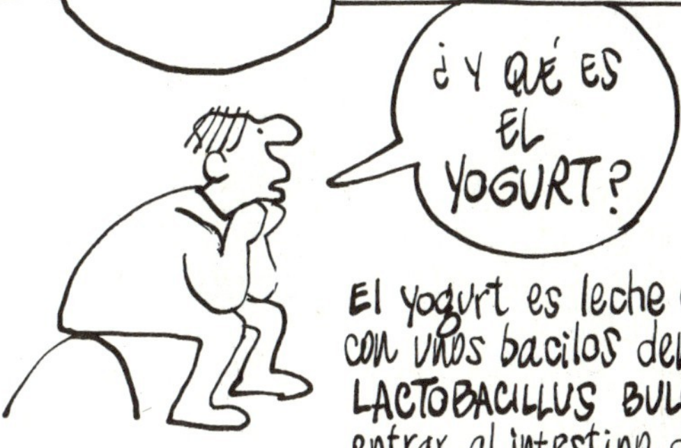
¿Y QUÉ ES EL YOGURT?

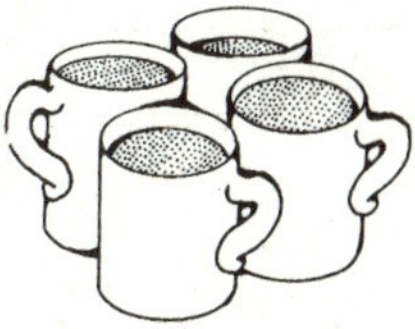

El yogurt es leche cultivada, hecha con unos bacilos denominados **LACTOBACILLUS BULGARICUS** (que al entrar al intestino destruye las bacterias dañinas que se encuentran).

ES DECIR, EL YOGURT ES UN ALIMENTO COMPLETO Y <u>PREDIGERIDO</u>: LOS BACILOS SE ENCARGAN DE DIGERIRLO POR NOSOTROS, Y ASÍ NO CAUSA SU DIGESTIÓN LOS MISMOS PROBLEMAS QUE EN ALGUNOS ORGANISMOS CAUSA LA LECHE.

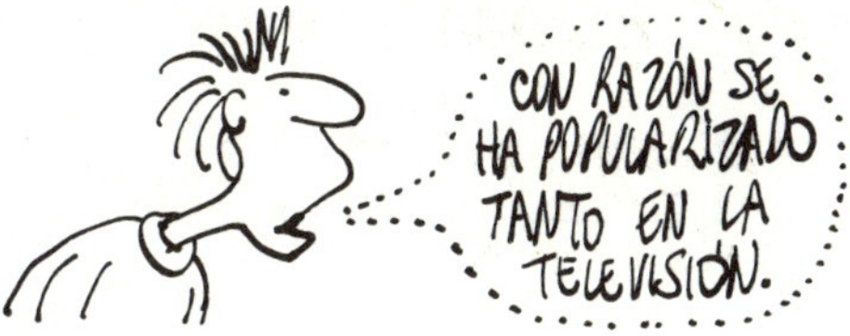
CON RAZÓN SE HA POPULARIZADO TANTO EN LA TELEVISIÓN.

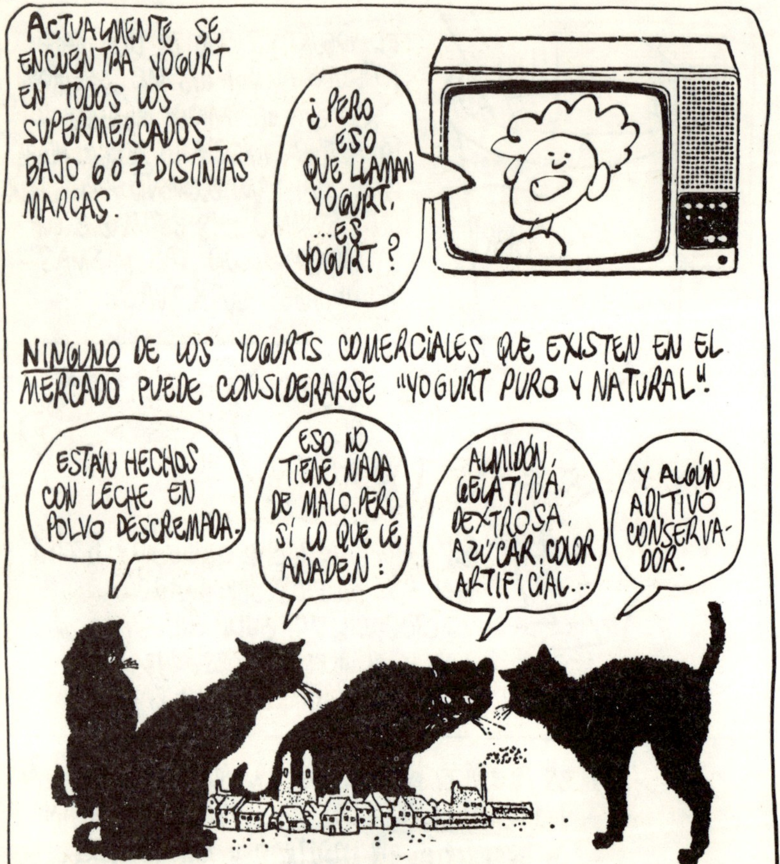
ACTUALMENTE SE ENCUENTRA YOGURT EN TODOS LOS SUPERMERCADOS BAJO 6 Ó 7 DISTINTAS MARCAS.
¿PERO ESO QUE LLAMAN YOGURT, ...ES YOGURT?
NINGUNO DE LOS YOGURTS COMERCIALES QUE EXISTEN EN EL MERCADO PUEDE CONSIDERARSE "YOGURT PURO Y NATURAL".
ESTÁN HECHOS CON LECHE EN POLVO DESCREMADA.
ESO NO TIENE NADA DE MALO, PERO SÍ LO QUE LE AÑADEN:
ALMIDÓN, GELATINA, DEXTROSA, AZÚCAR, COLOR ARTIFICIAL...
Y ALGÚN ADITIVO CONSERVA-DOR.
EL RESULTADO ES UN PRODUCTO QUÍMICO LLENO DE CARBOHIDRATOS Y AZÚCAR, CARÍSIMO - CUESTAN MÁS 150 GRAMOS QUE UN LITRO DE LECHE - SIN LAS PROPIEDADES NUTRITIVAS (Y CURATIVAS) DEL YOGURT NATURAL.
¡MEJOR LO HAGO EN CASA, MÁS BARATO Y MEJOR!

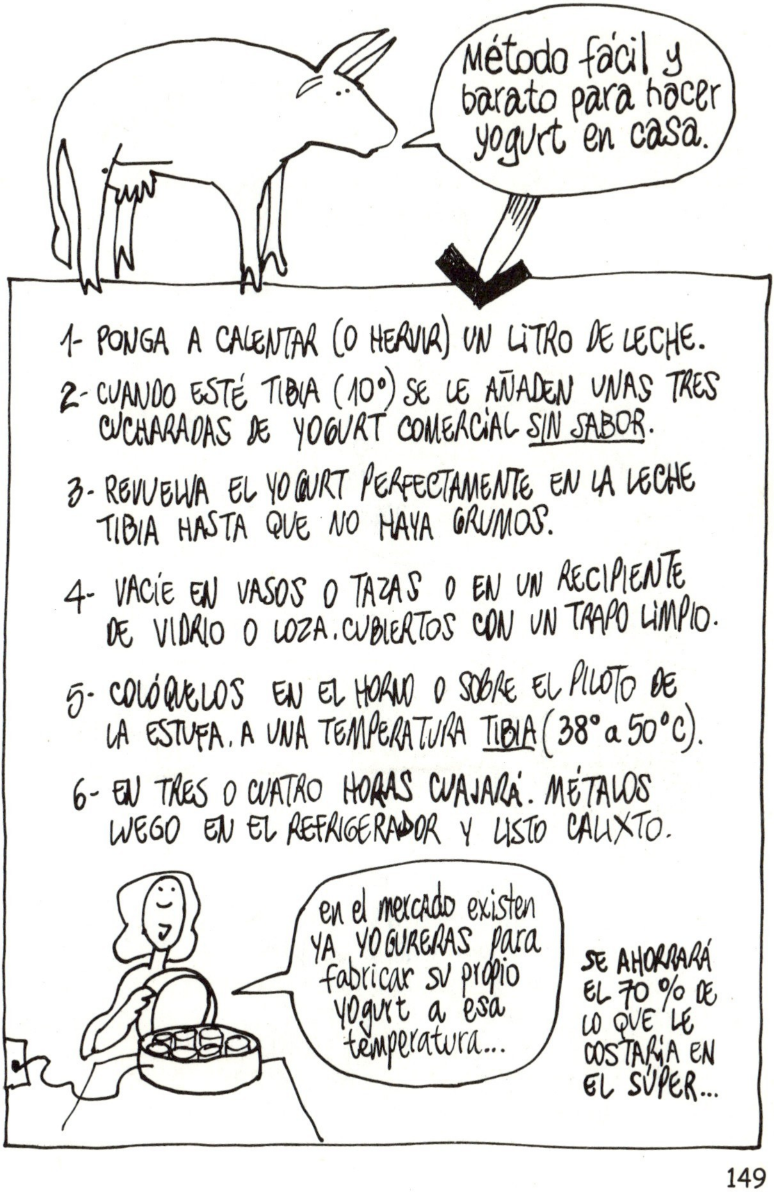
Método fácil y barato para hacer yogurt en casa.
1- PONGA A CALENTAR (O HERVIR) UN LITRO DE LECHE.
2- CUANDO ESTÉ TIBIA (10°) SE LE AÑADEN UNAS TRES CUCHARADAS DE YOGURT COMERCIAL SIN SABOR.
3- REVUELVA EL YOGURT PERFECTAMENTE EN LA LECHE TIBIA HASTA QUE NO HAYA GRUMOS.
4- VACÍE EN VASOS O TAZAS O EN UN RECIPIENTE DE VIDRIO O LOZA. CUBIERTOS CON UN TRAPO LIMPIO.
5- COLÓQUELOS EN EL HORNO O SOBRE EL PILOTO DE LA ESTUFA. A UNA TEMPERATURA TIBIA (38° a 50°C).
6- EN TRES O CUATRO HORAS CUAJARÁ. MÉTALOS LUEGO EN EL REFRIGERADOR Y LISTO CALIXTO.
en el mercado existen YA YOGURERAS para fabricar su propio yogurt a esa temperatura...
SE AHORRARÁ EL 70 % DE LO QUE LE COSTARÍA EN EL SÚPER...

EL SR. QUESO

ES OTRA OPCIÓN PARA QUIENES QUIEREN ALIMENTARSE BIEN SIN RECURRIR A LA CARNE, PERO CON UN CONTENIDO DE PROTEÍNA ANIMAL.

Y que se puede comer en todo el mundo (un poco menos en Asia).

(Y AQUÍ SÍ QUE HAY DE TODOS OLORES, COLORES Y SABORES.)

- Amarillo tipo americano (procesado)
- Añejo (sin madurar ni procesar) ← "cotija"
- Asadero ("Oaxaca". Procesado, forma hebra)
- Cottage (o requesón. Fresco y casi sin grasa)
- Queso crema o doble crema (sin madurar)
- Cheddar (fuerte, con sabor a nuez)
- Chihuahua (semiduro, maduro, para gratinar)
- Edam (Holandés de bola, cubierto con parafina)
- Gruyere (lleno de agujeros, ideal para el "Fondue")
- Manchego (Maduro y fácil de conservar)
- De morral (Asadero, bueno para quesadillas)
- Panela (fresco, mexicano y con poca grasa)
- Parmesano (fuerte, se usa rallado en pastas y ensaladas)

Provolone

OTROS QUESOS RAROS (en México)

AZUL (francés)
BEL PAESE (italiano)
BOURSIN (con hierbas)
BRICK (agujerado)
BRIE (francés)
CABRALES (microbiano)
CACIOCAVALLO (Italia)
CAMEMBERT (Francia)
EMMENTHAL (Suiza)
FETTA (griego, de oveja)
GORGONZOLA (Italiano)
GOUDA (Holandés)
LIMBURGER (Bélgica)
MOZZARELLA (para Pizza)
MÜNSTER (con hierbas)
PORT-SALUT (con nueces)
PROVOLONE (Italiano)
REBLOCHON (Francés)
RICOTTA (de ovejas)
ROQUEFORT ("Azul" "Podrido")
TILSITER (cuadrado y con hoyitos)

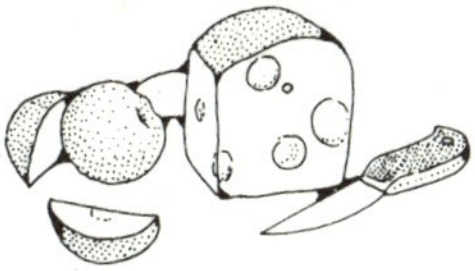

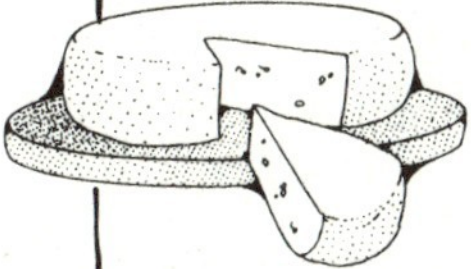

EL "PROBLEMA" DE LOS QUESOS ES SU ALTO CONTENIDO DE GRASAS, Y MIENTRAS MÁS COCIDOS O ELABORADOS, MÁS GRASA CONTIENEN...

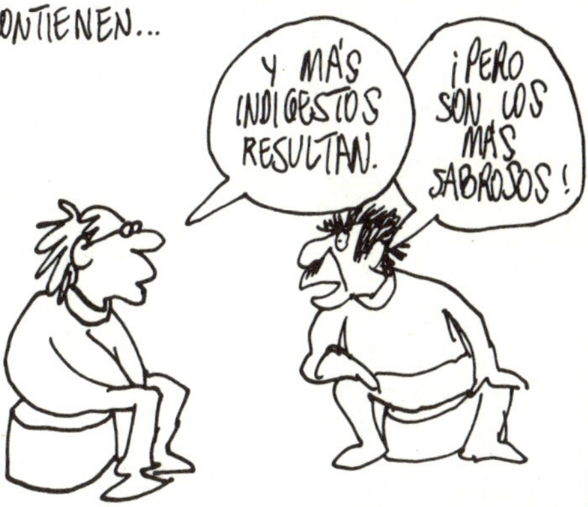
Y MÁS INDIGESTOS RESULTAN.
¡PERO SON LOS MÁS SABROSOS!

HE AHÍ EL PROBLEMA NÚMERO UNO DE LA ALIMENTACIÓN: POR BUSCAR EL SABOR NOS OLVIDAMOS DE LO NATURAL, DEL VALOR NUTRITIVO DEL ALIMENTO.

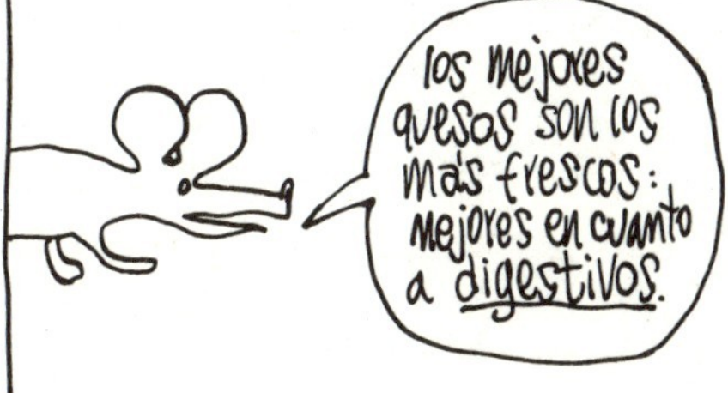
los mejores quesos son los más frescos: mejores en cuanto a digestivos.

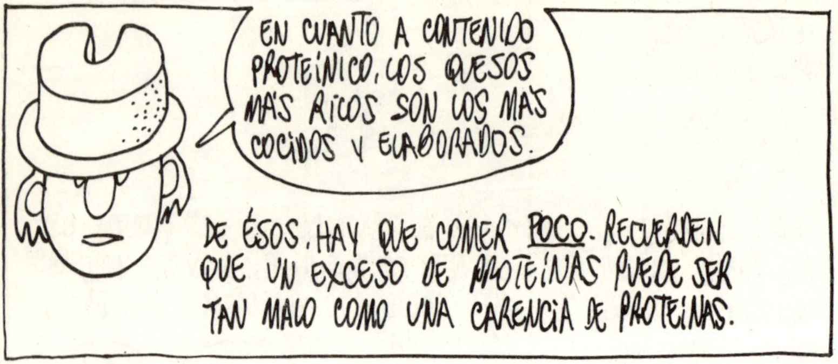

EN CUANTO A CONTENIDO PROTEÍNICO, LOS QUESOS MÁS RICOS SON LOS MÁS COCIDOS Y ELABORADOS.
DE ÉSOS, HAY QUE COMER POCO. RECUERDEN QUE UN EXCESO DE PROTEÍNAS PUEDE SER TAN MALO COMO UNA CARENCIA DE PROTEÍNAS.

Tabla del Valor Nutritivo de los Quesos (INST. NAL. de la NUTRICIÓN)

	PROTEÍNA	GRASAS	CARBOH.	CALCIO	HIERRO	TIAMINA	RIBOF.	NIACINA.	VIT-C	VIT-A
AMERICANO	34.2	26.0	2.5	829	1.7	0.06	0.84	0.1	—	270
AÑEJO	29.1	30.5	—	860	2.4	0.07	0.81	0.2	—	684
FRESCO (CABRA)	16.3	10.3	—	807	5.7	0.07	0.60	0.4	—	—
FRESCO (VACA)	15.3	7.0	5.0	684	0.3	0.02	0.24	0.1	—	70 <70
CHIHUAHUA	28.8	37.0	1.9	795	5.8	0.06	0.84	0.0	—	184
OAXACA	25.7	22.0	3.0	469	3.3	0.09	0.73	0.2	—	271
HOLANDÉS	33.5	26.0	—	829	1.7	0.06	0.61	0.1	—	283
SEMI-BLANCO	35.8	13.0	2.5	686	2.6	0.08	0.49	0.2	—	50
COTAGGE	13.1	2.9	3.0	92	1.0	0.09	0.91	0.7	—	30

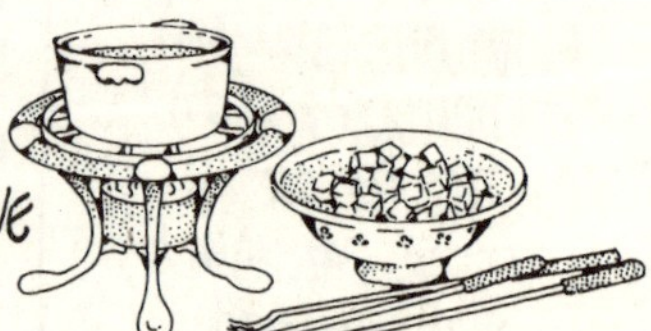

LA TENDENCIA GENERALIZADA SOBRE EL QUESO, ES COMERLO ADEMÁS DE OTROS ALIMENTOS RICOS EN PROTEÍNAS; Y LO QUE SE DEBE HACER ES CONSUMIRLO COMO ALIMENTO PROTEÍNICO, EN VEZ DE...

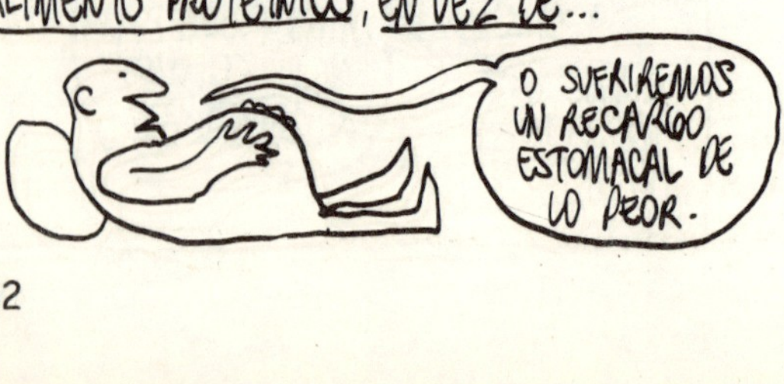

O SUFRIREMOS UN RECARGO ESTOMACAL DE LO PEOR.

CHAPTER #6

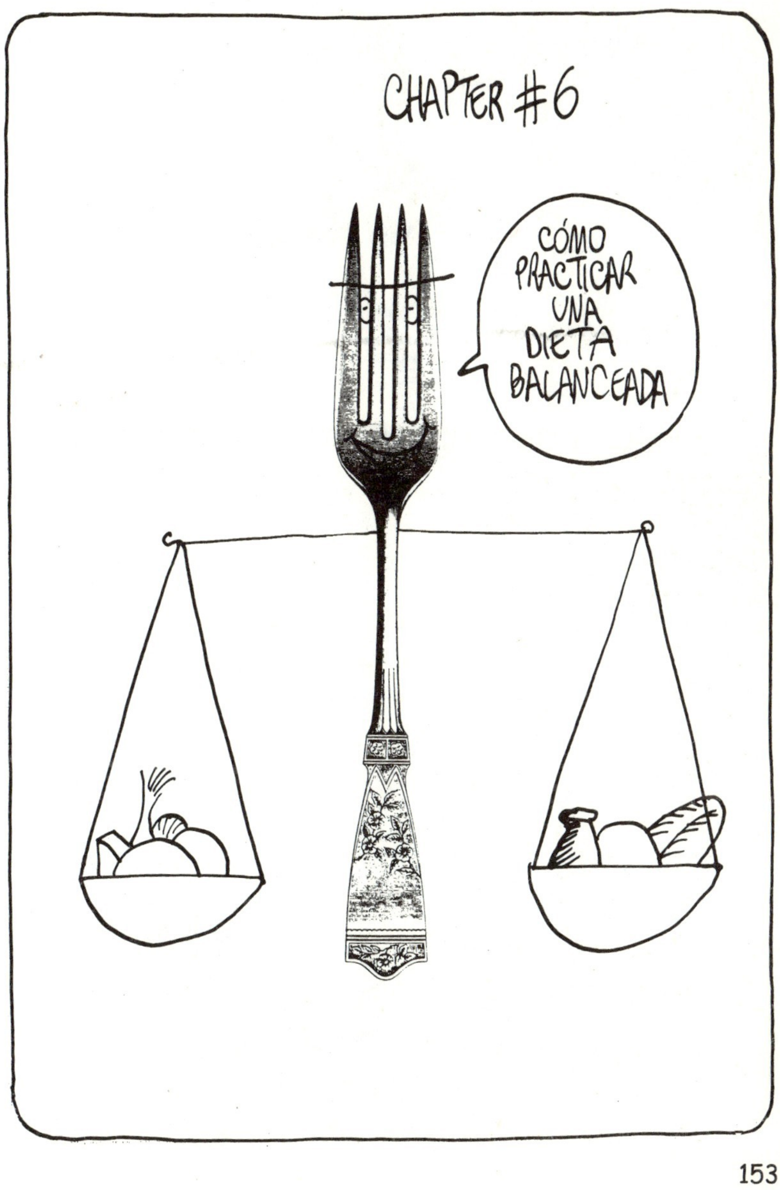
CÓMO PRACTICAR UNA DIETA BALANCEADA

A estas alturas del libro ya conocemos más o menos los alimentos y las necesidades de nuestro organismo...

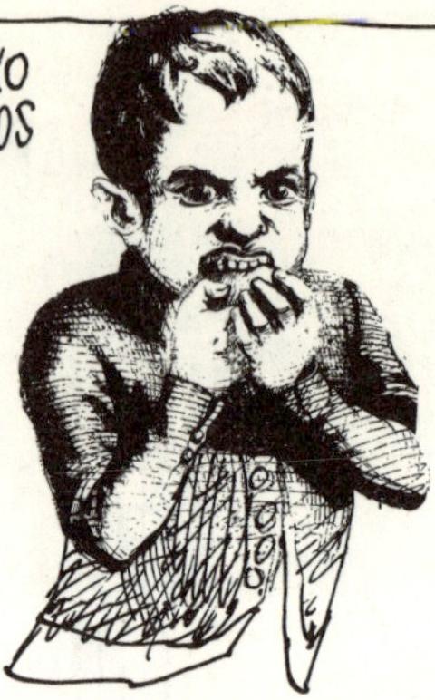
¡FALTA DECIR LO DE COMERSE LAS UÑAS! ¿PROPORCIONAN CALCIO...?

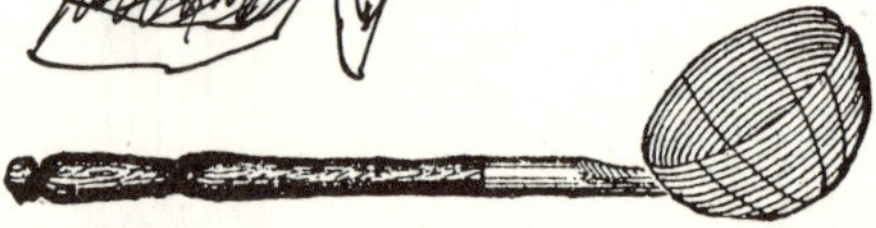

En teoría ya medio sabemos qué comer, pero nos falta lo más dificultoso: la tarea.

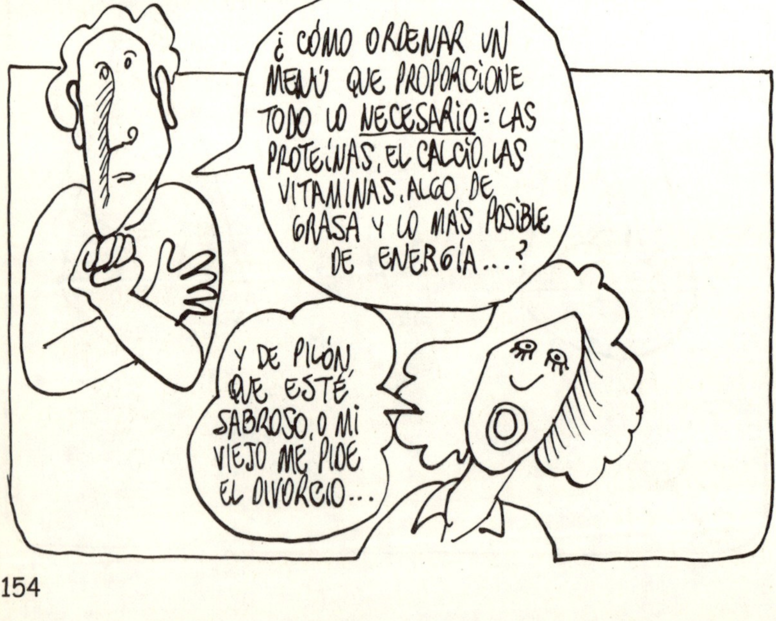
¿CÓMO ORDENAR UN MENÚ QUE PROPORCIONE TODO LO NECESARIO: LAS PROTEÍNAS, EL CALCIO, LAS VITAMINAS, ALGO DE GRASA Y LO MÁS POSIBLE DE ENERGÍA...?
Y DE PILÓN QUE ESTÉ SABROSO, O MI VIEJO ME PIDE EL DIVORCIO...

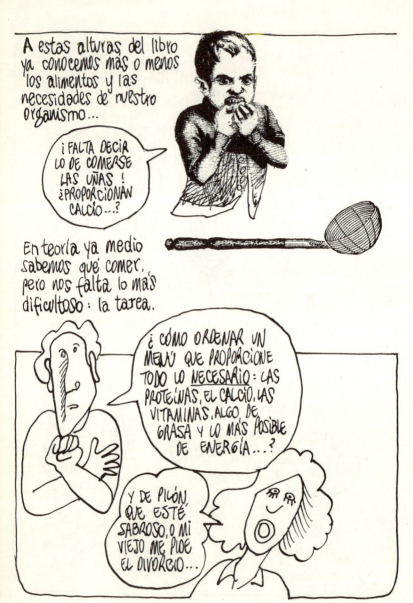

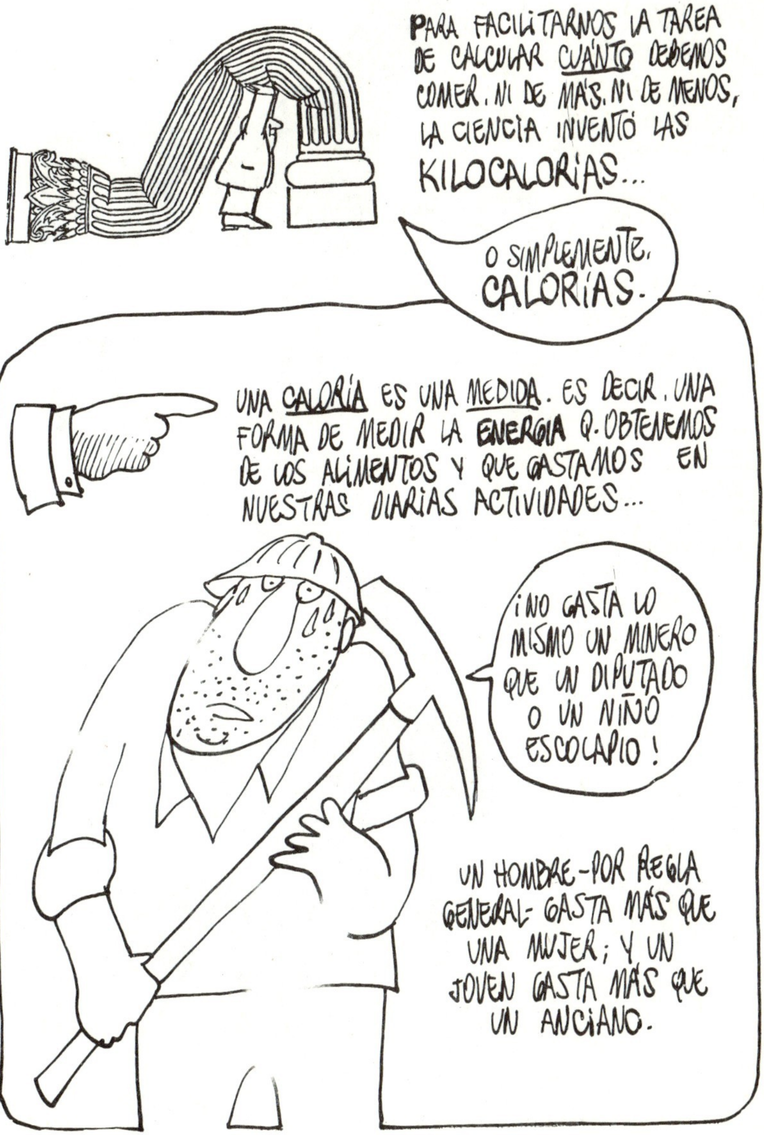
PARA FACILITARNOS LA TAREA DE CALCULAR CUÁNTO DEBEMOS COMER, NI DE MÁS, NI DE MENOS, LA CIENCIA INVENTÓ LAS KILOCALORÍAS...
O SIMPLEMENTE, CALORÍAS.
UNA CALORÍA ES UNA MEDIDA. ES DECIR, UNA FORMA DE MEDIR LA ENERGIA Q. OBTENEMOS DE LOS ALIMENTOS Y QUE GASTAMOS EN NUESTRAS DIARIAS ACTIVIDADES...
¡NO GASTA LO MISMO UN MINERO QUE UN DIPUTADO O UN NIÑO ESCOLAPIO!
UN HOMBRE -POR REGLA GENERAL- GASTA MÁS QUE UNA MUJER; Y UN JOVEN GASTA MÁS QUE UN ANCIANO.

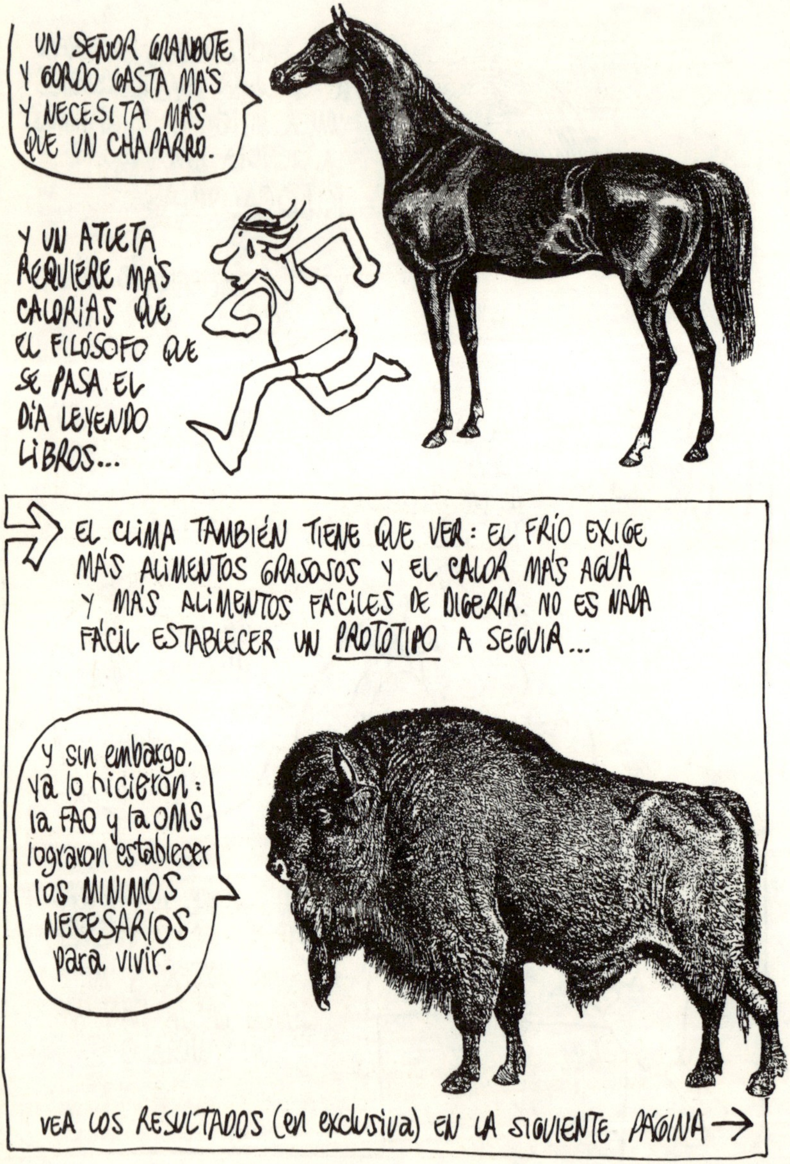
UN SEÑOR GRANDOTE Y GORDO GASTA MÁS Y NECESITA MÁS QUE UN CHAPARRO.
Y UN ATLETA REQUIERE MÁS CALORIAS QUE EL FILÓSOFO QUE SE PASA EL DÍA LEYENDO LIBROS...
EL CLIMA TAMBIÉN TIENE QUE VER: EL FRÍO EXIGE MÁS ALIMENTOS GRASOSOS Y EL CALOR MÁS AGUA Y MÁS ALIMENTOS FÁCILES DE DIGERIR. NO ES NADA FÁCIL ESTABLECER UN PROTOTIPO A SEGUIR...
y sin embargo, ya lo hicieron: la FAO y la OMS lograron establecer los MINIMOS NECESARIOS para vivir.
VEA LOS RESULTADOS (en exclusiva) EN LA SIGUIENTE PÁGINA →

NECESIDADES Y DISPONIBILIDADES DE CALORÍAS
(abreviado o resultaría aburridísimo)

EN LA COLUMNA DE LA IZQUIERDA, LO QUE DEBERÍAMOS CONSUMIR; EN LA DE LA DERECHA, LO QUE CONSUMIMOS EN LA REALIDAD.

COMO VERÁN, ALGUNOS COMEN DE MÁS Y OTROS ESTÁN (ESTAMOS) SUBALIMENTADOS.

PAÍS (Y REGIÓN)	NECESIDADES	DISPONIBILIDAD
EUROPA		
INGLATERRA	2650 calorías	3100 + 16.9
DINAMARCA	2750	3160 +
ITALIA	2440	2340 −
FRANCIA	2550	2770 +
URSS	2710	3020 +
AMÉRICA		
CANADÁ	2710	3060 +
EST. UNIDOS	2640	3130 +
MÉXICO	2490	2000 −
CUBA	2460	2280 −
COLOMBIA	2550	1940 −
PERÚ	2540	3190 +
ARGENTINA	2600	3190 +
CHILE	2640	2300 −
OTROS PAÍSES		
AUSTRALIA	2620	3160 +
EGIPTO	2390	2290 −
INDIA	2250	1700 −
JAPÓN	2330	2150 −
FILIPINAS	2230	1960 −
ÁFRICA CENTRAL	2432	1980 −
TANGANIKA	2420	1980 −
SUD-ÁFRICA	2400	2520 +

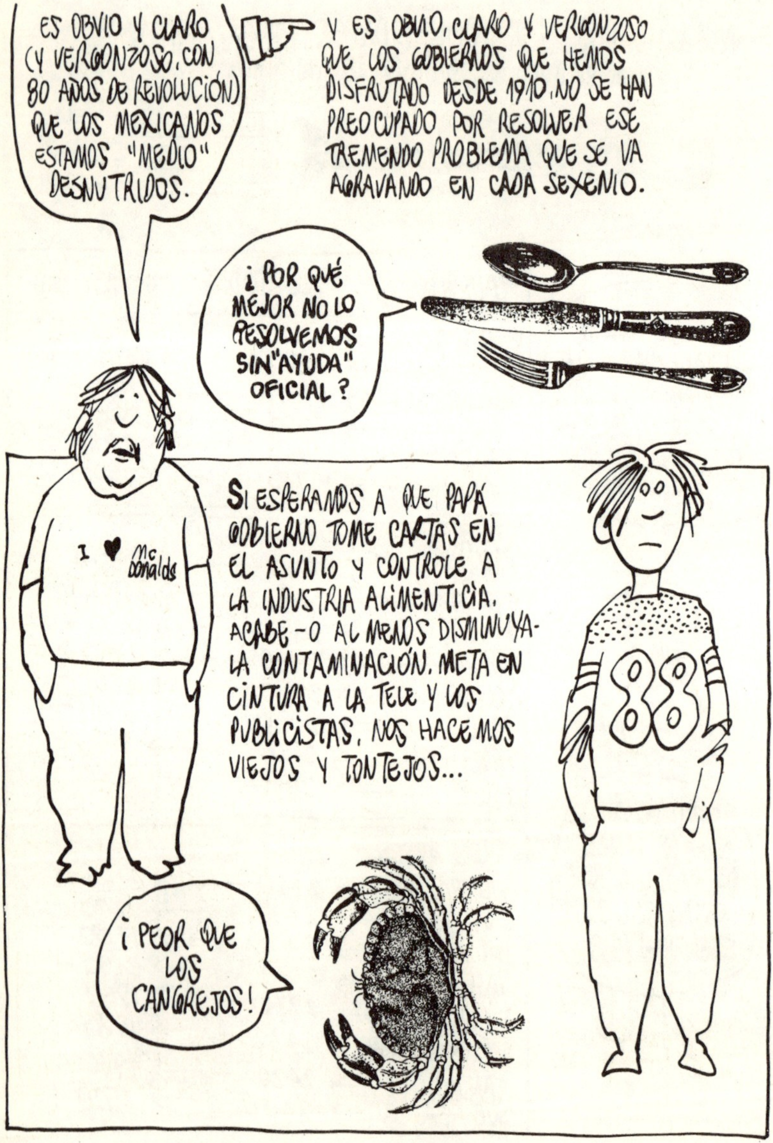
ES OBVIO Y CLARO (Y VERGONZOSO, CON 80 AÑOS DE REVOLUCIÓN) QUE LOS MEXICANOS ESTAMOS "MEDIO" DESNUTRIDOS.
Y ES OBVIO, CLARO Y VERGONZOSO QUE LOS GOBIERNOS QUE HEMOS DISFRUTADO DESDE 1910, NO SE HAN PREOCUPADO POR RESOLVER ESE TREMENDO PROBLEMA QUE SE VA AGRAVANDO EN CADA SEXENIO.
¿POR QUÉ MEJOR NO LO RESOLVEMOS SIN "AYUDA" OFICIAL?
I ♥ Mc Donalds
SI ESPERAMOS A QUE PAPÁ GOBIERNO TOME CARTAS EN EL ASUNTO Y CONTROLE A LA INDUSTRIA ALIMENTICIA, ACABE –O AL MENOS DISMINUYA– LA CONTAMINACIÓN, META EN CINTURA A LA TELE Y LOS PUBLICISTAS, NOS HACEMOS VIEJOS Y TONTEJOS...
88
¡PEOR QUE LOS CANGREJOS!

¡PERO ESTÁ EN CHINO ESO DE PONERSE A CALCULAR LAS CALORÍAS DE CADA COMIDA!

PERO PODEMOS DARNOS SIQUIERA UNA IDEA DEL CONTENIDO DE CADA ALIMENTO, ¿NO?

Y VIENDO ESTAS TABLAS, SABER AL MENOS SI ESTAMOS COMIENDO DE MÁS (O DE MENOS) Y PODER ASÍ BALANCEAR NUESTRA DIETA (MÁS O MENOS, CLARO).

Alimento	Calorías
ACEITUNAS (5)	35 calor.
ACELGAS (½ taza)	25
AGUACATE (mediano)	263
ALCACHOFA (mediana)	5
ALMENDRAS (10)	240
APIO (4 tallos)	45
ARROZ (¾ taza)	117
AVENA (½ taza)	80
BERENJENA (1 chica)	15
BERRO (¾ taza)	6
BETABEL (½ taza)	40
CACAHUATE (50 gr.)	110
CALABAZA (½ taza)	27
CALABACITA (½ taza)	15
CAMOTE (1 mediano)	130
CEBADA (½ taza)	300
CEBOLLA (6 medianas)	42
CIRUELAS (3 medianas)	80
CIRUELA PASA (6 medianas)	173
COL (cocida ½ taza)	45
COLIFLOR (¾ taza)	25
CREMA (4 cuchar.)	240
CHÍCHARO FRESCO (½ t.)	100
CHÍCHARO SECO (½ taza)	173
DÁTILES (15)	347
DURAZNO (1 grande)	50
EJOTES (¾ taza)	43
ELOTE (1 mediano)	90
ESPINACA (½ taza)	25
FRIJOLES (½ taza)	88
FRIJOL SOYA (½ taza)	270
GERMEN (TRIGO) ½ t.	220
GUAYABAS (1 grande)	56
HARINA BLANCA (1 taza)	350
HARINA INTEGR. (1 taza)	380
HARINA MAÍZ (½ taza)	272
HELADOS (½ taza)	208
HIGO FRESCO (2)	42
HONGOS (¾ taza)	36
HUEVO (1 entero)	70
LECHE (1 litro)	660
LECHE EN POLVO (5 cuch.)	350
LECHUGA (10 hojas)	10
LENTEJAS (½ taza)	115
LEVA. DE CERV. (1 cuch.)	22
LIMÓN (4 cuchar.)	20
MACARRÓN (¾ taza)	130
MANDARINA (2 chicas)	42
MANTEQUILLA (2 cuch.)	77
MANZANA (1 chica)	64
MARGARINA (100 gr.)	400
MELÓN (1 tajada)	44
MIEL (1 cucharada)	77
NABOS (½ taza)	33
NARANJA (1 mediana)	50
NARANJA (1 taza jugo)	110
NUECES (¾ taza)	610
PAN BLANCO (1 pieza)	100
PAN INTEGR. (2 rebanadas)	175
PAPAS (1 mediana)	92
PAPAYA (2 rebanadas)	25
PASTEL (chocolate) 100 gr.	200
PASTEL (esponjoso) "	72
PEPINO (1 mediano)	15
PEREJIL (½ taza)	24
PERAS (1 mediana)	60
PIMIENTO MORRÓN (1 med.)	13
PIÑA (⅔ taza)	57
PLÁTANO (1 mediano)	85
PORO (½ taza)	40
QUESO MANCHEGO (100 gr.)	100
QUESO CREMA (100 gr.)	150
RABANITOS (100 gr.)	22
SANDÍA (1 tajada)	90
TOMATE ROJO (1 med.)	20
UVAS (1 racimito)	80
ZANAHORIAS (½ taza)	30
ZARZAMORAS (¾ taza)	52
POLLO (100 gr.)	340
RES (magra- 100 gr.)	115
CERDO (sin hueso 100 gr)	200
JAMÓN (100 gr.)	160
ATÚN (100 gr.)	240
PESCADO (100 gr.)	180

INST. NAL. DE LA NUTRICIÓN.

AHORA BIEN: ESO DE PONERNOS A CALCULAR LAS CALORÍAS QUE DEBE LLEVAR CADA CENA, DESAYUNO O COMIDA, ESTÁ EN CHINO.

SI PARTIMOS DEL CÁLCULO DE QUE NUESTRA NECESIDAD CALÓRICA DIARIA ES DE 2490 CALORÍAS. LO QUE NECESITAMOS SABER ES CON QUÉ ALIMENTOS SE LLENA ESA NECESIDAD.

¿Y EN QUÉ CANTIDAD?

AQUÍ VA UN MENÚ "COMPLETO" ELABORADO POR MÉDICOS NUTRICIONISTAS (VEGETARIANOS):

DESAYUNO
Una rebanada de pan integral con mantequilla

Requesón con nueces

Jugo de naranja o manzana

COMIDA
Sopa de verduras

Huevos rellenos con espinacas

Papas al horno con mantequilla

Pie de manzana

CENA
Fruta cocida

Arroz con leche y pasas

Pan integral con mermelada.

EN ESTE MENÚ NO FALTA NADA: HAY PROTEÍNAS, VITAMINAS Y MINERALES. SUFICIENTES PARA NUTRIRNOS VERY WELL.

MÁS MENÚS BALANCEADOS
(vegetarianos, ni modo)

DESAYUNOS

1. Papaya con miel
   Granola con leche
   Pan con mermelada.

2. Jugo de toronja
   Huevo al gusto
   Pan con margarina.

3. Jugo de jitomate
   Avena con leche
   Pan integral
   con miel.

4. Melón con miel
   Yogurt con cereal
   Leche.

5. Limonada (natural)
   Tamales de dulce
   Fruta fresca
   Leche con miel.

6. Jugo de ciruelas
   Plátano cocido
   Chocolate con leche
   Pan con mantequilla.

COMIDAS

Ensalada de lechuga
   con nueces
Sopa de chícharos
Papa al gusto
Ate con queso.

✽

Sopa de tallarines
Arroz con chícharos
Ejotes c. salsa blanca
Manzana al horno.

✽

Ensalada col y aceitunas
Sopa de garbanzos
Calabacitas rellenas
   con queso
Budín con pasas.

✽

Ensalada de jitomates
Sopa de frijoles
Papas con espinacas
Peras al horno.

(EL CAFÉ NO ES NADA
RECOMENDABLE. YA
VEREMOS POR QUÉ...)

CENAS

Galletas de avena c. miel
Coctel de frutas
Cereal con leche.

∽

Sopa de fideos seca
Pan integral con margarina
Leche.

∽

Tostada con huevo tibio
Manzana con miel
Yogurt.

∽

MACARRÓN CON HUEVO
UVAS FRESCAS
CEREAL Y LECHE.

∽

Sopa de sémola
Espinacas c. mantequilla
Arroz con leche.

∽

Yogurt con higos secos
(o dátiles)
Plátano asado
Néctar de duraznos.

etc.

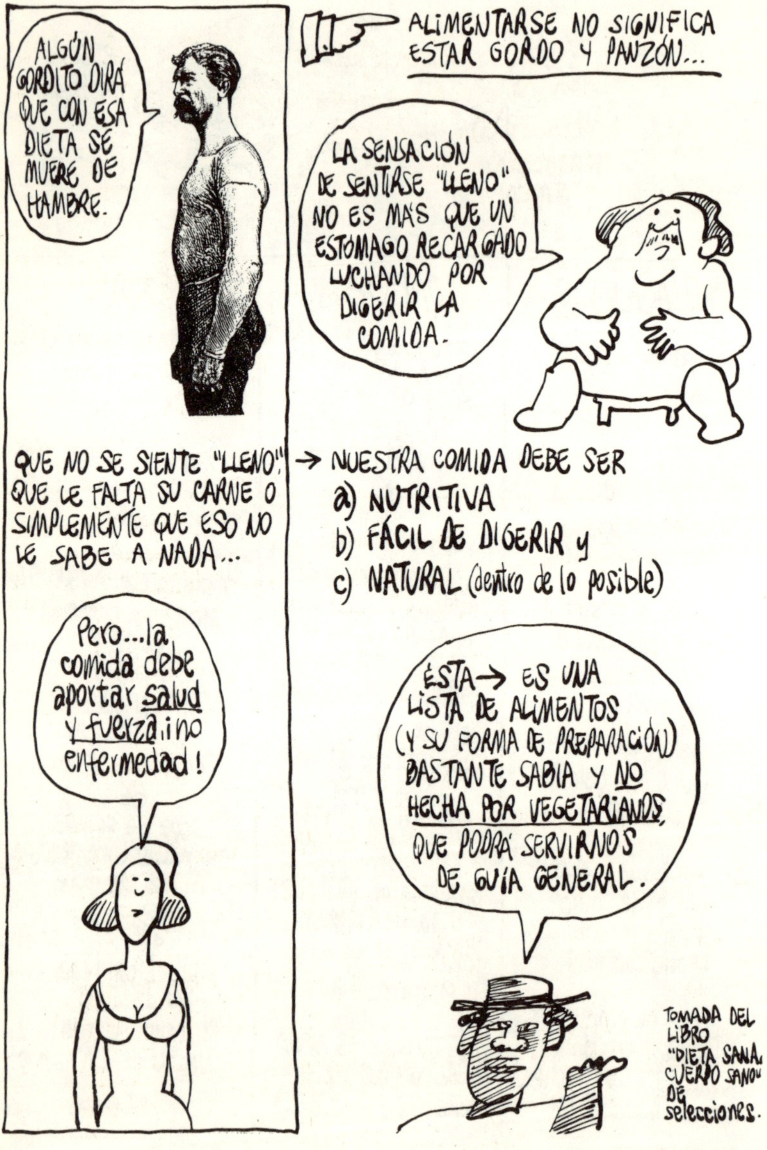
ALGÚN GORDITO DIRÁ QUE CON ESA DIETA SE MUERE DE HAMBRE.
ALIMENTARSE NO SIGNIFICA ESTAR GORDO Y PANZÓN...
LA SENSACIÓN DE SENTIRSE "LLENO" NO ES MÁS QUE UN ESTÓMAGO RECARGADO LUCHANDO POR DIGERIR LA COMIDA.
QUE NO SE SIENTE "LLENO", QUE LE FALTA SU CARNE O SIMPLEMENTE QUE ESO NO LE SABE A NADA...
→ NUESTRA COMIDA DEBE SER
a) NUTRITIVA
b) FÁCIL DE DIGERIR y
c) NATURAL (dentro de lo posible)
Pero...la comida debe aportar salud y fuerza, ¡no enfermedad!
ÉSTA → ES UNA LISTA DE ALIMENTOS (Y SU FORMA DE PREPARACIÓN) BASTANTE SABIA Y NO HECHA POR VEGETARIANOS, QUE PODRÁ SERVIRNOS DE GUÍA GENERAL.
TOMADA DEL LIBRO "DIETA SANA, CUERPO SANO" DE selecciones.

	↓ Recomendados	↓ NO recomendados
Fruta	Fresca o cocida con poca azúcar Congelada	En almíbar Enlatada y endulzada
Verduras	Ensaladas frescas Cocidas al vapor Congeladas	Hervidas Enlatadas o envasadas (¡con sal!)
Cereales y sus derivados	Pan integral Galletas preparadas con harina integral Arroz integral Pastas de cereales enteros Trigo sarraceno, mijo	Harina blanca Galletas dulces Pan blanco y dulce, hecho con harina blanca Pasteles y panes elaborados con harina blanca
Papas	Cocidas o asadas con cáscara	Fritas, asadas y aderezadas con salsa grasosa
Productos lácteos	Suero de leche Leche descremada Yogur Leche entera Quesos con poca grasa	Leche condensada Crema Quesos con mucha grasa Productos lácteos endulzados
Huevos	Hasta 3 por semana	Más de 3 por semana
Carne y sus derivados	De aves Carne roja sin grasa Salchichas magras	Salchichas grasosas Tocino
Pescado	De agua dulce De mar Asado o al vapor	Empanizado Demasiado grasoso Enlatado
Postres y dulces	Bizcochos de harina integral Pasteles hechos con harina integral Jugos de frutas naturales Miel Frutos secos	Caramelos, chocolates Helados Postres enlatados Pasteles elaborados con crema o hechos a base de mantequilla
Grasa	De origen vegetal	De origen animal Mayonesa
Bebidas	Jugo de frutas Agua mineral Té y café sin azúcar	Bebidas alcohólicas Licuados de frutas con azúcar Refrescos embotellados

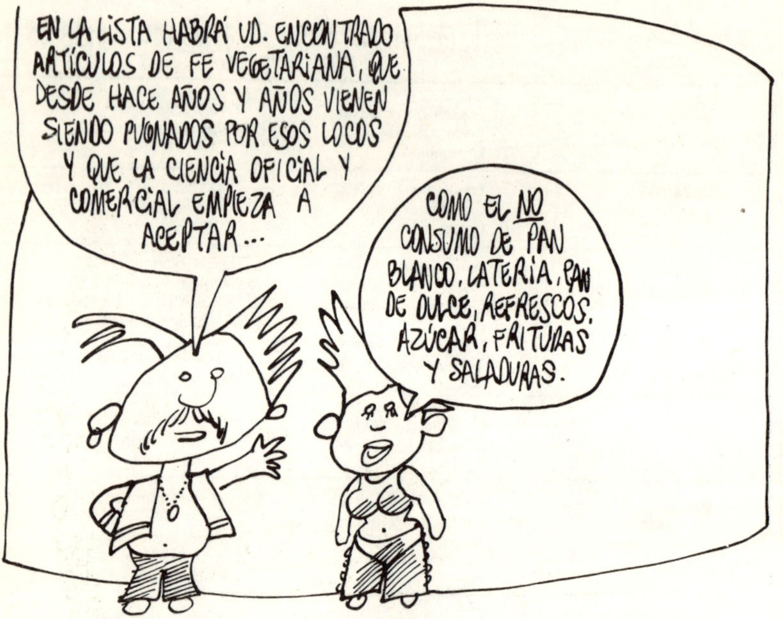
EN LA LISTA HABRÁ UD. ENCONTRADO ARTÍCULOS DE FE VEGETARIANA, QUE DESDE HACE AÑOS Y AÑOS VIENEN SIENDO PUGNADOS POR ESOS LOCOS Y QUE LA CIENCIA OFICIAL Y COMERCIAL EMPIEZA A ACEPTAR...
COMO EL NO CONSUMO DE PAN BLANCO, LATERÍA, PAN DE DULCE, REFRESCOS, AZÚCAR, FRITURAS Y SALADURAS.

REPETIMOS, LA LISTA NO ESTÁ ELABORADA POR NINGÚN NATURISTA O VEGETARIANO, PERO TIENE BASTANTE CIENCIA NUTRICIONAL... CON SUS OBVIAS EXCEPCIONES.

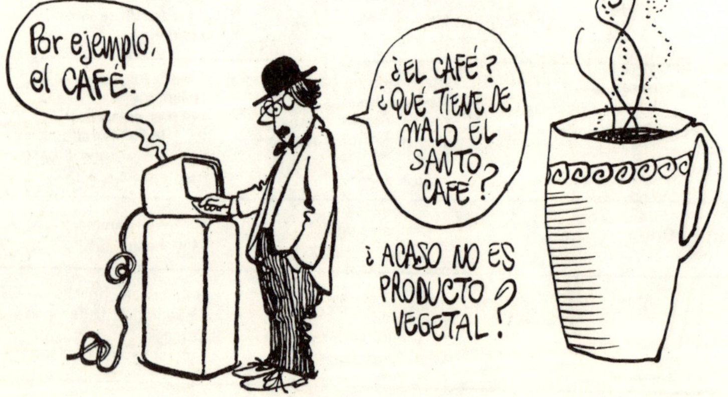
Por ejemplo, el CAFÉ.
¿EL CAFÉ? ¿QUÉ TIENE DE MALO EL SANTO CAFÉ?
¿ACASO NO ES PRODUCTO VEGETAL?

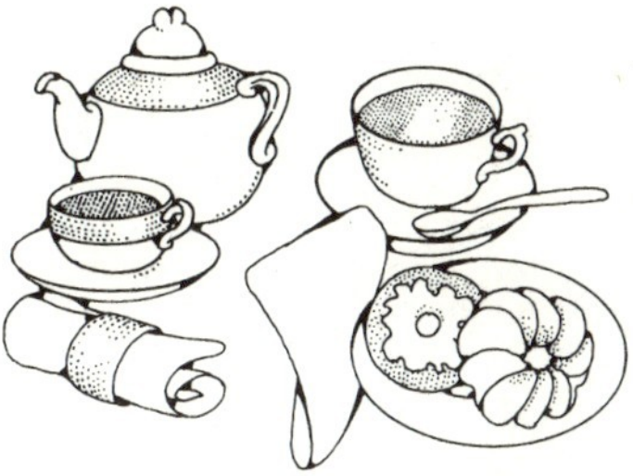

LA POPULARIDAD MUNDIAL DEL CAFÉ -IGUAL QUE LA DEL TABACO Y LA COCA-COLA- OBEDECE A UNA RAZÓN COMÚN:

TODAS SON DROGAS.

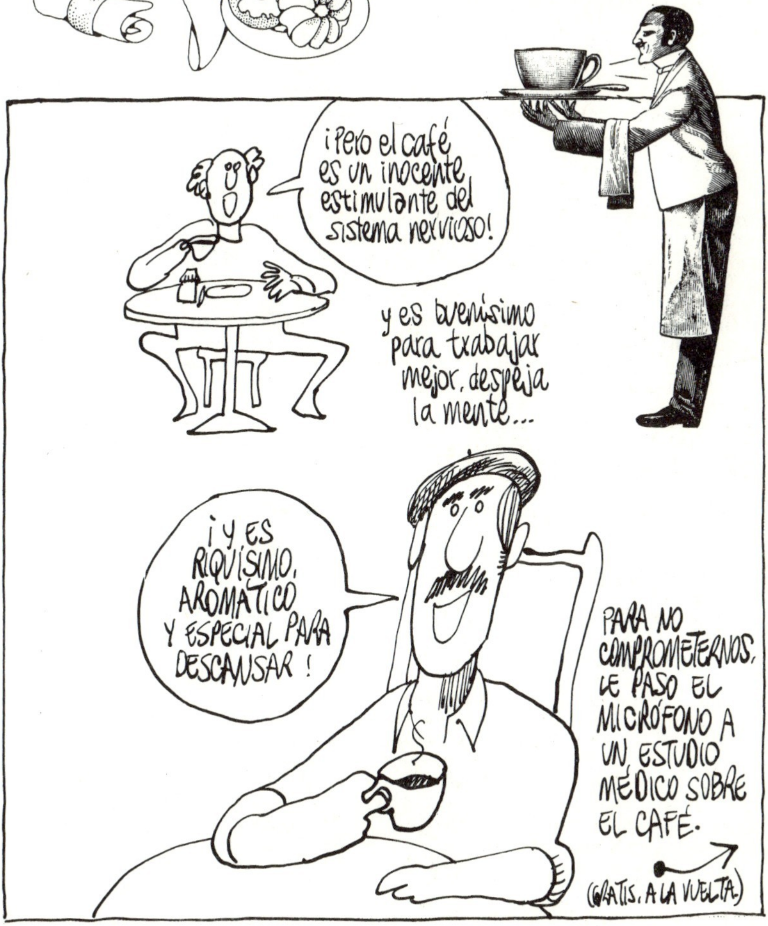
¡Pero el café es un inocente estimulante del sistema nervioso!
y es buenísimo para trabajar mejor, despeja la mente...
¡Y ES RIQUISIMO, AROMATICO Y ESPECIAL PARA DESCANSAR!
PARA NO COMPROMETERNOS, LE PASO EL MICRÓFONO A UN ESTUDIO MÉDICO SOBRE EL CAFÉ.
(GRATIS, A LA VUELTA)

fecta asociación de las ideas. También hay una apreciación de los estímulos sensoriales y la reacción a ellos se aprecia doblemente disminuida. Eso cuenta mucho para la hiperestesia, algunas veces desagradable que algunas personas experimentan después de haber bebido demasiado café. Además se aumenta la actividad motora, por ejemplo los mecanógrafos trabajan más rápidamente y con menos errores. Sin embargo la habilidad motora recientemente adquirida para una tarea que requiera de una coordinación muscular delicada, puede verse afectada de manera adversa. Estos efectos pueden obtenerse con la administración de 150 a 250 mg. de cafeína, la cantidad contenida en una o dos tazas de café o té.

Además de estos efectos sobre la corteza cerebral y sobre otras partes del sistema nervioso central, la cafeína en dosis modestas afecta al ritmo cardíaco, el diámetro de los vasos sanguíneos, la circulación coronaria, la presión sanguínea, la orina y otras funciones fisiológicas. La secreción de ácidos gástricos es estimulada y eso es importante en relación con las úlceras pépticas.

¿Pero es o no adictiva la cafeína? La cafeína produce efectos de abandono en ciertos niveles. No hay duda de que la excitación del sistema nervioso central producida por grandes dosis de cafeína, es seguida por una depresión. Los descubrimientos de 1969 de Goldstein Kaizer demuestran que existe dependencia física entre los bebedores de 5 ó más tazas al día. La cafeína produce efectos adversos marcados cuando se toma en exceso y puede conducir a una condición considerada como de envenenamiento crónico. El estímulo del sistema nervioso central da como resultado la falta de descanso y sueño molesto; la estimulación del miocardio se refleja en irregularidades cardíacas y especialmente sístoles prematura (irregularidades en el ritmo cardíaco) y en palpitación y taquicardia. Los aceites esenciales del café pueden causar cierta irritación gastrointestinal y la diarrea es un síntoma común. El alto contenido de taminos en el té también pueden causar constipación.

Cuando se toman dosis muy grandes, la cafeína es un veneno potente. Una dosis fatal de cafeína dada a un animal produce convulsiones por el efecto estimulante central. Al principio del envenenamiento sólo de naturaleza epiléptica. Conforme la acción de la droga se manifiesta en el cordón espinal, pueden aparecer convulsiones parecidas a las que provoca la estricnina. La muerte es causada por fallas respiratorias. La dosis fatal en el hombre es de aproximadamente 10 g. (70 a 100 tazas de café).

Un simple gramo de cafeína (de 7 a 10 tazas) produce efectos tóxicos agudos, insomnio, falta de descanso y excitación que pueden progresar hasta un delirio suave. Son comunes los problemas sensoriales tales como silbido en los oídos y flashes de luz. Los músculos se hacen tensos y temblorosos. Las taquicardias y las extrasístoles son frecuentes y la respiración se acelera.

Estos efectos pueden no tener importancia para el bebedor ordinario de café que rara vez toma más de 7 tazas.

Debe también destacarse que en un libro aparecido recientemente de Hane E. Beody. "La cafeína, una droga de dos caras no importa cómo la tome usted". Se afirman entre otras cosas que incluso con el café descafeinado se estimula la salida de los ácidos del estómago. La cafeína aunque en ocasiones se usa para despejar la somnolencia y aliviar el dolor y las jaquecas o para contrarrestar los efectos de ciertas drogas depresivas, sus efectos adversos incluyen interferencias en la coordinación de los músculos, latidos cardíacos irregulares, insomnios, nerviosismo y alta presión. Existe el peligro de depresión si un bebedor empedernido de café trata de quitarse el vicio de la cafeína precipitadamente.

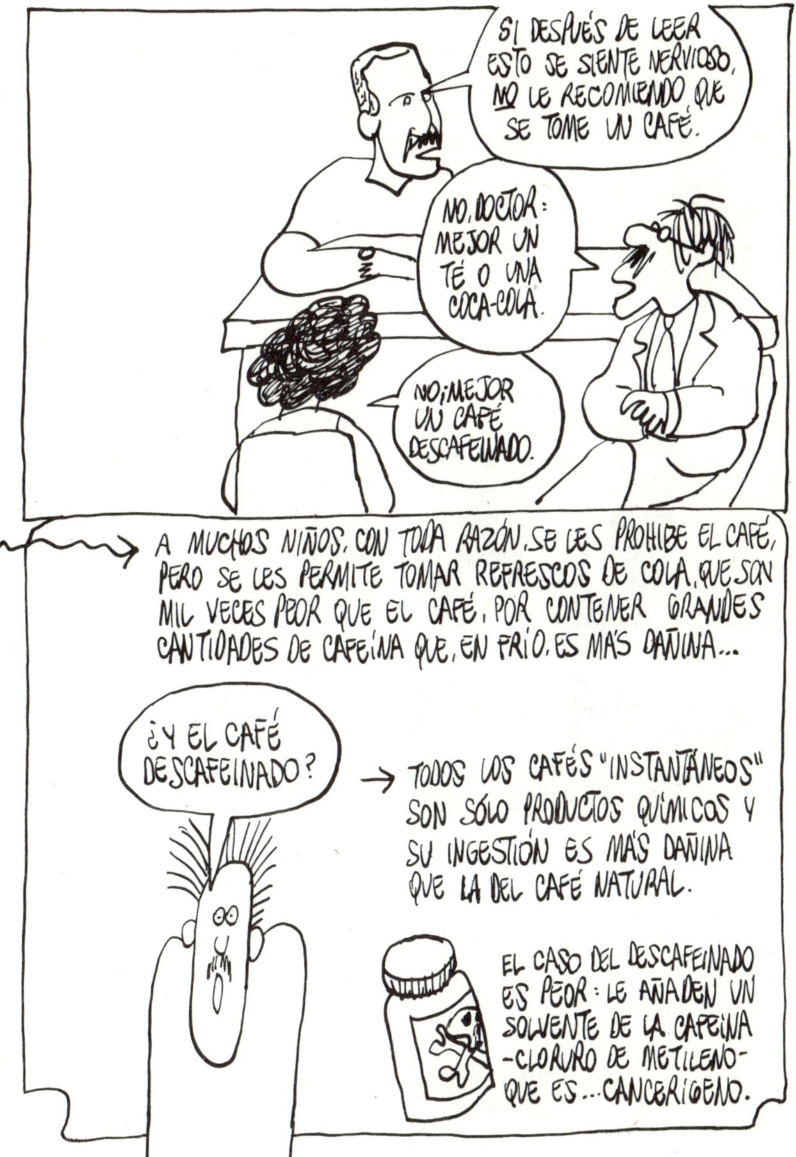
SI DESPUÉS DE LEER ESTO SE SIENTE NERVIOSO, NO LE RECOMIENDO QUE SE TOME UN CAFÉ.
NO, DOCTOR: MEJOR UN TÉ O UNA COCA-COLA.
NO; MEJOR UN CAFÉ DESCAFEINADO.
A MUCHOS NIÑOS, CON TODA RAZÓN, SE LES PROHIBE EL CAFÉ, PERO SE LES PERMITE TOMAR REFRESCOS DE COLA, QUE SON MIL VECES PEOR QUE EL CAFÉ, POR CONTENER GRANDES CANTIDADES DE CAFEÍNA QUE, EN FRÍO, ES MÁS DAÑINA...
¿Y EL CAFÉ DESCAFEINADO?
TODOS LOS CAFÉS "INSTANTÁNEOS" SON SÓLO PRODUCTOS QUÍMICOS Y SU INGESTIÓN ES MÁS DAÑINA QUE LA DEL CAFÉ NATURAL.
EL CASO DEL DESCAFEINADO ES PEOR: LE AÑADEN UN SOLVENTE DE LA CAFEÍNA -CLORURO DE METILENO- QUE ES... CANCERÍGENO.

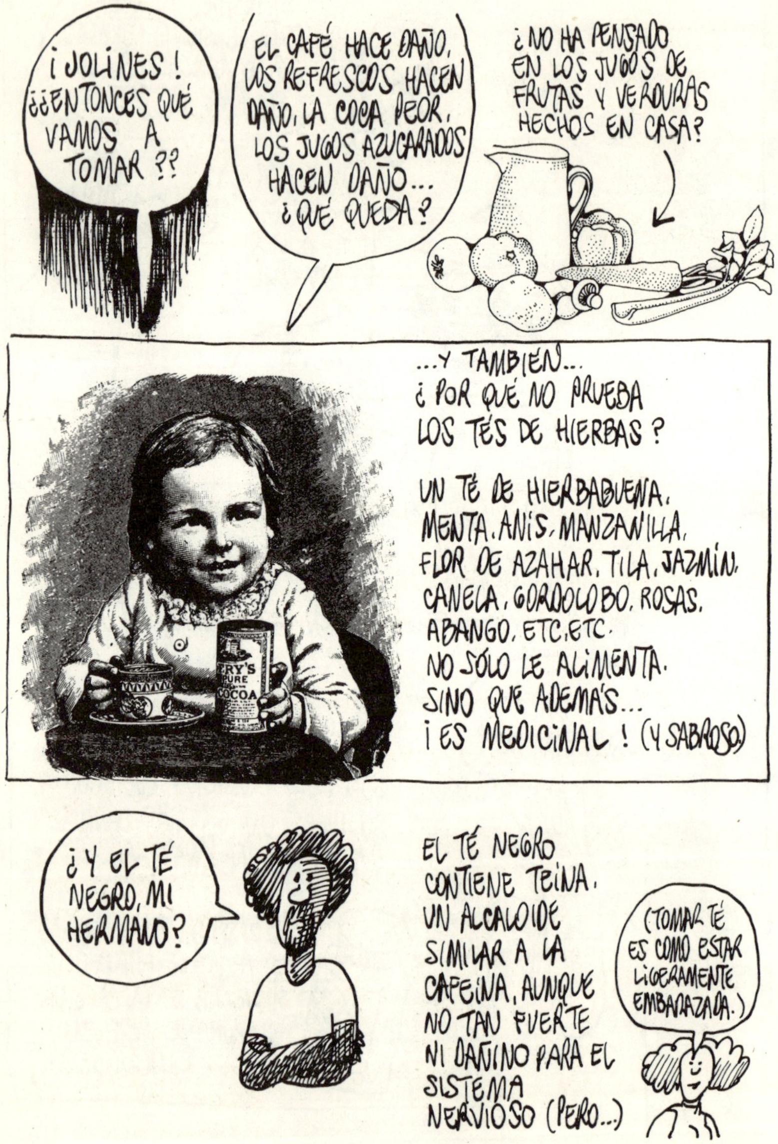
¡JOLINES! ¿¿ENTONCES QUÉ VAMOS A TOMAR??
EL CAFÉ HACE DAÑO, LOS REFRESCOS HACEN DAÑO, LA COCA PEOR, LOS JUGOS AZUCARADOS HACEN DAÑO... ¿QUÉ QUEDA?
¿NO HA PENSADO EN LOS JUGOS DE FRUTAS Y VERDURAS HECHOS EN CASA?
...Y TAMBIEN... ¿POR QUÉ NO PRUEBA LOS TÉS DE HIERBAS?
UN TÉ DE HIERBABUENA, MENTA, ANÍS, MANZANILLA, FLOR DE AZAHAR, TILA, JAZMÍN, CANELA, GORDOLOBO, ROSAS, ABANGO, ETC, ETC. NO SÓLO LE ALIMENTA, SINO QUE ADEMÁS... ¡ES MEDICINAL! (Y SABROSO)
PURE
COCOA
¿Y EL TÉ NEGRO, MI HERMANO?
EL TÉ NEGRO CONTIENE TEINA, UN ALCALOIDE SIMILAR A LA CAFEINA, AUNQUE NO TAN FUERTE NI DAÑINO PARA EL SISTEMA NERVIOSO (PERO...)
(TOMAR TÉ ES COMO ESTAR LIGERAMENTE EMBARAZADA.)

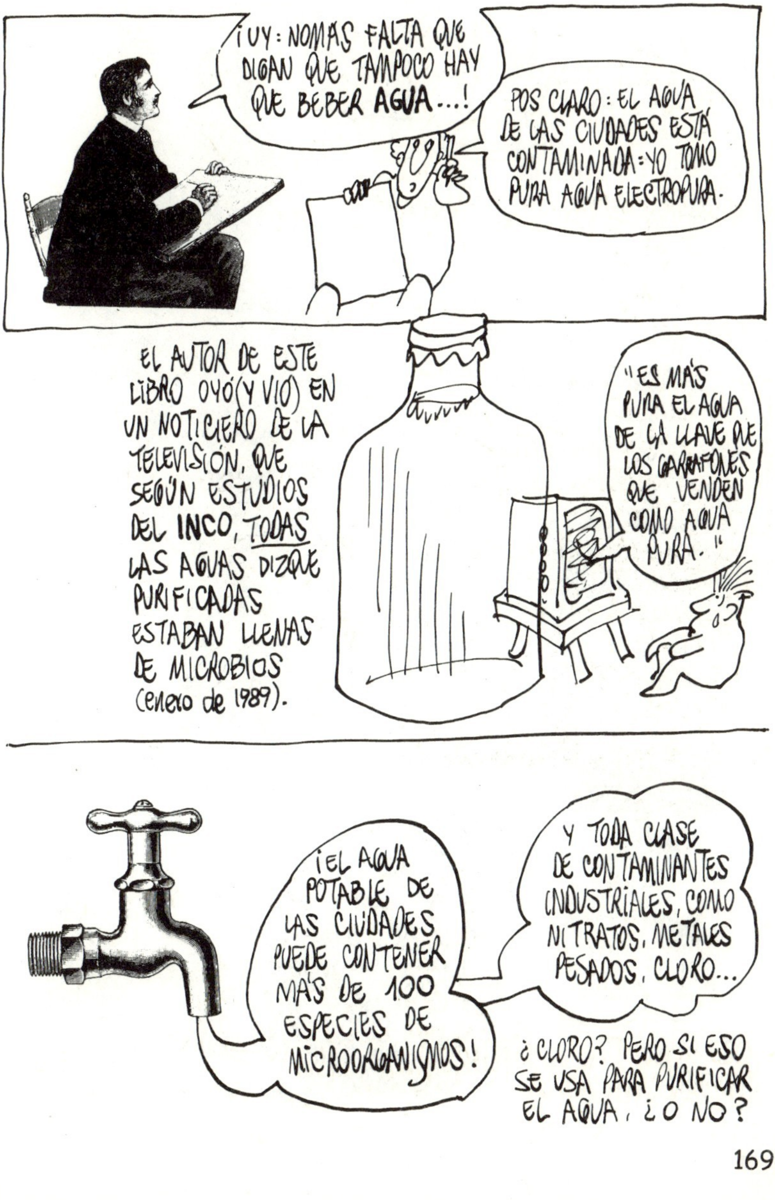
¡UY: NOMÁS FALTA QUE DIGAN QUE TAMPOCO HAY QUE BEBER AGUA...!
POS CLARO: EL AGUA DE LAS CIUDADES ESTÁ CONTAMINADA: YO TOMO PURA AGUA ELECTROPURA.
EL AUTOR DE ESTE LIBRO OYÓ (Y VIO) EN UN NOTICIERO DE LA TELEVISIÓN, QUE SEGÚN ESTUDIOS DEL INCO, TODAS LAS AGUAS DIZQUE PURIFICADAS ESTABAN LLENAS DE MICROBIOS (enero de 1989).
"ES MÁS PURA EL AGUA DE LA LLAVE QUE LOS GARRAFONES QUE VENDEN COMO AGUA PURA."
¡EL AGUA POTABLE DE LAS CIUDADES PUEDE CONTENER MÁS DE 100 ESPECIES DE MICROORGANISMOS!
Y TODA CLASE DE CONTAMINANTES INDUSTRIALES, COMO NITRATOS, METALES PESADOS, CLORO...
¿CLORO? PERO SI ESO SE USA PARA PURIFICAR EL AGUA, ¿O NO?

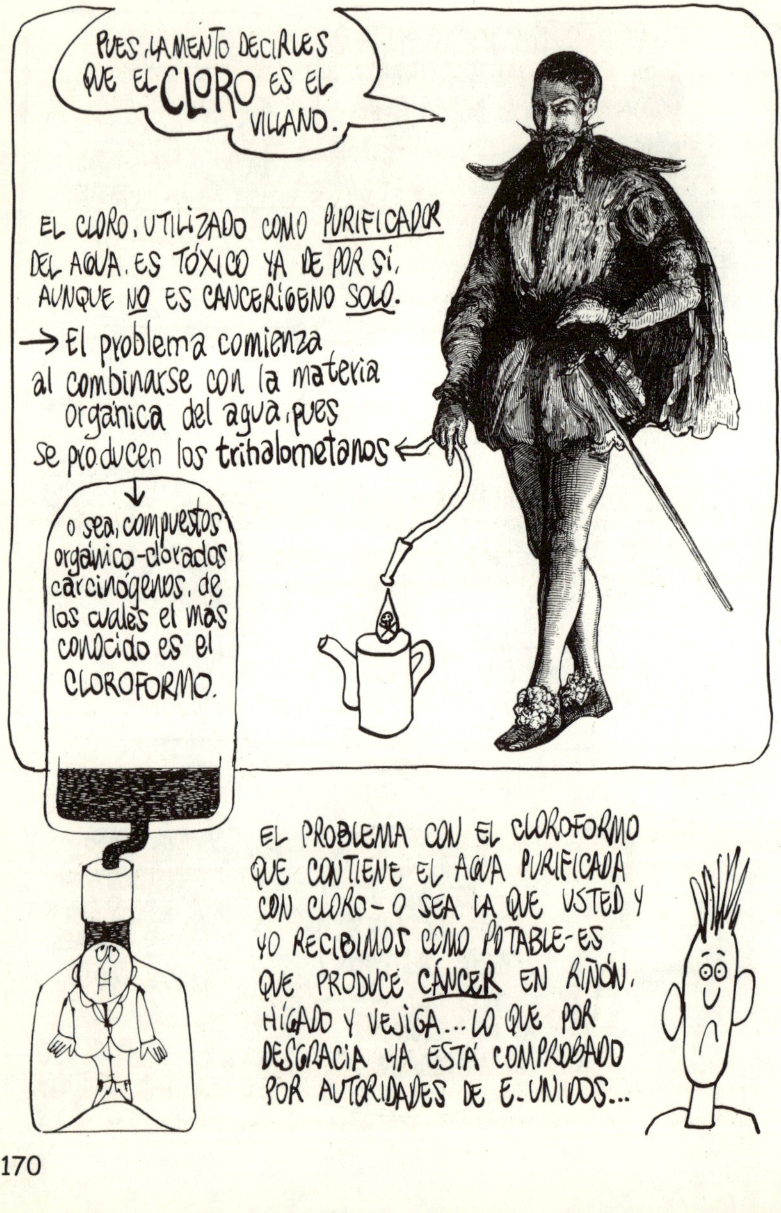
PUES, LAMENTO DECIRLES QUE EL CLORO ES EL VILLANO.
EL CLORO, UTILIZADO COMO PURIFICADOR DEL AGUA, ES TÓXICO YA DE POR SÍ, AUNQUE NO ES CANCERÍGENO SOLO.
El problema comienza al combinarse con la materia orgánica del agua, pues se producen los trihalometanos
o sea, compuestos orgánico-clorados carcinógenos, de los cuales el más conocido es el CLOROFORMO.
EL PROBLEMA CON EL CLOROFORMO QUE CONTIENE EL AGUA PURIFICADA CON CLORO – O SEA LA QUE USTED Y YO RECIBIMOS COMO POTABLE – ES QUE PRODUCE CÁNCER EN RIÑÓN, HÍGADO Y VEJIGA... LO QUE POR DESGRACIA YA ESTÁ COMPROBADO POR AUTORIDADES DE E. UNIDOS...

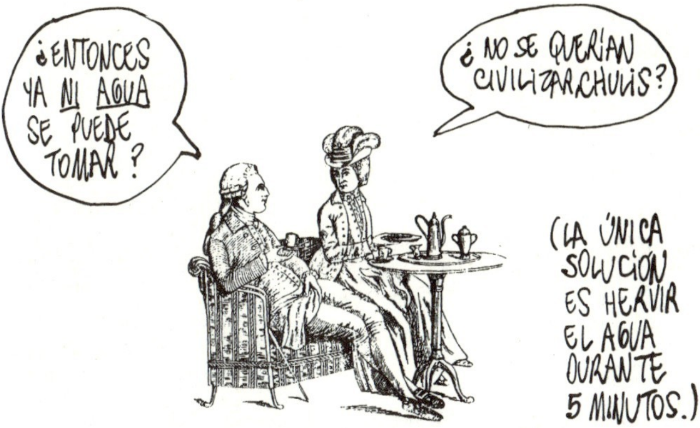
¿ENTONCES YA NI AGUA SE PUEDE TOMAR?
¿NO SE QUERÍAN CIVILIZARCHULIS?
(LA ÚNICA SOLUCIÓN ES HERVIR EL AGUA DURANTE 5 MINUTOS.)

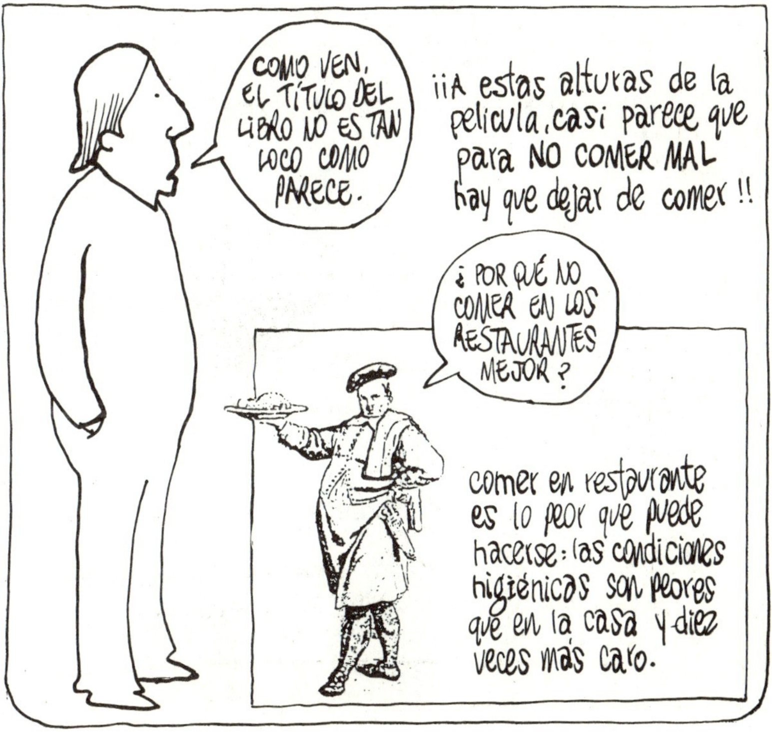
COMO VEN, EL TÍTULO DEL LIBRO NO ES TAN LOCO COMO PARECE.
¡¡A estas alturas de la película, casi parece que para NO COMER MAL hay que dejar de comer!!
¿POR QUÉ NO COMER EN LOS RESTAURANTES MEJOR?
comer en restaurante es lo peor que puede hacerse: las condiciones higiénicas son peores que en la casa y diez veces más caro.

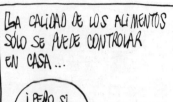

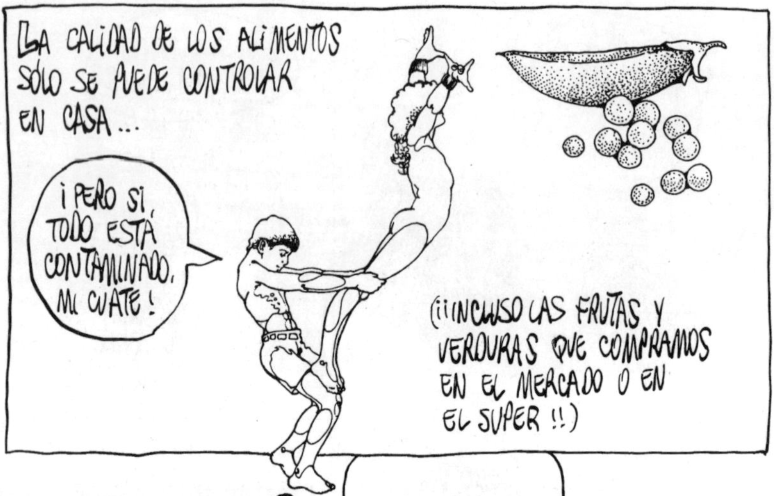

LA CALIDAD DE LOS ALIMENTOS SÓLO SE PUEDE CONTROLAR EN CASA...
¡PERO SI TODO ESTÁ CONTAMINADO, MI CUATE!
(¡¡¡INCLUSO LAS FRUTAS Y VERDURAS QUE COMPRAMOS EN EL MERCADO O EN EL SUPER !!)

¿ QUÉ HACER ?

(COMO DIRÍA FATHER LENIN EN PERFECTO RUSO...)

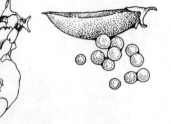

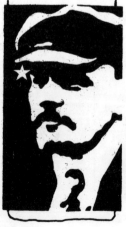

ESPERAMOS:

1 HABERLOS CONVENCIDO DE QUE LA DIETA SIN CARNE (ROJA, AL MENOS), ES MEJOR QUE LA DIETA CARNÍVORA.

2 HABERLES HECHO VER QUE LO QUE SE COME HOY EN DÍA PUEDE RESULTAR PELIGROSO PARA SU SALUD.

3 PASE A LA OTRA PÁGINA: AQUÍ YA NO CUPIÓ...

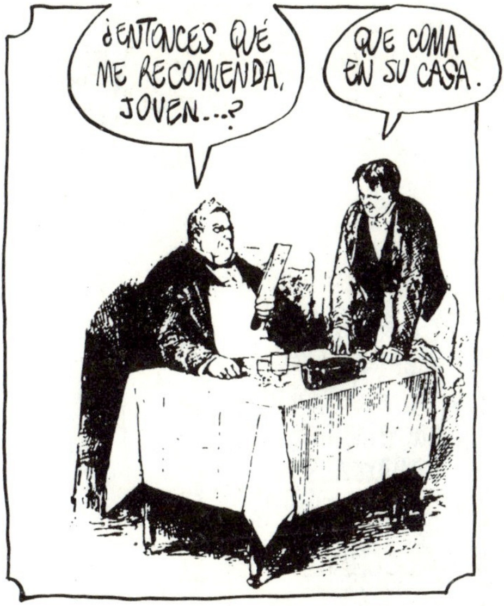
¿ENTONCES QUÉ ME RECOMIENDA, JOVEN...?
QUE COMA EN SU CASA.

3
LO MÁS SEGURO ES EVITAR -EN LO POSIBLE- EL CONSUMO DE ALIMENTOS INDUSTRIALIZADOS Y

4
LAVAR Y DESINFECTAR TODA FRUTA, VERDURA CEREAL O LEGUMINOSA QUE CONSUMA... O EN UNA PALABRA

QUE SU ALIMENTACIÓN SEA (LO MÁS) NATURAL (POSIBLE).

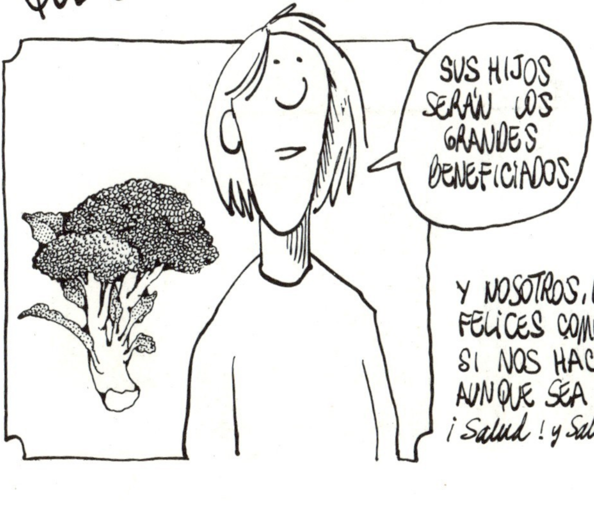
SUS HIJOS SERÁN LOS GRANDES BENEFICIADOS.

Y NOSOTROS, LOS MÁS FELICES COMO LOMBRICES, SI NOS HACE CASO, AUNQUE SEA POQUITO.

¡Salud! y Saludos.

89

Lista de los ALIMENTOS CON MÁS ALTO CONTENIDO DE → PROTEÍNA

↓ en gramos, por cada 100 gramos:

Charal seco	68 gr.	Carne de pichón	22 gr.
Escamoles	65	Arenque ahumado	22
Ahuahutle	63	Carne de pollo	21
Axayacatl	54	Carne de res	20
Queso Parmesano	36	Camarones	20
Jumiles	32	Pescado en gral.	20
Frijol de Soya	28	Sardina fresca	20
Queso Emmenthal	28	Frijoles	19
Armadillo	28	Morcilla	19
Queso de cabra	27	Requesón	18
Cacahuates (maní)	27	Calamares	16 ← gusano de maguey
Atún fresco	27	Yema de huevo	16
Atún en aceite	25	Carne de puerco	16
Germen de trigo	25	Jamón	15
Lentejas	24		
Carne de iguana	24		
Moronga	24		
Chícharo seco	24		
Cacao s. azúcar	24		
Queso Gouda	24		
Queso Azul	24		
Sardina en aceite	23		
Queso Roquefort	23		
Haba seca	22		
Carne de pavo	22		
Nueces	22		

BIBLIOGRAFÍA

LA ALIMENTACIÓN / F. Lery / EDIC. MTEZ. ROCA / Barcelona 1968
LA NATURALEZA, FUENTE DE SALUD / Selecciones / México 1988
COMER ES PRIMERO / F. Moore Lappé / SIGLO XXI / México 1982
DIETA SANA, CUERPO SANO / Selecciones / México 1985
LA LLAVE DE LA SALUD / M. Gandhi / POSADA / México 1984
COMER PUEDE SER PELIGROSO / Erwin Mollex / POSADA / México 1985
LA CIENCIA DE COMER / Dr. Jose Castro / POSADA / México 1984
LA LLAVE DE LA SALUD / Mahatma Gandhi / POSADA / México 1984
SATSANG WITH BABA / Swami Muktananda / SYDA FOUNDATION / OAKLAND 1977.

→ ICONOGRAFÍA: RIUS. ← ¡¡¡formidable!!!

* Revista "GUIA DEL CONSUMIDOR". MEXICO DF.

Y EL YA CLÁSICO LIBRO "LA PANZA ES PRIMERO" del mesmo autor.

Esta obra se terminó de imprimir en marzo del 2009
en Litográfica Ingramex, S.A. de C.V.
Centeno 162-1 Col. Granjas Esmeralda
México, D.F. 09810